बचुली चौकीदारिन की कढ़ी

[कहानियाँ]

बचुली चौकीदारिन की कढ़ी

[दो दशकों में लिखी गयी कहानियों का दूसरा खंड]

मृणाल पाण्डे

राधाकृष्ण प्रकाशन

ISBN : 978-81-7119-729-3

बचुली चौकीदारिन की कढ़ी (कहानी-संग्रह)

पहला संस्करण : 1990
तीसरा संस्करण : 2024

मूल्य : ₹995

प्रकाशक
राधाकृष्ण प्रकाशन प्राइवेट लिमिटेड
जी-17, जगतपुरी, दिल्ली-110 051
शाखाएँ : अशोक राजपथ, साइंस कॉलेज के सामने, पटना-800 006
पहली मंजिल, दरबारी बिल्डिंग, महात्मा गांधी मार्ग, प्रयागराज-211 001
1, अनमोल सोराबजी संतुक लेन, धोबी तलाव, मरीन लाइंस, मुम्बई-400 002
वेबसाइट : www.radhakrishnaprakashan.com
ई-मेल : info@radhakrishnaprakashan.com

मुद्रक
बी.के. ऑफसेट
नवीन शाहदरा, दिल्ली-110 032

BACHULI CHAUKIDARIN KI KADHI
Short Stories by Mrinal Pandey

क्रम

बचुली
चौकीदारिन
की
कढ़ी

बिब्बो

फैशन के लिहाज से यह बूढ़ों का वर्ष था। खूब कसकर, तकरीबन माथे के ऊपर ही मरोड़कर बाँधे गये जूड़े, नोच-नोचकर बेहद पतली बना ली गयी बेचारी भौंहों, और सुनहरी कमानी के गोल चश्मों का वर्ष। कपड़े भी बीहड़ हो चले थे। बेमेल हथकरघे की साड़ियाँ और छींटदार ढीले ब्लाउज, चाँदी के काले पड़े हुए मैले आभूषण या झब्बानुमा कुर्ते और तंग मोहरी के पजामे। आँखों में सुरमा फिर फैशन में आ गया था, या फिर काजल। पिछले सालों के नीले-बैंगनी लिपस्टिक और पपोटों के ऊपर लगाये जानेवाली सुनहरी, धानी शैडो, नकली पलकों समेत न जाने कब अपने-आप गायब हो गये थे! यह फैशन का क्षेत्र भी एक बड़ा रहस्यमय इलाका है, जनाब! यहाँ बिना हल्ले, बिना हड़बोंग के अचानक रातों-रात सब बदल जाता है! ऐसे, कि पहले-पहल तो आपको यकीन ही न हो, कि यह भी भला कोई फैशन है क्या? पर धीरे-धीरे लगने लगता है कि भई वाह, असल फैशन तो यही है, बाकी हम सब तो क्या नाम झख मार रहे थे! है कि नहीं?

तो उस छोटे-से निंदियाये शहर में भी, जहाँ हर चीज साल-दर-साल समुद्रतल की काई की तरह धीमे-धीमे लहराकर तिरती, झूमती, ऊँघती रहती थी, ऊँचा फैशन आ धंसा। एकाएक, यानी जिसे अंग्रेजी पत्रिकाओं की भाषा में कहते हैं 'हाई फैशन।'

पहले दो-तीन ट्रकों में अंबार लगा हुआ सामान आया, फिर गमले आये, फूलों और विचित्र रंगों वाले पत्तों से चकाचक, फिर कुत्ता, फिर काकातुआ, फिर वे दोनों, और सबसे अंत में बिब्बो! पति ऊँचे, लंबे कद का हंसमुख दोस्तबाश इनसान लगता था। कीमती गर्म कपड़े का ढीला कुर्ता वह एक सामंती लापरवाही से धारण किये हुए। हाँ, हाँ, वे लोग कपड़े पहनते नहीं थे, वैसे जैसे कि बाबुओं, व्यापारियों के चुस्तकाट लड़के-लड़कियाँ पहने रहते हैं, अपने बदन के बेडौलपने और अपने संस्कारों के भोंथरेपन को और ज्यादा उभारते हुए। वे लोग अपने वस्त्र 'धारण' करते थे, जैसे कि पारंपरिक प्रस्तर-मूर्तियाँ मंदिरों में करती हैं।

पति के गले में उत्तरीय-भर नहीं था, पर तब भी कल्पना की जा सकती थी कि वह किस प्रकार उसकी तही को बायें हाथ पर झेले हुए विराट हस्तमुद्राओं से एक कलात्मक पौरुषमय अंतरिक्ष रचता यदि वैसे परिप्रेक्ष्य में उसकी कल्पना करो तो !

पत्नी मुनहने से जिस्म की सुंदर लड़की थी। लड़की कहना ही पड़ेगा, बावजूद उसके कसे जूड़े, नुची भवों और सुनहरी कमानी के गोल चश्मे के। उसका जबड़ा कुछ-कुछ चौकोर था, और एक ऐसी खानदानी जिद से भरा हुआ भी, जो पीढ़ियों से अपना हुक्म बाअदब बजवाती रही हो। वैसे उसकी आवाज बेहद नरम और हलीम थी, और उसका उच्चारण गुनगुनी अंग्रेजी ध्वनियों से पगा था। 'आ' की मात्रा को वह हलक में घुमाकर बोलती थी, और 'र' को एक बेहद प्यारेपन से 'ड़' और 'र' के बीच का हरुफ बनाकर कहती। एक हल्का पंजाबी कटाव उसकी अंग्रेजी के सारे परदेसीपने को फाड़कर उसे एक प्यारी-प्यारी संभ्रांत आंचलिकता के घेरे में ले आता था। वह कुछ-कुछ रुककर झटके से बोलती थी, जैसे कि सामगान किया जा रहा होगा। उसके नन्हे-नन्हे गुड़िया हाथ, उस वक्त एक कमनीय अंतरिक्ष रचते होते, हालाँकि उसकी अँगुलियाँ लंबी, कलात्मक नहीं, बल्कि छोटी, चौकोर, पुष्ट और दुनियादार थीं।

बिब्बो की बात और थी। वह उस नन्हीं गुड़िया पत्नी की निजी नौकरानी के बतौर आयी या लायी गयी थी। और उसके नाम के अनुरूप ही उसका जिस्म और उसकी पूरी शख्सियत एक निहायत सुखद व मांसल किस्म से एक पंजाबी, कतई भौतिक चाक्षुष उपस्थिति थी। वह अपनी मालकिन की विगत फैशन वर्षों की वे उतरनें पहने रहती थी, जो लगभग कोरी ही होतीं, पर उनमें उसके अपने खास निजी स्पर्श थे। सब कुर्तों के गले उसने नीचे तक काट डाले थे और उसका विराट वक्ष उसके बीच सुगंधित जेली की तरह निरंतर काँपता रहता था। उसकी कमर चौड़ी, पर सुडौल, कूल्हे भरे और तनिक उठे हुए थे। उसकी आँखें वीरान और चेहरा भावहीन होने के बावजूद उसकी चाल जवानी के खुमार से बोझल और लड़खड़ाती हुई थी—ऐसी, कि हर किसी को लगता था कि उसके सहारा दिये बगैर वह चल नहीं पायेगी। चूँकि घर के सारे बाथरूम संगमरमरी फर्श के थे, चुनाँचे वह कपड़े बाहर लान के नल पर धोती थी। दुपट्टा झाड़ी में टाँग अपनी शलवार टखनों तक चढ़ाये, आस्तीन समेटे वह जब झपाक्-झपाक् की ध्वनि से मूँगरी चलाती तब मुहल्ले के सारे नौकर घर के पतीले गैस पर जलते छोड़कर निकल आते थे। वह न उनमें से किसी से बोलती, न चालती। एक मस्तानी अदा से अंतिम कपड़े को पछोर, फींच और झटकारकर वह प्लास्टिक की

बाल्टी में डालती और हाथ बढ़ाकर दुपट्टा उठा खरामा-खरामा घर के भीतर दाखिल हो जाती। मुहल्ले की फुर्सती दोपहर देर तक उसके नितंबों से सटी पेंडुलम-सी डोलायमान होती रहती। हर रोज।

हर रोज, ठीक ग्यारह बजे पति अपनी गाड़ी में काम पर रवाना होता और पत्नी उसे दरवाजे तक छोड़ने आती। वे अंग्रेजों की तरह चुम्मी लेकर 'अलविदा' कहते थे और फिर पत्नी अपनी अटकती-सी जुबान में बिब्बो को पुकारती, आदेश देती, भीतर चली जाती—बड़ा बंधा-बँधाया दैनिक दस्तूर था। ठीक साढ़े ग्यारह बजे एक सुंदर प्लास्टिक का झोला टाँगे बिब्बो दरवाजे पर नमूँदार होती और अपनी लड़खड़ाती मदमस्त चाल में बाजार की ओर निकल जाती। नुक्कड़ पर कपड़ों पर प्रेस करता रामनरेश धोबी अपने 'विविध भारती' कार्यक्रम का वाल्यूम ज्यों ही बढ़ाता, तो पता चल जाता कि वह ढाल पर उतर रही है। फिर 'चौरसिया पान भंडार' के ठहाके अचानक ऊँचे हो जाते, पाकेटों से कंघियाँ निकल आतीं, फुग्गे सँवरने लगते—यर्राज्जा!

धीरे-धीरे उन लोगों के मित्र भी बनने लगे थे। यह शहर का संभ्रांततम, पुराना इलाका था और यहाँ के सब बाशिंदे बड़े बापों की औलादें और बड़े दादाओं, पर-दादाओं के पोते-पोतियाँ थे, नौकरी करना जिनके लिए एक शुगल था। उनके पास इतना था कि बताना गैरलाजिमी हो चुका था। इन बंगलों की अपनी दुनिया थी, अपने जश्नों—सैर-सपाटे और अपने खफ़ीफ से मजाक या बदगुमानियाँ थीं। नयी या चकाचौंध करने वाली चीजों से उन्हें सख्त परहेज था। इन बंगलों के आरामगाहों में पुरानी धूसर मूर्तियाँ, नायाब ब्रोकेड के पुराने सोफे, शिपेनडेल का प्राचीन फर्नीचर और अलंकरण एक समझदार उकताहट से बिखरे रहते। उनके फ्रिज रसोईघरों में थे और बड़े नामीदामी स्टीरियो-यूनिट भीतर की किसी कुठरिया में। वे सब धीमे बोलते, धीमे चलते और धीमे-धीमे खाते थे। उनका सब कुछ एक अलस अनौत्सुक्य में भीगा-भीगा और एक बाल-सुलभ विश्वास में मढ़ा हुआ था। ऐसा बालसुलभ विश्वास, जो सिर्फ उन्हीं लोगों में होता है, जिनका बचपन सतरंगी परीकथाओं की झाग में से सीधा निकला हो—दूधिया, कच्चा, पुरतासीर।

पत्नी अपनी भोली-भाली आवाज में मित्रों को प्रायः बताती थी कि बिब्बो घर के क्षेत्र में उनका एक प्रजातांत्रिक प्रयोग थी। अगर आप इनसानों की तरह उनसे पेश आयें तो कोई कारण नहीं कि नौकर हमदर्द मनुष्यों की तरह आपके घर में काम न करें, उनकी भी 'वाइब्स' हैं, उनकी भी 'एम्बियाँसेज' हैं, नहीं?

बिब्बो वही खाती थी जो वे खाते थे—यानी मक्खन, अंडा, फल, दूध, पनीर

सब, । वह हर महीने अच्छे कपड़ों से लैस करायी जाती, उसे हर पखवारे अच्छा साबुन, शैंपू और टैलकम-पाउडर लेकर दिया जाता। "उनसे वह जो करे उसका अपना सिरदर्द है, हम उससे एक इनसानी धरातल पर पेश आना चाहते हैं, मालिक नौकर के स्तर पर नहीं, बराबरी के स्तर पर।" फिर मालकिन अपनी मृदु आवाज और भी मृदुल संगीतमय बनाकर कहती, "बिब्बो—दो निंबू, पानी और प्लीऽऽज।" बिब्बो रानी एक सेक्सी रोबोट की तरह हिलती-डुलती निर्विकार चेहरा लिये कुछ देर बाद नमूंदार होती, हाथ में एक खाली चाँदी की पुश्तैनी ट्रे हिलाती हुई—"निम्मक वाल्ला के, चीन्नी वाल्ला !" उसका स्वर उसके चेहरे की तरह भावहीन होने पर भी, उसके जिस्म की तरह कुछ फटा-फटा, पर एक हर्राफा दृष्टिकोण से आकर्षक था। पत्नी तुरंत विनयविगलित हो मेहमानों से क्षमा माँगकर पूछती कि वे नमक वाला लेंगे या चीनी वाला ! वह तो नमक लेती है, पर जैसा वे चाहें। फिर आर्डर दे दिया जाता, और हिलती-डोलती बिब्बो पर्दे पर खुँसी चाँदी की पुरानी घंटियाँ झंकारकर भीतर चली जाती।

तभी पति-पत्नी ने लोगों को यह भी बताया था कि उन्होंने पिछले शहर में बिब्बो को एक ब्यूटीशियन से ट्रेनिंग भी दिलवायी थी, ताकि उसे एक और हुनर आ जाये। पढ़ने या टाइपिंग सीखने में उसकी रुचि नहीं थी, सो—"अब वह ऐसा 'फेशियल' देती है कि त्वचा का पोर-पोर जाग उठे। मेरे बाँहों के बालों की थ्रेडिंग भी वही करती है"—पत्नी अपनी रोमहीन सुडौल गोरी भुजा फैलाती।

"क्या सिर्फ स्त्रियों को ही देती है फेशियल ?"

"नहीं, नहीं।"

"क्या सुंदरता औरतों का ही हक है ?"

"आप चाहें तो—"

हा-हा-हा—मजाक छिड़ गये—पहले तुम, पहले तुम। फिर एक जना मजाकों से बिंधा आधा मगन, आधा छगन होता बिब्बो के साथ भीतर की कुठरिया में चला गया और आधे-पौन घंटे बाद चमकता चेहरा लिये नमूंदार हुआ—"मानना पड़ेगा है तुम्हारी मुटल्ली के हाथ में जादू !"

"यही तो मुझे भी अचरज होता है," पत्नी चहकी—"घर के काम में तो ऐसी बेशऊर है कि यदि 'कुक' न होता तो हमें शायद समय से खाना भी नहीं मिलता, इतने ग्लास और प्याले तोड़ती है कि भगवान बचाये, पर इस काम में हुनर हासिल है !"

"अपने-अपने हुनर हैं—हा-हा-हा-हा !" फिर अचानक उनके घर लोगों की आवत-जावत बढ़ने लगी। इस मोहल्ले के पुरुष यूँ भी नौ से पाँच दफ्तर जाने वालों में नहीं थे। दफ्तर तो उनके अपने थे ही। जिन बिल्डिगों में दफ्तर थे, वे बिल्डिगें भी उनकी ही थीं। अब अक्सर पति लंच-टाइम पर आता तो पत्नी

भुन्नाती रहती—"लंच अधूरा बना पड़ा है और बिब्बो फिर किसी को 'फेशियल' दे रही है, पड़ोस का मामला था—अपने आजाद खयालों और वक्तव्यों से भरे इतने जमावड़ों के बाद गली-कूचें की औरतों की तरह टोकाटाकी करना भी उनके लिए संभव न था ! भलमंसी की मार ! वे लोग बड़े पशोपेश में थे। उधर बिब्बो की भूख का मानो अंत ही न था। सुबह वह छह टोस्ट और दो तले अंडे डकार जाती—साथ में एक गिलास दूध। जबकि देह की तराश को लेकर सजग पति-पत्नी कुढ़ते हुए सिर्फ काली कॉफी और टोस्ट-भर लेते और जब वह आकर लचककर कहती—"जी, कल का सालन पड़ा है, मैं ले रही हूँ टोस्ट दे नाल, अच्छा ?" तो वे बगलें झाँकने लगते। दूध भी वह दिन-भर पीती रहती।

पत्नी को लगने लगा था कि वह फ्रिज में ताला लगा दे, तो ठीक रहे। गुच्छा-भर पुष्ट केला चाँदी के 'फ़ूटबोल' में सुबह रखा होता, शाम तक एक काला-सा सुकड़ा केला उसमें पड़ा रह जाता। अचार की शीशियाँ-की-शीशियाँ साफ हो जातीं। जैम के भी वही हाल ! पत्नी के मायके से मेवे के थैले आते, उनका माल भी देखते-देखते आधा रह जाता। फिर खरबूजे को देखकर खरबूजा रंग पकड़ता है ही ! बिब्बो की देखा-देखी खानसामा की भूख भी चमक उठी थी। जितनी देर पत्नी कुठरिया में शास्त्रीय संगीत के 'स्टीरियो रेकार्ड' लगाकर पड़ी-पड़ी अंग्रेजी किताबें पढ़ती, उसके विदेश से आयातित ट्रांजिस्टर में तेज फिल्मी गाने लगाकर वे दोनों रसोई में ठिलठिलाते रहते। "आदिम भावनाएँ हैं, लव, हा, हा, हा !" पति ने मित्रों के बीच पत्नी को फिर समझाया—"वे लोग अपने को नहीं रोक सकते। कुत्तों-बिल्लियों की तरह उन्हें मजा करने दो, शाम को खाना और उम्दा मिलेगा—हा-हा-हा !"

"उम्दा तो क्या, चार गिलास और दोनों तोड़ डालेंगे," पत्नी ने झमककर कहा। उसका धैर्य कोनों से फटने लगा था—"उसे मालूम है कि सुबह ठीक आठ बजे मुझे पलंग में कॉफी चाहिए। उसके बिना मेरा जहन काम नहीं करता। आज नौ बजे तक नहीं आयी। देखने गयी तो खानसामा कहता है—वह अभी सो रही है। खानसामा, आफ आल द पीपुल। मुझसे ! वह भी उसको लेकर !"

"तो तुमने क्या किया ?" यह शायद उस दिलजली ने पूछा, जिसका पति उस वक्त बिब्बो से मालिश करवा रहा था। "मैंने वहीं खड़े-खड़े लताड़ा उसे कि ऐसे बात करते हैं क्या ? तभी देखती हूँ कि मल्काजी आँखें मलती आ रही हैं—'क्या बजा है बीजी ?' आय टैल यू—मैं तो गुस्से के मारे उल्टे पाँव लौट आयी।"

"मेरी मानो तो इसे चलता करो।" किसी ने सलाह दी।

"वही सोचती हूँ, पर आजकल फिर नौकर मिलते कहाँ हैं ! उनके बिना भी तो…"

"यह तो है !"

गर्मियाँ बीतीं, जाड़े आये पर बिब्बो के मारक जिस्म ने शालें नहीं ओढ़ीं। हालाँकि उसकी मालकिन छह हजार रुपये का पुराना पश्मीना ओढ़े हीटर के पास बैठी 'हू-हू' करती रहती। मक्खन, मेवे, घी की लुनाई से चिकना अपना उबले अंडे-सा भावहीन चेहरा लिये बिब्बो उसके गुड़िया हाथों-पैरों, चेहरे की उबटनों से मालिश करती, कील-मुँहासे निकालती, भँवें सँवारती और टाँगों-पैरों को रोमहीन बनाती रही। जाड़े-गर्मी-बरसात किसी मौसम का उस पर कोई असर नहीं था। उसका खमदार बदन वैसा ही मस्त रहा आया और रंगीन पटियालवी फूँदने से सजी उसकी लंबी गुत्त उसके विराट् कूल्हों पर डोलती एक बड़े समुदाय का तन-मन डोलाती रही।

"आजकल मैं कोशिश कर रही हूँ कि वह कुछ बुनाई-कढ़ाई सीख जाये, पढ़ाई-लिखाई न सही!" अपनी रौथमैंस सिगरेट का कश लेकर पत्नी ने कहा। वह एक ढीला कढ़ा हुआ झब्बा पहने हुए थी, जो उसकी किसी पूर्वजा के किसी नायाब कश्मीरी शाल को काटकर सिला गया था।

"सिखायेगा कौन?" किसी ने जिज्ञासा व्यक्त की। उन लोगों को इस तरह की चीजें आती ही कहाँ थीं? काढ़ना-बुनना, पकाना—पर जरूरत थी भी नहीं। उनके लिए ही तो यह काम किये जाते थे, सारी दुनिया में। अगर वे लोग भी अपने कपड़े खुद सीने-काढ़ने लगते तो उन भव्य सिलाई की दुकानों का क्या होता? पत्नी ने उसी किस्म की एक दुकान का नाम लिया, जहाँ शाम को मध्य-वित्त गृहिणियों और उनकी विवाहयोग्या लड़कियों के लिए सिलाई-कढ़ाई की क्लासें होती थीं। ड्राइवर शाम को अपने घर जाता हुआ उसे छोड़ आयेगा और वापसी में वह बस ले लेगी। बस, इतनी ही-सी तो बात थी! पति-पत्नी अपने औदार्य और अपनी स्कीम के चौकसपने पर बड़े खुश थे। "उसकी 'साइकी' (अंतरात्मा) को कुछ तो रचनात्मक संतोष मिलना चाहिए," पत्नी ने अपना गुड़िया हाथ लहराकर कहा, "वर्ना औसत हिंदोस्तानी 'लिबिडो' (अस्मिता) छोटे शहर में ऐसी कुचली रहती है कि सिवा सेक्स के दिमाग में कुछ आता नहीं।" फिर कुछ देर वे सब बेहद सुथरी और विद्वत्तापूर्ण अंग्रेजी में आम भारतीय और सेक्स पर खुली बातचीत करते रहे। वे लोग खुली बातचीतों और खुली बहसों के आदी थे, इतने कि वे कल्पना भी नहीं कर सकते थे कि बिब्बो को उस दब्बूपने और संकीर्णता में बाँधकर रखेंगे, जिसमें आम भारतीय औरत खासकर नौकरानी को रहना पड़ता है।

पर इन सब सौहार्द्रपूर्ण खुली बातचीत के बाद जब बिब्बो को इसकी सूचना दी गयी तो उसने अपने नितांत भावहीन तरीके से साफ मना कर दिया—"नहीं ज्जी, क्याऽ करना!"

"पर तब तुम कपड़े सिल सकोगी?" उन्होंने सुझाया।

"बहोत है जी, फिर दर्जी तो है ही—"

"घर में हमारा थोड़ा मरम्मत-रफू का काम कर लेना।"

"सो आप दर्जी से करा लो, बेहतर करेगा !" इतना कहकर वह कुछ हँसी-सी।

"तुझे मशीन ले देंगे—कौन-सी है डार्लिंग, वो हिंदोस्तानी वाली जो मिडल ईष्ट को भी एक्सपोर्ट होती है ?"

"हाँ-हाँ, निशा वाली, फिर तू कपड़े सीना मजे में !"

"क्याऽऽ करना जी," बिब्बो ने बातचीत को पक्का पूर्ण विराम देते हुए कहा और नल के नीचे सलाद धोने लगी। उनकी पूरी योजना गड़बड़ा गयी थी।

"पर तू दिन-भर तो खाली रहती है, फिर क्या करेगी ?"

"सोऊँगी जी," उसने उसी ऐतिहासिक भोलेपन से कहा जैसे कभी नूरजहाँ ने कबूतर उड़ाये थे, और खानसामा को देखकर हँस पड़ी।

बिब्बो एक सरदर्द होती जा रही थी। वह देर-देर तक सोती, ढेरों-ढेर खाना खाती और वक्त-बेवक्त चीजों की फंकियाँ मारती रहती। दो-एक बार मालकिन ने उसे अपना शैंपू और टैलकम चुराते रँगे हाथों पकड़ा भी। खानसामा भी उसकी सोहबत में ढीला और ढीठ होता जा रहा था, वह तो थी ही। उधर से इधर और भाव बताने लगी थीं। जब उनका कोई मित्र आकर 'फेशियल' को कहता तो उसे बुलाये जाने पर वह एक ढीठपने से उसे ऊपर से नीचे तक घूरकर सिर को भीतरी कमरे की तरफ झटका देती—"चलिए" और कूल्हे मटकाती आत्मविश्वास के साथ बगैर पीछे देखे भीतर चल देती कि वह आ भी रहा है या नहीं ! यह बात और थी कि वह अवश्य आता ! "ले-देकर एक शाम का समय होता है, उस वक्त ये लोग आ जाते हैं—" होंठ चबाती पत्नी कहती। उस वक्त उसका जबड़ा कुछ चौकोर और चेहरा तना-तना हो जाता।

फिर एक दिन बिब्बो के घर से खत आया, जो किसी गाँव के पढ़े-लिखे ने बिब्बो के बाप की तरफ से लिखा था, कि बिब्बो के लिए उन्हें एक लड़का मिल गया है जो फौज में है और शक्लो-सूरत का भी ठीक-ठाक है। बिब्बो की छोटी बहन कुक्कू सेवा में आने को तैयार है, उसकी तो जिंदगी बन जायेगी वगैरह, वगैरह।

"न कुक्कू, न पुक्कू, बस इसी को भेज दो वापस। अच्छा बहाना भी है इस वक्त।" पत्नी ने संतरा चूसते हुए कहा। बिब्बो उस समय बाहर कपड़े धो रही थी और पत्तियों की मेड़ के आसपास दर्जनों नौकर पतंगों की तरह मँडरा रहे थे।

"पर फिर तुम्हारा काम कौन करेगा ?" पति ने एक खैरख्वाह मित्र की नरमाहट-भरी दृष्टि से पत्नी का नाजुक जिस्म निहारा। "कोई यहीं की बूढ़ी बाई मिल जायेगी ज्यादा पैसा देकर ! तुम चिंता न करो। सिर्फ इसे भर पैक ऑफ कर दो, वर्ना खानसामा इसे लेकर किसी भी दिन छोड़कर चल देगा, फिर क्या होगा ?"

"सो तो है," पति ने सोचते हुए कहा।

तो एक दिन बिब्बो का बिस्तरा बँध गया। उसके दो टीन के ट्रंक कार में रख दिये गये, दरी में बँधा एक अदद बिस्तरा भी। पत्नी ने उसे एक घंटा जीवन, आदर्श, विवाह की जरूरत और नारी-स्वतंत्रता के बारे में समझाया, जिसके दौरान वह सिर्फ 'हंजी', 'हंजी' करती या उबासियाँ लेती रही। उसे और उसके फौजी को इस सबसे करना भी क्या था ? न एक बार उसने पति-पत्नी को धन्यवाद दिया, न ही हर्ष या शोक-जैसा कुछ व्यक्त किया। कुछ लोगों का कहना है कि टैक्सी के चलते-चलते उसने पूरे पड़ोस की खिड़कियों को हाथ हिलाया और कुछ मुसकरायी-सी थी—पर हो सकता है यह उनकी कल्पना-भर हो।

कुछ दिन वे लोग बिब्बो को याद कर परस्पर हँसी-मजाक करते रहे—फिर उसे भूल-सा गये।

पितृदाय

दो हफ्तों से लगातार अस्पताल के जीने चढ़ते-उतरते, नर्सों-डॉक्टरों के पीछे लपकते, दवाइयों की दुकान के चक्कर लगाते, उमेश अब कतई पस्त हो गया था। यूँ पस्त तो आदमी दिन-भर कॉलेज में पढ़कर भी हो ही जाता है, पर यह पस्ती उस पस्ती-जैसी न थी। लाख उबाल हो या खीज उठे, फिर भी उसमें कुछ देर के लिए एक ऐंची-तानी खुशी तो मिल ही जाती है, जब कभी पानवाला प्रोफेसर सा'ब कहकर कम-से-कम एक पान खाते जाने का अनुरोध करता है, या कि बहन की चिट्ठी आती है, जिसमें कहा गया होता है कि जहनी काम हर किसी के बूते का नहीं और इसे करनेवाले को अच्छी गिजा लेनी ही चाहिए। इस पस्ती का तो ओर-छोर ही नहीं था। सत्तर को पार की हुई बाबू की उम्र, पंद्रह साल पुराना ब्लडप्रेशर, मधुमेह और अब फालिज का यह जोरदार हमला। किसी भी डॉक्टर ने उनके ठीक होने की पक्की आशा नहीं बँधायी थी। उसने भी नहीं, जो बहन का मेडिकल कॉलेज में सहपाठी रह चुका था और इस नाते हर राउंड पर एक बार झाँक जाया करता था। सिर्फ दूर के रिश्ते की एक बुआ ने, जो शुरू में खबर पाकर भरी दुपहरी में बस से अस्पताल आयी थीं, कहा था कि कहीं से शेर की चर्बी मिल जाये, तो सुनते हैं सुन्न अंगों में उसकी मालिश से शर्तिया लाभ···

बहन को उसने चिट्ठी में सब हाल लिख दिया था। छुपाने-जैसा उनके बीच कुछ था भी नहीं और उसके पत्र पाकर बहन के तड़प उठने या कलपने-जैसा भी कुछ रह कहाँ गया था! कम-से-कम अब इस वक्त, जबकि वह अपने पेचीदा तलाक के मसले से उलझती, दूर फिलाडेलफिया की परदेसी कचहरियाँ खटखटा रही थी। उसका नीग्रो पति, जो सिर्फ बेकारी का सरकारी मेहनताना खा रहा था, अपनी डॉक्टर पत्नी से तलाक के एवज में भरपूर हरजाना ऐंठने पर उतारू था और

बहन कुछ अपने चुप्पेपन और कुछ पति के काँइयाँ पेंचों के मारे जरूरी हमदर्दी का वातावरण नहीं बना पा रही थी। वैसे लिखा था बिचारी ने कि कुछ खर्चा भेजेगी, पर उसे खास उम्मीद न थी।

"क्या हाल हैं अब ?" कॉलेज में उसे देखते ही सब हमदर्दी से पूछते तो वह सुकड़ता हुआ बुदबुदा देता कि वैसे ही हैं। इतनी नर्म, दयालु हमदर्दी और कुतूहल अभी तक उसने अपने ऊपर कभी नहीं झेले थे। ऐसे क्षणों में उसे अपना दो कमरे का घर बहुत याद आया करता। घर, जैसाकि वह माँ के जाने और बाबू के वापस आने के दरम्यान था ! अपने सारे पपड़ियाये रोगन और मकड़ी के जालों के बावजूद। चुप्पा, प्रश्नहीन, आकांक्षाहीन, अपेक्षाहीन—अपने नंबर ग्यारह के चश्मे और पीठ के हल्के कूबड़ को लिये-दिये जिसकी ठंडी हरी चूनेदार गहराइयों के गुड़प होने को वह कतई आजाद था। आह ! कब जा पायेगा वह वापस रहने को उस घर में ? रात को वह करवट लेता तो अस्पताल की चारपाई पसलियों की तरह चुभती थी। और सुबह ठीक साढ़े-पाँच बजे जमादार जगा जाता था—"टट्टी-पेशाब का बर्तन निकालना, सा'ब !"

उसके नौकरी में लगने के बाद यह पहली बार बाबू घर आये थे। और बस दो दिन बाद ही यह हो गया। "आखिरी समै की मिट्टी अपने ही वहाँ..." वगैरह लोगों ने कहा था। पर उसे खास यकीन-वकीन नहीं हुआ। अगर बाबू बोल सकते, तो अपने सूखी तरोई-से झूल आये जिस्म के बावजूद शायद बहन के पास वापस अमरीका जाने को कहने लगते। अब तो उनका ग्रीन कार्ड भी बन गया था न ! फिर अमरीका घूम आने के बाद हिंदुस्तानी अस्पतालों पर उनका विश्वास कतई नहीं रहा था। वैसे अस्पताल ही क्या, किसी भी हिंदुस्तानी चीज पर उनका विश्वास नहीं था, शुरू से ही। "मुल्क चलाना जानता है तो बस अंग्रेज," अपनी अंग्रेजी स्कूल की हेडमास्टरी के दिनों की याद करते हुए वे यही कहते। "हिंदुस्तानी की तो नस-नस में जाहिलपना और कमीनगी होती है।" अपने दोनों मातृहीन बच्चों को उन्होंने इसीलिए अंग्रेजी स्कूल में पढ़ाया था कि उनके यहाँ से छूट भागने का मार्ग पैबस्त हो पाये। बहन हमेशा से जहीन थी। जहीन, सुंदर, मुँहफट, दबंग। उसके बाल मेमों-जैसे भूरे, और रंगत बाबू-जैसी झक्क सफेद थी। वह खुद माँ पर पड़ा था। सँवलाया, मुनहना-सा जिस्म, पतली आवाज, जिसकी अंग्रेजी पर बढ़िया स्कूल भी वह डेल कार्नेगीदार सान नहीं चढ़ा पाया था जो लोगों को प्रभावित करती है, दोस्त जीतती है। बाबू को उससे कोई आशा नहीं थी, वह जानता था। इसी से बहन के बुलाने से जब वे तुरंत अमरीका चल दिये, तो उसे अचरज, खुशी या शोक-जैसा कुछ भी नहीं हुआ था। शायद वह जानता भी रहा हो कि एक दिन ऐसा ही होगा। घर का एक हिस्सा उसके लिए खाली था ही। खर्चे के लिए बाकी घर का किराया था, उसकी रिसर्च की

ग्रांट थी। सबके जाने के बाद वह अपनी किताबों में चैन से गुड़प हो गया था। पर रह कहाँ पाया ?

उसने आजिजी से ऊपर ताका। रमाकांतजी प्रश्नसूचक निगाहों से उसे देख रहे थे। वे सीनियर प्राध्यापक थे और संस्कृत पढ़ाते थे। हर तरह का निजी सवाल पूछ पाने लायक भारतीय बुजुर्गियत उन पर हरदम तारी रहती थी। "कैसे हैं पिताजी ?" उन्होंने रजिस्टर रखा और तर्जनी के ऊपर का दाद हौले-हौले खुजलाने लगे। प्रश्न उसकी चुप्पी के बावजूद जवाब की प्रतीक्षा में टँगा रहा।

"वैसे ही हैं," वह देर बाद जैसे कुएँ के भीतर से बोला। एक गुनगुनी पस्ती अचानक उसके टखनों से दिमाग तक छा गयी थी। खिड़की के बाहर धूप कैसी भली लगती थी। कहीं एक चिड़िया चहचहायी, फिर चुप हुई। काँच पर एक मक्खी फिसल रही थी बज`` ज````ज। उसने जम्हाई ली, तो आँखों में पानी आ गया। उसे अपने घर का पुराना पलंग याद आया, जिसके गिलाफ सनलाइट साबुन की महक लिये होते थे, जिस दिन वह उन्हें बदलता था।

"आप ज्योतिषशास्त्र मानते हैं ?" रमाकांतजी पूछ रहे थे। उसने कहा कि वह इस बारे में जानता-वानता नहीं ज्यादे सो···

"कई बार ग्रह-शांति करा लेने से भी कष्ट निवारण होता है," शायद ऐसा नींद और हल्के पंखे के दरम्यान रमाकांतजी ने कहा। और यह भी कहा कि "वैसे तो सब ऊपरवाले के हाथ में है, पर अपना कर्तव्य तो करना ही हुआ, है कि नहीं ? पितृदाय जो हुआ—वैसे अंग्रेजीवाले ये सब मानते-ऊनते तो नहीं···"

"नहीं ऐसा तो नहीं।" उसने हल्के से प्रतिवाद किया—"सिर्फ यह कि उसे जानकारी नहीं इन सब चीजों की।"

"तो क्या नाम, हम देंगे ?" रमाकांतजी ने तुरंत एक कागज झपट लिया और उस पर मनोयोग से अपनी मोटी-मोटी लिखाई में नाम-पता लिखकर उसकी ओर बढ़ा दिया—"ये हमारे पुराने परिचित हैं। ज्योतिष तो जानते ही हैं—भृगुसंहिता भी बहुत बढ़िया बाँचते हैं। पुराने आदमी हैं, पूछने पर कोई भी गली में पता बता देगा।" काम खास था नहीं, पर्ची जेब में उड़सकर वह उठ खड़ा हुआ। जाये, एक दफा घर में भी झाँक आये।

घर वह आजकल सिर्फ पतलून-कमीज बदलने और डाक देखने जाता था। क्लास परीक्षा की तैयारी के लिए बंद कर दी गयी थी, सो वह सब काम भी नहीं था; धुले कपड़ों की गर्म तह खोलते हुए उसे हल्का-सा दुख हुआ। कभी कैसे फुरसत से वह कपड़े बदलता, या छुट्टी के रोज देर तक उठना टालता जाता था, कैसे देर तक मल-मलकर नहाते हुए मुँह से पानी की पिचकारियाँ छोड़ता फोकट

मैं मुदित होता रहता था! ठंडे और बड़े-से नहानघर में अम्मा की शादी के पीतल के दो बड़े गंगालों में ठंडा पानी भरा रहता। लोटा पुराना, बड़ा और मुरादाबादी था। खूब नहाकर खूब चूनेदार दो पान, फिर क्या था ! चटपट दो-चार लोटे डालकर उसने इस वक्त काम पूरा किया। एक बटन टूटा था, टाँककर कपड़े पहनना खत्म ही कर रहा था कि कुंडी खड़की। पीछेवाले किरायेदार के पिता थे। "कैसे हैं ?" उन्होंने बाबूजी के लिए पूछा। उसने दैनिक स्वास्थ्य बुलेटिन दिया। पेशाब उतर रहा है, जानकर वे निर्द्वंद्व हुए। देर तक सिर हिलाकर कहते रहे—"बस पेशाब तो नियमित रूप से उतरना ही चाहिए, गुर्दे चलते रहें तो आस बँधी रहती है। आस बड़ी चीज है बेटा !" उन्होंने उसके कंधे बड़ी बुजुर्गियत से थपथपाये—"शाबाशी है तुम्हें, पितृदाय निभा रहे हो। वरना आजकल के जमाने में···" उसे हल्की खीज-सी हुई। इतना तत्त्वज्ञान करने लायक आत्मीयता तो उनसे थी नहीं, आज मौका पाकर चढ़ दौड़े।

वह लायब्रेरी से दो-चार हल्के उपन्यास लाया था और सोच रहा था कि अस्पताल जाकर पढ़ेगा। अगर बाबू ठीक-ठाक रहे तो। "अच्छा चलूँ," उसने हाथ जोड़ दिये। वे शायद और मार्गदर्शन करना चाह रहे थे उसका, पर उन्हें जाना ही पड़ा। उसने किताबें हाथ में लीं और ताला लगाने लगा। चाबी घिस गयी थी और ताला बंद होने में हमेशा देर लगती थी। जब चाबी जेब में डाली तो कुछ सरसराया। उसने देखा, रमाकांतजी वाला कागज था। वह सड़क अस्पताल के रास्ते में पड़ती थी, बस फर्लांग-भर भीतर को मुड़ना होता। क्या करे ? इन्हें भी आजमा ले क्या? स्कूटर को झटके से स्टार्ट करते हुए उसने सोचा— चलो यही सही। पंद्रह दिनों में दवाइयाँ तो सब आजमा ली गयी थीं, अब तो पीठ और कूल्हों पर रुपये बराबर घाव भी पड़ चले थे, जिन्हें लेकर डॉक्टर और परेशान थे। पितृदाय ! रमाकांतजी भी कहते थे इसे, चलो ठीऽक है।

अभी एकदम गर्मी तो नहीं आयी थी, पर आ ही चली थी, ऐसा कहा जा सकता था। पानी की उम्मीद थी नहीं। कमरे के काँचों में कागज चिपकाना होगा, उसने एक साइकिल से कतराते, उनींदे आलस से सोचा। पर वह तो तब, जबकि घर लौटना हो। वह फिर उदास हो गया। गली फाउंटेनपेन की एक दुकान के सामने से मुख्य सड़क को छोड़कर भीतर मुड़ती थी। दुकान के ऊपर एक विराट पेन लगा था, टीन का बना हुआ। स्याही से लिथड़े कपड़े की एक लीर काउंटर पर पड़ी थी और दुकानदार ऊँघ रहा था। स्कूटर की आवाज से भी उसने कोई उत्तेजना या उत्साह नहीं व्यक्त किया। बगल में एक छोटी तख्ती पर गली का नंबर था—सत्ताईस। यही गली थी। नीचे उकड़ूँ बैठा एक आदमी पेशाब कर रहा था। वह बगल की परचून की दुकान के पास रुका। स्कूटर शायद भीतर

जाये नहीं, उसने उसे दुकान के सामने रखकर ताला लगाया और काउंटर के सामने जा खड़ा हुआ।

उस पुरानी और अँधेरी दुकान में कई चीजों की महक भरी थी। धूप-भरी आँखों की चौंध उतरने से पहले गंध चीजों का अता-पता दे जाती। सुतली के छींकदार बोरे, सूखी धनिया, मिर्च, चावल, चाय और सौंफ। दुकानदार बूढ़ा था और उसके मोटे चश्मे के पीछे उसकी मोतियाबिंदी निगाह बेडौल और धुँधली थी। उसके सिर के पीछे के कैलेंडर में एक गदरायी लक्ष्मीजी रुपयों की अथाह वर्षा करती मुसकरा रही थीं, पर यहाँ ऐसा कुछ भी न था। जो भी था, हाथी या कमल या रुपया, वह उस छापे में ही सीमित था। तराजू सीधा करते दुकानदार ने ठोढ़ी से भीतर को इशारा किया—"भीतर को जाकर बंबे के पास से बायें मुड़ जाना—सैन बोरड लगा है।"

"इधर ही से?"

"और नहीं तो किधर से?" दुकानदार गद्दी उठाकर रेजगारी गिनने लगा। उसका मन हुआ कि दे कमबख्त को एक झापड़ और सीधा वापस चला जाये। जाने कहाँ फँसा दिया रमाकांतजी ने; बात का सीधा जवाब नहीं दे सकता था क्या? पर वह बाहर ही निकल रहा था कि दुकानदार ने कफ से घरघराती आवाज लगायी—"ऐऽ मुन्नीऽऽ!" खंभे के पास एक ढीठ आँखोंवाली लड़की एक तेलिहा कागज में कुछ लिये चपर-चपर खा रही थी। वहीं से चीखी—"क्या है?" उसकी आवाज खूब ऊँची और कुछ-कुछ फटी हुई थी। "जा जरा इन्हें अपने याँ पौंचाई आ।" दुकानदार ने कहा।

"जाओ ये पौंचा देगी," उसने उमेश से कहा। अब कोई चारा न था। मन मारे वह लड़की के पीछे हो लिया। लड़की कम-से-कम तीन साल पुराना उटंग फ्राक पहने थी। उसके पैरों में मैल और चोटों की पर्त-सी जमी थीं। पहले उसने कागज गुड़ी-मुड़ी करके नाली में फेंका, फिर हथेली के पीछे से मुँह पोंछा, फिर बोली—"चलो!" वे दोनों चल पड़े। "जरा स्कूटर का ध्यान…" उसने दुकानदार से कहा। उसने सिर हिला दिया, या शायद नहीं। गली के भीतर दोनों तरफ खुली नालियाँ थीं और उनसे वीभत्स सड़ाँध उठ रही थी। जगह-जगह पाखाने की ढेरियाँ थीं, एकाध दरवाजे की ओट से साँवले-निष्प्रभ चेहरे अनिच्छा से झाँके भी, फिर सिमट गये। धूप तेज थी। वह पाँयचे बचाता चलने लगा। बंबे के पास से वे लोग मुड़े। पुराना, खपरैल की छत का चूने से पुता मकान था। दरवाजे गहरे फीरोजी रंग से पुते थे। "येई है," लड़की ने कहा और एक टाँग पर कूदती हुई वापस जाने लगी। दरवाजा बंद था। उसने कुंडी खड़कायी। कुछ देर बाद भीतर से किसी के भारी पैर रगड़ते हुए चलने की आवाज उभरी। उसने दोबारा कुंडी खड़कायी। "खोल रहे हैं।" भीतर किसी ने धीमे-धीमे दो-

तीन चटखनियाँ खोलीं, दरवाजा फाँक-भर खुला।

"आप कौन ?" दरवाजा खोलनेवाला साठेक साल का झुराया हुआ वृद्ध था। नंगे बदन, बस धोती पहने, कंधे पर यज्ञोपवीत, दरवाजे पर रखे हाथ पर एक चमकती हुई अँगूठी।

उसने रमकांतजी का नाम लेकर बताया। इस बार दरवाजा पूरा खुला। "आइये, भीतर आ जाइये।" स्वर अचानक मुलायम हो गया था। "आजकल दरअसल होली का चंदा माँगनेवाले बहुत आ रहे हैं। एक ही मुहल्ले में सात होली कमेटियाँ ! कभी देखा, न सुना। न दो तो गालीगलौज पर आमादा हो जाते हैं। आप बैठिए, मैं अभी आया।"

वृद्ध भीतर गये। वह अपने को सहेजता हुआ कमरे की उन दो जर्जर कुर्सियों में से एक में बैठ गया। दीवारों पर जगह-जगह ज्योतिषाचार्य के सर्टिफिकेट टँगे थे, एक आले में कुछ पुरानी प्लास्टर की मूर्तियाँ थीं, कुछ मिट्टी के खिलौने—सेठ-सेठानी, बूढ़ा-बुढ़िया, बैंडवाले ! किसी का हाथ नदारद था, किसी का मुँह। कमरे पर भरसक यत्न से ढके हुए दारिद्र्य की छाप साफ थी। उसे खूब प्यास लग रही थी, क्या करे? वह उनसे पानी माँगे? उसने ससंकोच सोचा। खिड़कियाँ बंद होने से कमरे में एक धूलिहा गंध भरी थी, जिसमें कई पुरानी बासें मिल गयी थीं—छितराये बिस्तरे, पसीने, धूप-बत्ती, चाय और चमड़े के जूतों की। भीतर एक नल खुला, बंद हुआ। उसकी प्यास पानी की आवाज पाकर और भी तेज हुई। "जयंती मंगला काली भद्रकाली कपालिनी, दुर्गा क्षमा शिव धात्रा स्वाहा स्वधा नमोऽस्तुते;" हाथ में चार धुआँती अगरबत्तियाँ लिये वृद्ध फिर कमरे में आये। उन्होंने घर की धुली कमीज ऊपर से और पहन ली थी—मंत्र बुदबुदाते हुए उन्होंने कमरे के चार छेदों में अगरबत्तियाँ ठूँसीं और हाथ कानों पर लगाकर आँखें मूँदे किसी अदृश्य शक्ति को प्रणाम करने लगे। उसे खीज हुई। ऐसे लटके उसे हमेशा उबाते रहे हैं। सामान्य ग्राहकों को प्रभावित करने के इनके आजमूदा नुस्खे होते होंगे। पर वह यूँ ठगे जाने से रहा। उसने अचानक अपने को आश्वस्त और मजबूत महसूस किया। पहले ठोक-बजाकर इनको जाँच ले, फिर काम बतायेगा। कोई किसी का एहसान थोड़े ही है, अरे उन्होंने कहा तो चले आये, पर खुद परखे बिना थोड़े ही···

"कहिए, क्या सेवा करूँ आपकी ?" वृद्ध दूसरी कुर्सी पर बैठकर उसे ताक रहे थे। बूढ़ों की अपेक्षा-भरी यह कुरेदती दृष्टि उसे हमेशा हकबका जाती है, यानी भीतर से लाख गुस्सा बकबका रहा हो, उसके मुँह से दीन गुसाईं बोल ही फूटेंगे। उसे अचानक अपनी बेवकूफी पर गुस्सा आने लगा। पढ़ा-लिखा होकर भी इस सबमें फँसने आ गया, क्या जरूरत थी ?

"जरा पानी मिलेगा ?" उसकी आवाज कुछ ज्यादा ही रूखी थी शायद—

"जरा चलते-चलते गर्मी..."

"हाँ-हाँ, अभी लीजिए—" वृद्ध कुर्सी से उठे—धीमे-धीमे जैसे बदन जकड़ गया हो। बाबूजी भी ऐसे ही उठते थे, जोड़-ब-जोड़ बदन को सीधा करते हुए—"माफ कीजियेगा, आते ही तकलीफ दी।" उसने मुलामियत से कहा। वृद्ध ने शायद सुना नहीं। वे तब तक पर्दा उठाकर भीतर जा चुके थे, उसने पाया कि वह अपने अँगूठे का नाखून कुतर रहा है। यह उसकी पुरानी आदत थी।

पानी ठंडा था और सुराही की महक लिये। बड़ा-सा गिलास पीतल का था और घिसते-घिसते उसके किनारे चाकू की धार की नाईं पतले हो चुके थे। एक साँस में पानी पीकर उसने गिलास रख दिया।

"मेरे पिताजी बीमार हैं दरअसल। उनके ही बारे में प्रश्न..."

"नाम राशि ?"

"उनका तो पता नहीं।"

"उनका नहीं, आपका।"

"कर्क राशि, मकर लग्न।"

"हुम्म ! टाइम देखिए जरा। अभी का।" उसने टाइम बताया। "जरा वो दवात दीजियेगा।" वृद्ध ने एक कागज खींच लिया और रोशनाई में डुबोकर पुराने कलम से उस पर कुछ रेखाएँ खींची, गुना, फिर लिखा। फिर उसे रखकर पीले वस्त्र में बँधा एक बस्ता-सा उठाया और गठिये से सूजी उँगलियों से उसकी गाँठ खोलने लगे...धीमे-धीमे। कमरे का धुँधलापन, अगरबत्ती की गंध, पुराने धूलिहा कागजों की सरसराहट। उसे लगने लगा, जैसे वह जमीन के नीचे किसी तलघर में बैठा हो। फिर उसे बेतरतीब खयाल आने लगे—"पिताजी को..."

वृद्ध ने हाथ उठाकर बोलने को मना किया और आँख बंद किये कुछ बुदबुदा कर पोथी में बँधे ग्रंथ का पन्ना सिर पर छुआने लगे। वह होंठ भींचे चुप रहा, पर उसके भीतर एक चिड़चिड़ाहट फिर पनपने लगी थी। साला बताने नहीं देगा कि मर्ज क्या है, तो दवा क्या खाक...

"आजकल शुक्र और राहु दोनों ही लग्न से आठवें हैं, यह अंतर शुभ नहीं।" वृद्ध ने अपना लिखा कागज उठाया और चुँधियायी आँखों से कुछ पढ़ा। "वर्तमान में गोचर में इसी स्थान पर शनि और राहु भी सन्धि में चल रहे हैं और मंगल चतुर्थ दृष्टि से शनि को देख रहा है, जो उसका नैसर्गिक शत्रु है। अतः मानसिक और शारीरिक पीड़ा संभव है। पिताजी का स्वास्थ्य तो नर्म चलेगा ही, सांपत्तिक हानि भी संभव है।"

"देखिए, जाहिर है कि तकलीफ है, जभी आपके पास आये हैं। मेरा सवाल

यह नहीं था···"

"डॉक्टर, पुलिस और ज्योतिषी के पास अच्छे दिनों में कौन आता है? क्यों?" वृद्ध हँसे तो उसने देखा कि उनके अधिकांश दाँत गायब हैं और जो बचें हैं वे भी अब-तब की हालत में हैं। हँसी के वेग से वृद्ध खाँसने लगे। फेफड़े से उठती हुई बलगमी खाँसी। उसे घिन-सी आने लगी। बेकार इनकी ले-दे में पड़ा है, यह तो उसे खुद ही मालूम है। है कि नहीं?

"आप कहें तो मैं भृगुसंहिता की प्रश्न कुंडली के आधार पर व्याख्या शुरू करूँ," वृद्ध फुसफुसाये। खाँसी का वेग रुकने के बाद भी आवाज अभी मद्धिम थी।

उसने अपने को संयत कर स्थिति की बागडोर हाथ में ली—"देखिए, पहले मुझे बता दें कि आप फीस कितनी लेंगे, क्या-क्या बतायेंगे? और इस पूरे, अम्म ···विधि-विधान में कितना समय लगेगा? मैं नौकरीपेशा आदमी हूँ, हर बार छुट्टी लेकर यहाँ आना मेरे लिए संभव नहीं। मेरा घर भी दूर पड़ता है। आप कुल एकमुश्त रकम बता दें, तो मैं सोच लूँ।" इतना कहकर उसने एक खिसियाई राहत महसूस की। इन लोगों से पहले ही साफ बात कर लेना ठीक रहता है, वरना अच्छे कपड़े देखें तो लगते हैं चौगुने दाम कूतने। वह कल का जाया नहीं है, जो इनकी नस न पकड़ सके। बाबू भले ही उसे बोदा समझते रहें···

"सो तो है।" वृद्ध ने एक घरघराती उसाँस ली, "समय कम है, काम सभी का जरूरी होता है।" उसने चट से सिर उठाया, पर वृद्ध के चेहरे पर व्यंग्य-जैसा कुछ भी नहीं था। वे आँखें बंद किये बोल रहे थे—"संसार में लोग जो कष्ट भोगते हैं न, वह हमेशा अपने ही लिए नहीं भोगते। समझे आप? अपने मित्रों और शत्रुओं दोनों के लिए हम भोगते हैं—इसी से आप जो साधना या अनुष्ठान हमारी मार्फत करायेंगे, वह आपकी इच्छा से युक्त होकर आपके पिताजी को प्रभावित करेंगे ही—इसमें शक नहीं।"

"वह सब तो ठीक है, मैंने आपसे रेट पूछा था।"

"देखिए," वृद्ध भेद-भरे ढंग से आगे झुके, "समय का आप लोगों के पास अभाव है। जो भी करना है, जल्दी ही करना होगा। है कि नहीं? तो ग्रहों की शांति के लिए जो अनुष्ठान वैसे एक हफ्ते या दस दिन तक करना होता है, उसे मुझे चौबीस घंटों में ही करना होगा।"

"यानि आप फीस ज्यादा लेंगे, यही न?" उमेश ने रुखाई से जोड़ा।

"च्च···च्च···च्च, आप फीस की ही क्यों सोच रहे हैं? मैं तो आपको बता रहा हूँ कि क्या-क्या करना होगा, फिर आप सोच लें···"

चर्र—दरवाजा एक फाँक खुला। उसके पीछे से एक जोड़ा काँइयाँ आँखों ने कमरे का मुलाहिजा लिया। यह वही छोकरी थी, जो उसे यहाँ लायी थी।

"जा सुरसती, अभी भाग जा, नहीं तो···" भड़ से दरवाजा भेड़कर शक्ल ओझल हुई। वह वृद्ध की लपेट-भरी बातों से उकता चला था। उसे गहरा संशय होने लगा कि वह जानता-वानता भी होगा या महज···

वृद्ध ने शायद इसे भाँपा—"देखिए, आपके मन में अभी काफी संशय है। है कि नहीं? चलिए मैं आपको दिखा दूँ कि इस शास्त्र की महिमा क्या है! ठीक? फिर आप जैसा समझें।"

उसने सिर हिला दिया। वृद्ध ने कुछ बुदबुदाते हुए धीमे-धीमे भृगुसंहिता के जर्जर पन्ने खोल लिये और संस्कृत का उल्था कर बताने लगे—उनकी उँगलियाँ गठिये से सूजी थीं और आँखें बार-बार पानी से भर आतीं—शायद रोहों की तकलीफ रही हो।

"जाति के ब्राह्मण हैं?"

"जी हाँ।"

"पैतृक व्यवसाय—अध्यापन?"

"जी हाँ।"

"माता का असमय निधन, पिता के प्रति मन में एक भय का भाव···"

"हूँ।"

"ग्यारह वर्ष की अवस्था में धातु के वाहन से टकराकर चेहरे के बायें भाग पर व्रण है?"

उसने बायीं कनपटी के उस लंबे घाव पर उँगली फिरायी। वह ग्यारह वर्ष का था और स्कूल की सीढ़ियों से फिसलकर नीचे पड़ी किसी साइकिल पर गिरा था, पाँच टाँके आये थे।

"भगिनी तु···" वृद्ध कुछ अटके—"बड़ी अजीब बात लिखी है, यदि आप बुरा न मानें तो पढ़ूँ।"

उसके माथे पर पसीना चुहचुहा आया था—"पढ़िए न!" उसकी आवाज भिंची हुई थी।

"भगिनी म्लेच्छ कुल में विवाहित होगी और उसका पति, यानी आपका जामाता शूद्र कर्मरत, महाव्यभिचारी और पत्नी-विमुख···"

उसकी आँखों के सामने सुमति का उदास चेहरा तैर गया। उस हरामखोर जैफरी ने अपनी डॉक्टर पत्नी से भरण-पोषण पाने की दरख्वास्त ही नहीं दी थी, यह भी कहा था कि नशीले द्रव्यों का चस्का उसको उसकी डॉक्टर पत्नी ने ही लगाया था और अब वह किसी काम के लायक न रहा था। "सोचती हूँ सब छोड़कर वापस हिंदुस्तान लौट आऊँ।" सुमति ने लिखा था—"प्रैक्टिस का क्या है, कहीं भी

चल जायेगी।" पर बाबूजी भभक उठे थे—"इस दलिद्री देश में आकर क्या अपना सिर खाती? कहाँ तुम्हें वहाँ आने को लिखती, उल्टे खुद लौटकर इस नरक में आने को तैयार थी। मैंने मना कर दिया एकदम। फूलिश, सेंटिमेंटल गर्ल। आय सैड नो।" सो बाबू ने मना कर दिया और सुमति नहीं आयी। क्या पता, कहीं उसे खुद भी नशीले द्रव्यों की लत न पड़ गयी हो?

"एक गिलास पानी और मिल सकेगा?" उसके कानों को अपनी ही आवाज अजीब कनसुरी और रिरियायी हुई लगी। वृद्ध फिर उठे और बाहर गये। घर में शायद उनके अलावा और कोई नहीं रहता था। कहीं कोई आहट, फुसफुसाहट, कुछ नहीं। हो सकता है, घर के लोग दोपहरभर को कहीं बाहर गये हों।

उसने पानी का गिलास थाम लिया और सहरा-सहराकर पीने लगा, जैसे उसकी जान का एकमात्र सहारा वही हो। पीकर उसने गदेली से मुँह पोंछा, तो उसे वह छोटी-सी लड़की याद आयी। क्या नाम था उसका? हाँ, सुरसती।

"वह छोटी बच्ची?" उसने बाहर इशारा किया।

"हाँ, मेरी धेवती है," वृद्ध ने कहा। वे ताँबे की दंत-खोदनी से अपनी दंतपंक्ति का रहा-सहा भाग खोद रहे थे—"बताइए, क्या निश्चय किया आपने?"

उसका मन एक अजीब तरह से निश्चित-सा हुआ—चलो कोई तो है इनकी देख-भाल को। "ठीक है, पूजा आप कर डालिए। पर कितना हुआ, ठीक-ठीक बताइएगा?" उसने अपने पर्स की ओर हाथ बढ़ाया। क्षण-भर को हाथ बढ़ाते-बढ़ाते उसका संशय फिर उभरा, फाँस लिया न बूढ़े ने जाल में? खैर, पर्स निकालकर उसने हाथ में लिया। "कितना?"

वृद्ध की आँखें पर्स पर निर्निमेष जड़ी थीं—"पूजा-संकल्प का इक्यावन हुआ, सामग्री और दक्षिणा का तीन सौ। एक लाख जप होगा, सौ और—कुल चार सौ इक्यावन होगा···"

"क्या?" उसका मुँह खुला रह गया। "तीन सौ की सामग्री! क्या-क्या लेंगे आप?"

"देखिए पूजा तो आपको ही करानी है। है कि नहीं?" वृद्ध ने मुँह बिगाड़कर एक खट्टी-सी डकार ली और सीना मलने लगे। बाजी अब उनके हाथ में थी और उन्हें यह अच्छी तरह मालूम भी था। "आपके-हमारे काम में सामग्री थोड़ी घटायी या हटायी जा सकती है, पर पूजा-सामग्री तो एकदम," उन्होंने हाथ से कमल का आकार बनाया, "संपूर्ण होनी ही चाहिए, वरना क्या फायदा? गरज तो हमीं को है। है कि नहीं?" पोरों से पोरों को टिकाकर वे भेद-भरे सहयोगी भाव से उसे ताकने लगे, "मर्ज तो कड़ा है ही। उम्र भी हुई—सामग्री में सभी होगा—घृत, केसर, कस्तूरी, अगुरु, चन्दन···वैसे आपकी इच्छा।" वे तोते की तरह आँखें पलटकर छत को ताकने लगे। उसने पर्स से सौ-सौ के चार नोट

निकाले, एक पचास का और एक चाँदी के रुपये का सिक्का, और सामने रखकर उठ खड़ा हुआ।

"तो उसकी रसीद या कुछ···" उसने हाथ से हवा में रसीद लिखने की मुद्रा बनायी।

"रसीद क्या करोगे?" वृद्ध क्लांत भाव से हँसे—"मरीज का ठीक होना ही रसीद नहीं होगा क्या? आज फाल्गुन की द्वादशी है—आज ही से जप-सामग्री जमा करके···"

"क्या मैं आकर देख···"

"क्या करेंगे? वैसे भी न तो मंत्र आपको समझ आयेंगे और न ही विधि, क्यों?" वृद्ध उठ खड़े हुए—"ऊपर वाले का भरोसा रखिए, सब ठीक हो जायेगा।"

वह बाहर निकला तो दिन ढल चुका था, पाँचये बचाता वह दुकान तक पहुँचा। उसके स्कूटर के पास कुछ बच्चे कंचे खेल रहे थे। उन्हीं में वह उटँग फ्राकवाली झबरी लड़की भी थी। उसे देखकर वह भेद-भरे ढंग से मुस्करायी और फिर अपने दोस्त से खुसर-पुसुर कर कुछ कहने लगी। वे दोनों उसे बिलौटों की तरह घूर-घूरकर हँस रहे थे। होंठ भींचे-भींचे उसने स्कूटर स्टार्ट किया और बाहर आ गया। उस सँकरी तंग गली में अभी जो घटा था, बाहर चौड़ी सड़क में आकर एक दुःस्वप्न-सा लग रहा था। सिवा इसके कि वह चार सौ इक्यावन रुपये गिन आया मूर्खों-सरीखा; न कोई रसीद, न पता। बूढ़ा मुकर जाये, तो वह क्या करेगा? लानत है उसके पढ़े-लिखे होने को, सरे-आम मूँडा गया और जानते-बूझते भी पैसा उगल आया! ठीक कहते थे बाबूजी—"कोच्छ नहीं होने का उससे।" बाबूजी की बीस साल की पैनाई हेडमास्टरी निगाह ने तभी उसकी वकत कूत ली थी, जब वह आई० ए० एस० की परीक्षा के ख्वाब देख रहा था। "अपनी औकात और दिमागी कूवत देखकर ही ख्वाब पालने चाहिए," वे प्रायः उसे सुनाकर कहते थे। वही हुआ। उसे आँखों की वजह से अनफिट करार दे दिया गया। जिस दिन आई.ए.एस. की परीक्षा का नतीजा आया, वह मुँह छिपाये पड़ा रहा; फिर प्राध्यापकी के लिए छोटे-मोटे कस्बई कॉलेजों में आवेदन-पत्र भेजने लगा।

तो फिर क्यों चले आये उसके पास बाबूजी? रहते वहीं अमरीका की चकमक बस्तियों में, अपनी चहेती बेटी के साथ। पर शायद वे बेटी का तलाक का गड़बड़-झाला खत्म होने पर ही लौटना चाहते थे। छोटा शहर था, जैफरी ने अपनी करुणा गाथा को एकाध अखबारों में छपा दिया था। गरीब के लिए करुणा वहाँ बड़ी जल्द उमड़ती है न! गुस्सा भींचते हुए उसने लिफ्ट का बटन दबाया। इतने

दिनों में लिफ्टवाला भी उसे पहचानने लगा था—उसे देखकर चुपचाप पाँचवीं मंजिल का बटन दबा देता।

बाबूजी वैसे ही थे। स्थिर टकटकी बाँधे सामने ताकते। प्राइवेट नर्स एक अनावश्यक चहक से उनका मुँह पोंछ रही थी—"देखिए, आज पिताजी ने आधा कटोरी दलिया लिया—एक औंस सूप भी। ऐसे ही गुड बॉय बने रहे, तो बस हफ्ते-भर में छुट्टी!" फिर सूई में दवा भरकर उसने सूखी चीमड़ बाँह में भोंक दी और स्प्रिट्र से मलकर यह जा, वह जा।

"पेपर!" बाहर ईवनिंग पेपरवाला लड़का खड़ा था। उसने अखबार लेकर पैसा दिया और भीतर आया। बाबूजी कुछ उक्-उक्-सा कह रहे थे।

"क्या है बा'जी?" उसने नरमाई से पूछा। घड़ी देखी, शाम के पाँच बजे थे। "अखबार सुनेंगे?" वे बार-बार शरीर का अशक्त भाग उठाने की चेष्टा कर रहे थे—"पहला पन्ना?" उसने जेब से चश्मा निकालकर लगाया और पढ़ने लगा—"अफगानिस्तान को चेतावनी···चार प्रसिद्ध सटोरिये गिरफ्तार···तथाकथित···" अचानक बड़ी जोर के उबाल के साथ उल्टी का एक रेला बाबूजी के नाक-मुँह से निकला और चादर पर दूर-दूर तक जा फैला। उनकी आँखें कुछ अजीब ढंग से टँग-सी गयीं, और गले से गों-गों होने लगी। उसने अखबार दूर फेंका और घंटी जोरों से दबा दी, फिर तौलिया लेकर साफ करने में जुट गया। पूरा कमरा खट्टी महक से भर गया था। नर्स आयी, दोनों ने कपड़े बदले। तमाम जी घिना गया था। चादर बदलकर, खराब हुई चादर उठा ही रहे थे कि डॉक्टर लोग राउंड पर आ निकले। इनमें एक वह हँसमुख गुदाज बदन का अधेड़ उम्र डॉक्टर भी था, जो सुमति का सहपाठी होने से बा'जी के प्रति अधिक सदयता बरतता था। उसके पास से हमेशा-हमेशा आफ्टर-शेव की बढ़िया खुशबू आती थी और नर्सों से उसके रस-भीने मजाक चलते रहते। बा'जी को चैक कर तकिया थपथपाकर वह बाहर निकल आया। पीछे-पीछे वह भी आया। "देखिए, आपसे छिपाना क्या? अब-तब का ही हिसाब है। आपके घर में कोई है नहीं। आप दिन-भर बाहर रहते हैं, पीठ पर बिस्तर से तमाम घाव बन गये हैं, उनसे और भी खतरा है, इफ यू लायक, कुछ दिन यहीं रहने दीजिए—आई नो इट इज एक्सपेंसिव, क्यों?" "ठीक है"—वह लौट आया। बा'जी नींद और बेहोशी के दरम्यान की झूम में डूब गये थे। वह बाहर बाल्कनी में निकल आया। इतने दिनों के ही कुल पाँचेक हजार के करीब हो गये होंगे। खबर पाते ही सुमति ने डॉलर भेजने के लिए लिखा था, पर सुमति अगर न भेजे तो वह माँगने थोड़े ही जायेगा? वह भी इस वक्त जबकि वह बेचारी खुद इतनी दिक्कतों से जूझ रही है। ऊपर से गधा-सरीखा वह चार सौ इक्यावन रुपये उस पंडित को दे आया। न रसीद, न कुछ। अचानक उसने तय किया कि वह जाकर उससे रुपया वापस ले आयेगा। कहीं केसर-कस्तूरी

के हवन से खून के जमे थक्के पिघलेंगे भला ? उसी की अक्ल में पत्थर पड़ गये थे... पर मान लो अगर बूढ़ा मुकर गया तो...? स्कूटर पर एड़ लगाते उसने सोचा, तब-की-तब देखी जायेगी।

रात उतर चुकी थी, गली में मुड़ते समय उसने घड़ी पर नजर डाली—साढ़े-आठ। गली में बत्तियाँ भी नहीं थीं, पर चाँदनी थी। कुछ कुत्ते खूँखवार ढंग से भूँके। उसे चौदह सुइयों का खयाल आया—लो, कोढ़ पर खाज ! शनि मंगल को देख रहा है—उसे बूढ़े की बात याद आयी। क्रोध ने ठिठकते पैरों में अचानक तेजी भर दी। चोर कहीं का ! स्कूटर को वहीं आड़ में खड़ा कर उसने ताला लगाया और आगे बढ़ा। बंबे से वहाँ तक चुप्पी थी—कहीं किसी ने घी में तड़का लगाया। एक छौंऽ की आवाज के साथ गली की बदबू को काटती एक मीठी घरेलू गंध उठी, फिर बिला गयी। अरसा हो गया अच्छा खाना खाये, नहीं ? वह दरवाजे के आगे थमक गया। वहाँ बड़ा-सा ताला पड़ा था। अब ? गये उसके रुपये ! उसने हताशा से सोचा। क्या करे वह ? लौट जाये ? नहीं लौटे, क्यों ? कम नहीं होते चार सौ इक्यावन रुपये। पेट्रोल जो फुँका सो अलग ! क्या करे ? कहीं पास में पूछे ? हो सकता है पूजा की सामग्री लेने बाजार गये हों। उसने बगल की कुंडी खड़खड़ायी।

"क्या है ?"

एक भयातुर नारी-कंठ भीतर से कौंधा। एक बच्चा कहीं रोने लगा—"चुप कर !" नारी-कंठ बच्चे पर बरस पड़ा। रोना और तेज हुआ—"कहा न, कौन है ?" फिर वही भयपूर्ण स्वर।

"बगलवाले पंडितजी कहीं गये हैं क्या ?" उसने स्वर ऊँचा किया।

"गये होंगे, हमें पता नहीं।" स्वर बच्चे को चुपाने लगा। वह इधर-से-उधर निरुद्देश्य घूमने लगा। अच्छा फँसाया रमाकांतजी ने उसे। सोचते होंगे कि छड़ा है, इसे पैसे की क्या कमी ! फिर बहन अमरीका में है, जहाँ रुपया बरसता है। क्या पता पंडित से वे कमीशन खाते हों ? क्या ठिकाना ? नहीं, आजकल किसी का ठिकाना नहीं। उसी जैसे मूर्ख होते हैं जो उल्लू बन जाते हैं। ये रमाकांत टाइप के लोग अपना अधेला भी फिजूल खर्च नहीं करेंगे—दूसरों से कहेंगे भृगुसंहिता बँचवाओ। वाह बेटा ! क्या कहने ! गुस्से से फनफनाते हुए उसने ठोकर से कंकड़ दूर फेंक दिया। तड़ से जाकर वह फिर उसी दरवाजे पर लगा। इस बार चंद क्षणों में ही धड़ाक् से दरवाजा खुल गया। "क्या है बे ? शरीफों का मुहल्ला है, ये रात गये यहाँ क्या हल्ला-गुल्ला कर रहा है, ऐं ?" एक तगड़े गठीले जिस्म का गुंडा-टाइप आदमी दरवाजे पर खड़ा था।

"पंडितजी से काम था। वो भृगुसंहितावाले।"

"पंडितजी से काऽम था।"

युवक ने उसकी नकल उतारी—"रात साढ़े आठ बजे साले माँ के खसम भृगुसंहिता बँचवाने आयेंगे। पंडितजी गये काशीवास करने को। जा फूट।"

"कब आयेंगे?"

"हमें लिखके नहीं दे गये। अब चलो…" आदमी ने एक कदम आगे बढ़ाया। वह डरता ठोकर खाता खौंखियाता वापस हो लिया। उसकी मुट्ठियाँ भिंची हुई थीं और आँखों में अपमान के आँसू थे—देख लेगा सब सालों को, सब उसको धोखा देते हैं, एक-एक को गिन लेगा वह।

"टेम से आया करो, बाबूजी—वैसे आप तो पहचान के हो, पर सिस्टर हमको डाँटती है।" चौकीदार ने भलमनसाहत से लिफ्ट का बटन दबाते हुए कहा। वह होंठ चबाता रहा। कमरे में सब वैसा ही था। शांत-करुणा। दवा में गँधाता। उसने ऊँघती नर्स को विदा किया। नाइट लाइट जल रही थी और बा'जी चुपचाप टकटकी लगाये सामने ताक रहे थे, उसी तरह जैसे वह लिटा गया था। बस सीना-भर उठता-गिरता। नर्स की पदचाप दूर होती गयी।

"सब तुम्हारे कारण हुआ," वह कमरे का दरवाजा बंद कर दबे स्वर में फूट पड़ा—"सात समंदर पार से मरने को यहीं आना था तुम्हें? जन्म-भर मुझे नफरत से देखा, फिर मेरे ही मत्थे मरने आये। ठंडा हुआ जी तुम्हारा मेरा अपमान कराके?" उसके आँसू बह चले थे, उसने सुरसती की तरह हाथ से उन्हें पोंछा—"पहले अपनी ऐंठ से घुला-घुलाकर माँ को मारा, फिर लड़की की गृहस्थी चूस खायी, अब मुझे खा लो। मरते भी नहीं कि पिंड छूटे हमारा।" अचानक उसने जबान रोक ली और हक्का-बक्का ताकने लगा। यह गुबार उसी के मुँह से निकला था क्या? और यह क्या? बा'जी हँसे क्या? या कि फालिज से टेढ़ा पड़ा मुँह काँपा? उसके देखते-ही-देखते बस एक हिचकी आयी और बा'जी खत्म हो गये!

कुत्ते की मौत

जब वे उसे लाये थे तो उसकी आँखें बस खुली ही थीं। धुनकी रुई के फाहे-सा गदबदा ललछौंहा पिल्ला, जिसका अपना बदन खुद उसके लिए भी एक अजूबा था। हर एक-एक कदम वह लड़खड़ा-लड़खड़ाकर बढ़ाता था, अपने पंजों की लचक से अपनी देह का भार टोहते हुए। फिर जब कुछ-कुछ झूलते हुए, रेंगते हुए वह हर हथेली में थूथन घुसाकर माँ का स्तन ढूँढ़ने लगा तो अचानक माँ को लगा कि वे लोग उसे जल्दबाजी में ही उठा लाये थे। यह बड़ी खराब आदत थी उन लोगों की। मौके की मुलायमियत से अभिभूत होकर बात की औकात और अपनी जिम्मेदारी की गंभीरता भुला बैठना। आखिर पिल्ले को वे देखने-भर ही तो गये थे। कोई स्टांप लगाके दरखवास्त तो नहीं दी थी कि ले ही लेंगे, पर जब देख लिया तो कहने में अजीब झेंप-सी लगने लगी कि नहीं लेंगे। हालाँकि वे पिल्ले काफी भद्दे थे, सभी। देसी कुतिया के भोंड़े पिल्लों को घर ले जाने को जान-बूझकर लोग उन्हीं सरीखे मूर्खों को बुलाते होंगे। माँ मन-ही-मन अपने को कोसने लगी, पिता भी। उन्हीं के से लोगों के सहारे तो माया संसार को बस में किये रहती है, है कि नहीं ? जो हर बार जिंदगी के सुथरेपने में अपने-आप बेवजह एक बेहूदी खलबली मचाकर निरीहता से वह बस एक मुहलत और माँगने लगते हैं, प्यार करने की, तरने की।

"अब क्या खिलाना है इसे ?" गाल पर हाथ रखकर वह बोली। पिता बच्चों के साथ घुटनों के बल बैठा निहाल हो रहा था। अपनी सारी झुंझलाहट के बावजूद उसने भी अपने-आपको धीमे-धीमे निहाल होता पाया। यहाँ तक कि अंत में वह भी फर्श पर उकड़ूँ बैठकर उसे आ-आ करने लगी।

उस सारी रात पिल्ला न खुद सोया, न ही उसने किसी को सोने दिया। जाड़े के दिन थे। टोकरी में बिछे शाल के बावजूद उसे अपनी माँ की बदन की गर्मायी नहीं मिल पा रही थी। एक पतली आवाज में देर तक कर्णकटु कूँ-कूँ करता रहा, जैसे खूब जंग-खाये पहियोंवाली गाड़ी खेंची जा रही हो और वे सब

बारी-बारी से झल्लाते और उसे चुपाने के उपाय सोचते रहे। तभी किसी को याद आया कि उसने पढ़ा था कि अलार्म घड़ी के टिक्-टिक् से पिल्ले चुप हो सकते हैं। अलार्म घड़ी लायी गयी। ले-देकर पूरे घर में यही तो एक अलार्म घड़ी थी। माँ हर बार यह बात दुहराती थी, जब भी बच्चे उसके करीब से दहलानेवाली तेजी से खेल में मगन गुजरते या पिता उसे चाभी देना भूल जाता। इस बार भी उसने वही बात दुहरायी। तब एक छोटे अँगोछे में लपेटकर घड़ी पिल्ले की बगल में रख दी गयी। कुछ पल वह चुप रहा। शायद घड़ी की टिक-टिक से नहीं, बल्कि उनके सजग सान्निध्य से, पर फिर यकायक रो पड़ा। कींऽऽऽ उसके हिलने से अलार्म की कोई कल भी हिल पड़ी शायद और क्षण-भर को उसकी 'कीं कीं' के ऊपर घनघनाता कर्कश अलार्म भी बज उठा। तब कुछ हँसते, कुछ खीझते, कुछ झेंपते पिता ने घड़ी हटा ली। इन सारी नेकनीयत, पर बेहूदा और नाकाम-याब प्रक्रियाओं से गुजरते-गुजरते सड़क पर दूधवालों की सायकिलों की खटर-पटर भी चालू हो गयी थी।

उफ्, देखो तो सवेरा हो गया है, अब इस बेहूदा बला को हटा ही देना है—माता-पिता ने ऐलान किया, बच्चे चुप रहे, फिर खेलने चल दिये, समझदारी से।

खेल से घर आते ही बच्चों ने गोली-सा प्रश्न दागा—"इसकी जात क्या होगी माँ?"

"किसने पूछा?" पता चला कि इत्ती की मौसी ने। इत्ती का घर उनके घर से सटा हुआ था। भरी-भरी छातियों वाली औरतों का एक झुंड सदा उसकी बाल्कनी पर मुझे सलवार-कुर्ते में, बगैर दुपट्टे के खड़ा-खड़ा पड़ोस पर गीध-सी खुर्दबीनी नजर गाड़े रखता था। वे इत्ती की मौसियाँ थीं या बुआएँ भी हो सकती थीं, क्योंकि इन सबको वह आंटी बुलाती थी। एक अदद माँ भी थी शायद, क्योंकि कभी मम्मी की गुहार भी लगती थी। इत्ती के पिता कनखजूरे-सी पतली मूँछों वाले एक अधगंजे और बेवजह पुलकित रहने वाले इंसान थे, जो खिजाब के बल से जाती जवानी की दुम पकड़े अभी तक लटके हुए थे। हमेशा स्कूटर से उतरकर वे अंग्रेजी धुन गाते हुए सीढ़ी चढ़ते थे। उनसे नमस्ते कहो तो हल्लो कहते थे और माँ को देखकर बड़े अदब से गुडमार्निंग वगैरह भी।

माता-पिता को वे फूटी आँखों नहीं सुहाते थे, वे भी और चपाती-सी छातियों वाली उनके घर की वे औरतें भी, जो निरंतर बुनाई के चीर लहराती हर फेरी वाले के कर्कश स्वर में मजाक और तकरार करती थीं, पर इसके बावजूद दोनों परिवारों में एक सभ्य दुआ-सलाम का नाता बरकरार था। "जात? अरे कुछ भी होगी।" माँ ने किंचित तल्खी के कहा—"कह दो कि देसी है। इसकी माँ

माथुर साहब के घर में परच गयी थी, सो उठा लाये ।" और फिर उसने यह भी कुछ रुककर कहा, "दुनिया-भर को पिल्ले की जात-पांत की खबर करना भी ऐसा क्या जरूरी है ? जिन्हें जरूरत हो सो बढ़िया नस्ल वाले छाँटके ले आयें, हाँऽ नहीं तो । अरे, जब लाये हैं तो पालेंगे ही । गृहस्थ के घर में हर किसिम के जीव पलते हैं कि नहीं ?"

सो देखते-देखते पिल्ला पल भी गया, नामकरण भी हो गया, लालू । लालू उस्ताद । अपनी छोटी-छोटी भूरी आँख सिकोड़कर वह जब देखता तो सच में गुंडा लगता था ।

"क्यों बे, जेल जायेगा ?" बच्चे एक लंबी सुतली फहरा रहे थे । वह भी उसे नोंच-नोंचकर खेलने लगा, जैसे हथकड़ी छुड़ा रहा हो । माँ ने कहा कि पता नहीं ऐसी भाषा वे कहाँ से सीख आते हैं । खबरदार, पर लालू उस्ताद चोर-चोर खेलते रहे । पिल्ला हिल गया था । और फिर से एक बार उनका निर्णय भी ।

ज्यों-ज्यों लालू बढ़ रहा था, उसकी देसी नस्ल भी स्पष्ट होती जा रही थी । गुलाबी और लंबा थूथन, कुछ-कुछ लोमड़ी का-सा चेहरा, झब्बेदार पूँछ, और नीचे को दबे कान । पहले बच्चों ने कहा कि उसके कान खड़े होने लगे हैं, अल्सेशियन की तरह, पर कुछ शोध के बाद पता चला कि वह चौकन्ना होने पर कानों को खड़े करने का आभास-भर देता । दुम तो टेढ़ी रहनी ही थी, रही । एक बात थी, जो कतई छुप नहीं सकती थी, और वह था उसका खौंरहापन । या तो कभी उसे किसी सायकिल सवार ने टक्कर मारी थी या फिर किसी ने डंडे से मारा था, क्योंकि एक बार वह लँगड़ाता-सा घर में आया और कई दिनों की दवाई-सिंकाई के बाद ठीक हो पाया ।

और इसके बाद वह हर सायकिल सवार या डंडा पकड़े आदमी का पक्का दुश्मन हो गया था । एक बार माँ घर में नहीं थी तो एक आदमी देरी तक सड़क से उनकी खिड़की को ताक-ताककर चिल्लाता रहा कि इस कुत्ते की खातिर उन्हें कभी जुरमाना देना होगा, वे समझ लें, राह चलना साले ने मुहाल कर रखा है, वगैरह । अब घर के अंदर लालू सिर्फ रात-गये आता था और अपना खाना खाकर अपनी एक निश्चित जगह पर बैठकर गंभीरता से सो जाता था । और कुत्तों की तरह उससे तुतलाकर बचकाने खेल करो तो वह अपनी पीली आँखें सिकोड़कर हिकारत से हट जाता । खुश होने पर वह खड़ा होकर दुम हिलाता था और कभी-कभार माँ का हाथ चाट भी लेता था, पर उसके सिर के पास लाल-सुनहरे बालों का जो भँवर था, वहाँ वह किसी को हाथ न रखने देता था । कभी भी । माँ को भी नहीं ।

बैठकखाने में भी खास दाहिने कोने में एक जगह उसने अपने खास अड़ियल ढंग से हथिया ली थी, माँ के प्रतिवादों की ऐसी-की-तैसी करते हुए। एक-दो बार उन लोगों ने उसे वहाँ से हटाना चाहा, पर गुर्राहट से डरकर हिम्मत नहीं हुई। छोड़ो भी, उन लोगों ने आजिजी से कहा, जो भय से उपजती है। माँ और बच्चे धीमे-धीमे उससे काफी डरने लगे थे, पर जब हर सुबह वह कुछ देर बारी-बारी से सबके कमरों में जा-जाकर और दुम हिलाकर अपनी पारिवारिक सदस्यता का भावभीना सबूत दे जाता था तो उनकी कमजोरी को यही बहुत होता। "है तो वफादार," हर सुबह, उसे देखकर वे कहते और हर सुबह पिछले दिन का पूरा मनोमालिन्य न जाने कहाँ गायब हो जाता। प्यार में हार मानने में आदमी से बढ़कर नाकामयाब कोई प्राणी नहीं। होते-होते घर का कोई सदस्य ऐसा न बचा जिस पर वह खौंखियाया न हो। इसके सदा तीन-चार बँधे-बँधाये कारण होते थे—एक तो उसकी नींद में खलल पड़ना; दूसरा, उसके हड्डी चबाते वक्त किसी का पास खड़े रहना; और तीसरा, अगर वह सोफे या तखत पर अपना कोना छाँटकर बैठा हो तो उसे वहाँ से उठाने की किसी तरह की अधिकृत-अनधिकृत चेष्टा। तब एक छन में उसका रुख बदल जाता था—रूप भी। और वह अपने पूर्वज भेड़ियों से हूबहू मिलने लगता था। उसके जबड़े ऊपर सिमटकर तीखे मांसखोरे दाँत बाहर आ जाते, आँखों के पपोटे चढ़ने से आँखें सफेद और पुतलियाँ स्याह हो जातीं और गले से एक भीषण घुरघुराहट निकलती, बच्चे तो उसके क्रोध के लक्षणों से इतने वाकिफ हो चले थे कि उसका ऊपरी होंठ सिमटते ही तितर-बितर हो जाते, पर अगर कोई नया बाहरी व्यक्ति घर में आया हो तो जोखिम खड़ा हो जाता था। शर्म आती थी, सो अलग। कई लोग जो साफ-सीधी बात कह डालने के अपने ठेठ हिंदोस्तानी गुण से अभिभूत थे, साफ-सीधे ढंग से कह जाते कि ऐसे कुत्ते का बच्चों के घर में पलना ठीक नहीं। कमाल है, पढ़े-लिखे होकर भी—पर इसी 'भी' पर दो साल गाड़ी अटकी रही। माँ उसकी गुर्राहट सुनकर भी हर रोज नियमित समय पर रातब देती रही, पिता अखबार पढ़ने वाली अपनी नर्म धूपभरी कुर्सी का मोह त्यागकर बगल की चौकी पर बैठ तकलीफदेह कोणों में अखबार और चाय की प्याली हाँ-हाँ करता सँभालता रहा, और बच्चे हर मित्र को लालू के खौंरहेपन से आगाह कर, चोरी-छिपे अपने हिस्से के बिस्कुट और मक्खन लगी डबलरोटी उसे खिलाते रहे। लालू अब एक भरपूर कद्दावर कुत्ता था। स्पष्ट और निखालिस रूप से देसी और एक मँझोले ढंग से गठे कड़ियल बदन का ऐंठभरा मालिक। प्रायः गलियों में वह देसी कुतियों के साथ घूमता दीखता था और कभी दो-दो तीन-तीन रात तक गायब भी रहता, पर घर के बिगड़ैल नशाखोर निखट्टू सदस्य की तरह तब भी उसका आबोदाना घर के कोने में पड़ा ही रहता। नाराजगी, डर और प्यार के गड्डमगड्डपने में।

तभी एक दिन लालू ने माँ को काट खाया और सब कुछ जन्नाटे से हिल गया। समय आ गया था कि चीजों के गड्डमड्डुपने को दुनियादारी से साफ कर निश्चित किया जाता कि घर में लालू का करना क्या है? हुआ यह कि बरसात के दिन थे और माँ अक्सर लालू के कान और गर्दन के पास 'टिक' चिपके देखती थी। छोटे-छोटे खटमल से कीड़े जो कि खून पीकर अंगूर से गोल और नरम होकर झड़ जाते और एक फुड़िया पीछे छोड़ जाते। हिम्मत कर उस दिन माँ एक टूटी प्याली में मिट्टी का तेल लेकर बैठी और हाथ से चुन-चुनकर उन्हें निकालती प्याले में डालने लगी। छह-सात तक तो मामला ठीक रहा और माँ जानवरों की देखभाल और घर की सफाई से अपने को जोड़कर कोई गर्वभरी बात कहने ही जा रही थी कि तभी लालू खौंखियाकर उठ खड़ा हुआ और माँ के हाथ में काटकर चारपाई के नीचे घुस गया। घाव इतना गहरा नहीं था, जितना कि घटना की आकस्मिक क्रूरता का धक्का। थोड़ी देर माँ बैठी रह गयी, फिर दवा की तलाश होने लगी और हाथ धोया जाने लगा। इस सारी हड़बड़ी के बीच पूरे दिनभर लालू उस्ताद गायब रहे और दूसरे दिन सुबह सिर झुकाये घर के भीतर आये और चुपचाप जाकर कोने में पहुँड़ रहे। माँ उसके पास से गुजरी तो पूँछ आदतन दो-तीन बार सलूट में हिली और भूरी पुतलियों में मैत्रीभाव-सा कुछ काँपा, पर दिलों में हौल बैठ गया था। कल किसी बच्चे को या पड़ोसी को किया तो?

उस शानदार पशुचिकित्सालय का डॉक्टर झुंझलायी भवोंवाला एक मोटा-सा शख्स था। उसने पूरा ब्यौरा सुनकर उँगलियों से भीतर को इशारा किया—"मेरी राय में आप इसे खतम करवा दें तो ठीक रहेगा। स्वभाव तो अब इसका दवा-दारू, विटामिन किसी से बदलेगा नहीं। बच्चों का क्या है! बढ़िया नस्ल का दूसरा ला दीजिए, दो दिन में पूछेंगे भी नहीं कि कहाँ गया। देसी कुत्ता ही तो है। किसी को काटा तो नहीं इधर इसने?" माँ को स्वीकार करना पड़ा। हाथ में अभी भी पट्टी बँधी थी। छुपाती तो कैसे? डॉक्टर का चेहरा और भी गंभीर हुआ—"तब तो हफ्ताभर इसे देखना पड़ेगा। कहीं 'रेबीज' न हो, वर्ना आपको चौदह सुइयाँ लेनी होंगी। हफ्ते-भर बाद आप फोन करके पूछ लें, अगर 'रेबीज' हुआ तो शर्तिया खुद-ब-खुद मर चुका होगा, अगर नहीं हुआ तो फिर आपकी मर्जी, वैसे पंद्रह रुपये में इंजेक्शन आता है—एकदम बिना तकलीफ के जानवर को मारता है—आप फोन पर बता दें तो बस।" उन्होंने हाथ से खलास का इशारा किया—"बीस रुपये इन आठ दिनों उसके अस्पताल में रहने-खाने के होंगे। आपका फोन नहीं आया तो हफ्तेभर बाद हम खुद इसे खतम करा देंगे। ठीक?"

पैंतीस रुपये भरकर वे जब घर लौटे तो एक-दूसरे से आँखें चुरा रहे थे। हफ्ते-

भर के बाद माँ ने पिता से पूछा—"क्या फोन किया था उन्हें ?" "हाँ, किया था," पिता ने कहा—"वह जिंदा है, जाहिर है कि उसे 'रेबीज' नहीं है।"

"तब ?"

"तब ? तब ? तब क्या," पिता ने झल्लाकर कहा। माँ ने सोलह साल की गार्हस्थिक समझदारी से मुँह सी लिया और नल के नीचे साग धोने लगी, चुपचाप। उसने अपनी पराजय स्वीकार कर यूँ मूक सहमति दे दी तो पिता अपनी इच्छा से माँ की सहमति आ जुड़ने की शर्म से बौखला गया था। अब वे मुहलत भी नहीं माँग सकते थे।

मरना तो उसे था ही, मरवा दिया, सो ठीक किया। बालकनी की औरतों में से किसी एक ने कहा—"अरे कुत्ता हो तो कुत्ते की औकात में रहे। कुत्ता भी आदमी जैसा तुनकमिजाज हो जाये तो हम लोग पालतू बनाकर किसे रखेंगे, है कि नहीं ?"

प्रतिशोध

मधुसूदन बाबू ने उस्तरा मेज पर रखा और ठोड़ी पर फिटकरी मलने लगे। उस्तरे की धार तेज थी और जरा-सा हाथ चूकते ही खून उतर आता। उस जमाने की चीजों की बात ही और थी, उन्होंने उस्तरे को सँभालकर धोते हुए सोचा। उस्तरे की तड़की हुई बेंट पर लिखा था—'मेड इन जर्मनी।' पीढ़ियों तक इस्तेमाल हो सकने वाली चीजें तो बस वहीं बनती थीं। उन्होंने गमछे पर हौले-हौले थपकाकर उस्तरा सुखाया और बड़े एहतियात से उसे बंद करके पुराने डिब्बे में रख दिया। अब हारमोनियम की ही बात लो—पहले कैसी बढ़िया ताँबे की रीड्स और क्या पर्दे होते थे और क्या लाजवाब ट्यूनिंग। पर्दे पर उँगली छुई नहीं कि सुर गा उठता था—ताउम्र बाल बरोबर भी श्रुतियों में घट-बढ़ नहीं। अब तो जो बनाते हैं, सो सतरंगे पिलास्टिक के चमकीले पर्दे, ज्यों वह साज नहीं, पतुरिया की घघरिया हो। भीतर से रीड गोंद से चिपका भर देंगे, एक बरसात हुई नहीं कि साज खलास। वही हाल तानपूरों का है। पहले असल हाथीदाँत की नक्काशी होती थी, और जवारी ऐसी कि तार छिड़ते ही गूँज से पता चले कि जैसे लगातार मेघ गरज रहे हैं—अब उस पर भी गोंद से वही सस्ती पिलास्टिक की पट्टी चिपका देंगे। बेडौल तूंबे, अनघड़ खूँटियाँ। साज को हाथ लगाने को मन नहीं करता। उन्होंने फिटकरी की डली उस नन्हीं बटुवी में रखी, जिसमें पिछले पच्चीस सालों से फिटकरी रखी जा रही थी। और हजामत का सामान सँभालने उठ गये।

दलिद्दर छा गया है, दलिद्दर जमाने में। चीजों पर ही नहीं, बल्कि आदमी की आत्मा पर भी। कहाँ वह हाड़ तोड़कर रियाज करना, सूरज उगने से पहले उठकर ढाई-ढाई घंटे एक-एक सुर को पकड़कर चिपके रहना। मेरुखंड के वे हजारों पलटे कंठस्थ करना। कौन करना चाहता है अब ? अब तो चारेक अलंकार रट लिये, दसेक अप्रचलित रागों के नाम सीख लिये—कुछेक लोगों की मनचीती रंगमंच की अदाएँ सीख लीं और साल-भर की तालीम के

बूते पर बन बैठे घरानेदार गुणी संगीतज्ञ। साले दरबारी कान्हड़ा के सुर लगायेंगे ऐसे कि लगे जौनपुरी गा रहे हैं। और सुननेवाले लोग हैं कि मारे उत्साह के तालियों का दौर नहीं खतम हो रहा है। सच पूछो तो ये ही मूरख श्रोता इनका दिमाग चढ़ा देते हैं। कोई समारोह हुआ नहीं कि ठट्ठ-के-ठट्ठ सुनने को चले आते हैं, ज्यों लंगर खुला हो। अरे, कोई पूछे तुम जानते क्या हो? 'अल्प विद्या प्रलयंकरी,' उनके उस्ताद कहते थे। उन्होंने कान के लबें छूकर उस्ताद को याद किया। अहा-हा, क्या नूर था चेहरे पे, क्या रुआब था अपने फन का, सिद्धि कहो जी सिद्धि! श्री का रिषभ लगाते थे, तो सुर छाती के ऐन बीचोबीच खुभ जाता था। खटाक्! ज्यों शब्दवेधी बाण हो। सात साल एक कनफड़िया बाबा से गुफा में बैठकर प्राणायाम सीखे थे उस्तादजी, श्वास प्रक्रिया नियमन। तीन-तीन सप्तकों की रफत में गला यों फिरता, ज्यों मछली पानी में तैर रही हो। तोड़ी गाते सुनो तो दिल मक्खन की माफिक पिघल जाता था। अजी, हिचकियाँ बँध जाती थीं हिचकियाँ। सामने श्री सारस्वत संगीत महाविद्यालय से महा कर्कश नक्की सुर उभरा—'पीया की नज्जरिया।' इमन की टाँग तोड़ रहे हैं साले। न शुद्ध सुर, न शुद्ध उच्चारण। कला की हत्या है, हत्या। उन्होंने धाड़ से खिड़की बंद की और झोला लेकर धीमे-धीमे सीढ़ियाँ उतरने लगे।

इधर संधिवात जोड़ों में धीरे-धीरे व्यापने लगा था, और दीवार का सहारा लेकर ही उनसे उतरा जाता था। फर्श पर बैठकर रियाज किये बरसों बीत गये थे। बड़ी लंबी दौड़ है जिंदगानी भी। बस, अकेले दौड़ते चले जाओ, जब तक ऊपर से पुकार न आ जाये। माँ-बाप तो थे सो बचपन में साथ छोड़ गये, कैसे घोर दारिद्र्य में मामा के घर रहकर जैसे-तैसे एंट्रेंस करके ट्रांसपोर्ट कंपनी की नौकरी पायी। सामने मुँह बाये खड़ा भविष्य, और सहारा एक नहीं। पर जब एक रोज उस्तादजी का गाना जो एक महफिल में सुना तो लगा कि हाँ, इन्हीं सुरों का दास बना जाये। तो दिन-भर नौकरी, शाम को उस्ताद की सेवा। अजी, सत्ताईस साल का यही ढंग रहा, और आखिरी दम तक उन्हीं के चरणों पे डले रहे। उस्ताद क्या, वालिद की ही जगह तो थे। उनकी आत्मा में जो यह सुरों का रस था सो उन्हीं का भरा हुआ था। "अबे मदमूदन," वे कहते थे—"सीख ले गधे की औलाद! हम गये तो ये फन भी गया।" हुआ भी सच में यही! इधर उस्ताद गये, उधर उनकी पत्नियाँ भी अपने-अपने बच्चे लेकर इधर-उधर चली गयीं। रह गये बस वे, और पेट काटकर जतन से जोड़े ये नायाब साज—जर्मनी की रीडवाला हारमोनियम, मीरज का बना अफ्रीकी तूँबे वाला तंबूरा, पुणे के तबलों की जोड़ी। अब तो खोल चढ़ा तानपूरा महीनों कोने में टिका रहता है। श्रद्धा से वे हर गुरु पूर्णिमा को उसकी पूरी सफाई-भर जरूर करते हैं। तबले की जोड़ी भी बंद पड़ी है। हारमोनियम अलबत्ता मेज पर रखकर वे कभी-कभी बजा

लेते हैं पर अब अँगुलियों में वो रफ्त नहीं रही। वैसे पेटी अभी भी चकाचक है। वो तो उस जमाने की चीज थी जब बाजे की एयरफिटिंग जन्मभर को हो जाती थी। आजकल की तरह थोड़े ही कि स्टिकिंग प्लास्टर चिपका-चिपकाकर लोहार की भाथी की तरह धौंकते रहो, जैसे सामने के स्कूल में होता है। एक बार कुछ छोकरे सरस्वती पूजा के लिए उनका बाजा माँगने आये थे। उन्होंने गुर्राकर भगा दिया। साज कोई शादी की गैसबत्ती है, जो मुहल्ले-भर में घूमता फिरे है? फिर अपनी चीज-बस्त बाँटना-बूंटना उन्हें कतई नहीं सुहाता। न किसी से कभी माँगा, न ही दिया। अपना हिसाब साफ रखा। उन्होंने इतमीनान से खँखारकर थूका। उन्हें अपनी कृपणता पर कोई ग्लानि न थी।

सड़क पर पहुँचकर मधुसूदनजी ने धोती कुछ ऊपर उकसाई और पटरी-पटरी चलने लगे। सड़क पर गंदे पानी का परनाला बह रहा था। नीचे की मंजिल में एक परिवार रहता है। गंदगी में जवाब नहीं। किराये का सवाल न होता तो कब का इस बिल्डिंग को छोड़ चुके होते। पर अब उनके छोड़ते ही किराया छह गुना कर दिया जायेगा, यही खयाल उन्हें छोड़ने नहीं देता। बीस साल से यहीं रहते आये हैं और अब तो आँखें बंद करके भी पूरे घर में फिर सकते हैं। सो यथा-संभव इंद्रियों को भीतर मूंद पड़े रहते हैं। शुरू-शुरू में कुछ लोगों ने मुहल्लाना दोस्ती गाँठने की चेष्टाएँ कीं, कुछ बच्चे पूजा-होली वगैरा का चंदा माँगने झिझकते हुए चढ़ आये, या कि भेजे गये। पर उनकी एक झाड़ से पतझड़ के पत्ते जैसे छितरा भी गये। अब वे एक बेहद भुन्नास और नकचढ़े बूढ़े के रूप में मशहूर हैं। न कोई उनसे मतलब रखता है, न वे किसी से। नहीं, वे खुश हैं; कोई तकलीफ नहीं उन्हें।

अपनी पतली सतर देह को सँभाले मधुसूदन बाबू दाहिनी तरफ मुड़े। सामने बाजार था। दुकानदार से फोकट में जगत-व्यापार के चर्चे करना, लौकियों में नाखून खोबना या बेवजह मटर छीलकर खाना और बाजार भावों को लेकर दूसरे ग्राहकों से बतकही करना उनका स्वभाव नहीं। न ही कभी जो सामान न खरीदना हो, उसे देखने-दाखने में वे व्यर्थ समय गँवाते हैं। अपना सीधे आये, सामान मोलाया और वापस। एक गड्डी मूली, पाव-भर लौकी। एक बट्टी चाँदनी साबुन और एक पाकिट ईसबगोल की भूसी। इतना कुछ मोलाकर उन्होंने बटुवा पाकेट में डाला और भारी झोले को दूसरे हाथ में अदल-बदलकर वे वापस लौट चले। बच्चों का एक गोल मोटरों, साइकिलों और ट्रकों की परवाह न करता, लग्गी लिये किसी पतंग की टोह में डोल रहा था। मधुसूदन बाबू ने आजिजी से पटरी बदली। औरतें और बच्चे न हों तो संसार का स्वर्ग बन जाये बस! दुनिया के

खटराग इस स्त्री जाति को लेकर होते हैं। उन्हें अपने उस्तादजी की तीन पत्नियाँ याद आयीं—दिन-रात की चख-चख, दर्जनों बच्चे, झींका-झींकी, मारामारी और इस सारे नर्क के बीच बेखबर परितृप्त बैठे सुर की साधना करते हुए उनके उस्ताद। ज्यों कीचड़ के बीच सुशोभित कोमल कमल का एक पत्ता हो। पर अभावों से वे भी कब तक जूझते। अंतिम समय घुल-घुलकर टी० बी० हो गयी थी। न ठीक दवा-दारू, न फल-दूध। उनसे जितना हो सका, किया। पर एक अनार सौ बीमार। अकेले वे गाड़ी कहाँ तक खेंचते? खून की उल्टियाँ करते, एक श्वास में चार-चार आवर्तन की तानें लेनेवाले उस्ताद के फेफड़े अंत समय एक-एक साँस को तरसकर रह गये। उन्होंने तभी से तय कर लिया था कि वे परिवार वगैरा नहीं बसायेंगे। सरकारी ट्रांसपोर्ट कंपनी की गुमास्तागिरी अपने गुजारे लायक दे ही देती थी। कुछ जोड़ा-जमाया, कुछ पेंशन। कंट्रोल किराये का मकान था। बस आनंद से हैं वे। न लड़की की शादी की चिंता, न लड़के की नौकरी की हाय-हाय।

झोला रखकर मधुसूदन बाबू ने धीमे-धीमे कपड़े बदले, स्टोव सुलगाकर केतली चढ़ायी और सब्जी काटने लगे। शाम को एक टाइम खिचड़ी-सब्जी। सुबह रोटी-दाल। बस इतने ही में वे तृप्त रहते हैं। न अचार, न चटनी। अलबत्ता च्यवनप्राश और दूध वे जरूर लेते हैं। रसोई में रसद के सब डिब्बे भी करीने से लगे थे, लेबल समेत। अव्यवस्था से उन्हें सख्त नफरत है। उन्होंने चाय बनायी, और सब्जी का पतीला चढ़ाकर खिड़की पर जा बैठा। संगीत महाविद्यालय की क्लासें खतम हो गयी थीं और ठी-ठी करती लड़कियों का एक हुजूम सड़क पर उतर आया था। मधुसूदन बाबू ने नाक सिकोड़ी, औरतों की बिलावजह ठिल-ठिलाने की आदत, वे सह नहीं सकते। उनकी राय में स्त्री को गंभीर और मितभाषी होना चाहिए। जो पूछा जाये बस, सो ही बतलाये और अपने काम-से-काम। ये तो आजकल के चोंचले हैं कि लड़कियों को सिर पर चढ़ाकर रखो। और-तो-और, अब तो ये लोग पतलून भी पहन लें तो माँ-बाप राजी। शिव! शिव!! शिव!!! तुलसीदास ने कलिकाल की जो भविष्यवाणी की थी, गलत नहीं थी कतई।

लड़कियाँ अब एक चाट के ठेले के पास खड़ी चहक रही थीं। मधुसूदन बाबू उठकर सब्जी में कलछी चलाने लगे। अब पैसे उड़ायेंगी, इसी सब वाहियात खाने पर। अरे, दाल-रोटी का सात्विक खाना खाओ और उनकी तरह सत्तावन साल की उमर में भी टिच रहो। पर नहीं। अभी ये सब अंट-संट खा-खाकर जब तक तीस की होयेंगी तो मेदा ऐसा हो चुकेगा कि चालीस की लगेंगी। और खाओ तामसिक भोजन, और लगाओ किरीम-पौडर! एक हिंस्र टनटनाहट से उन्होंने सब्जी का पतीला उतारा और खिचड़ी चढ़ाकर आँच धिमा दी। ये हिन-हिन

घोड़ियाँ संगीत सीखेंगी ! हुँह ! 'नारी की झाँईं परे अंधा होत भुजंग ।' ठीक कह गये कबीरदास । बलिहारी उनके उस्तादजी की, जो इस माया से उन्हें उबार गये ।

साँझ उतरा रही थी । मधुसूदन बाबू ने बत्ती जलाकर देवस्थान में पहले दीया जलाया, फिर एक अगरबत्ती और श्रद्धाभाव से भगवान को प्रणाम किया— 'ओं भूर्वुव स्व···'

तभी दरवाजा खड़का । उन्हें अचरज हुआ । कौन ? उनके यहाँ तो कोई आता-जाता नहीं । शायद कोई गुजरता बच्चा भड़भड़ा गया हो, लिहाज तो—पर कोई था । दरवाजा फिर खड़का । आजिजी से उन्होंने चटकनी खोली । उनका पतला मुनहना जिस्म कोड़े की-सी तीखी क्रुद्ध जिज्ञासा से भरा सतर हुआ और छोटी-छोटी आँखें शंका से शरीफे के बीजों-सी चमकने लगीं । दरवाजे पर एक अधेड़ आदमी खड़ा था—"माफ करेंगे, श्री मधुसूदन शर्मा ?"

"मैं ही हूँ, कहिए ?" उन्होंने अपनी नैसर्गिक रुखाई से पूछा ।

"जी, आपसे एक काम था—दरअसल मेरे पास मेरे पिताजी का एक हारमोनियम है—यानी काफी पुराना !"

"तो ?" वे अभद्रता से दाँत कुरेदने लगे ।

व्यक्ति कुछ सकपका गया—"जी, उसके कुछ पर्दे जरा फँस रहे थे । मैं इस शहर में नया हूँ । सामने कॉलेज में पूछने गया था, पर वह बंद हो गया है । सुना, आप संगीत के जानकार हैं । किसी साज सुधारनेवाले का पता शायद आप बता सकें, ऐसा···"

"किसने कहा था ?" उन्होंने तकरीबन गुर्राते हुए अपनी घनी भवें सिकोड़ीं ।

"जी, वहीं कुछ लोगों ने । दरअसल पुराना जर्मनी का बना हुआ बाजा है, जिस-तिस के हाथ देना नहीं चाहता । अच्छे साज कितने नाजुक होते हैं, आपको तो मालूम होगा ।"

"हूँ ।" वे कुछ क्षण घूरते रहे । "अच्छा चलिए, बाजा देख लेता हूँ । कहाँ पास में रहते हैं ?"

"जी, आपको तकलीफ तो ··"

"पाँच मिनट रुकना होगा ।" रुखाई से उसे बैठने का इशारा कर, वे खूँटी से कुरता उतारने लगे—"आपको संगीत का शौक है ?"

"जी, थोड़ा-बहुत । मेरे पिताजी अच्छे जानकार थे । उन्हीं से थोड़ा कुछ···"

"किससे तालीम पायी थी ?" उन्होंने खिचड़ी में कलछी चलायी । व्यक्ति ने

नाम बताया। उन्हें अचरज हुआ। इस साले शहर में ऐसे फनकार से तालीम पाया शख्स ? खिचड़ी फिर बन जायेगी। उन्होंने पतीली नीचे रखकर चप्पलों में पैर डाले—"चलिए।"

घर सचमुच पास में ही था। रास्ते में ही व्यक्ति ने बताया, उसका नाम दामोदर है। दामोदर पांडेय। पिता गये साल नहीं रहे। बस, घर पर एक बूढ़ी अपंग माँ थीं, और इधर उनकी देख-रेख को विधवा बहन आ गयी थी जो पहले पास के शहर में पढ़ाती थी। वह स्वयं बैंक में मुलाजिम था।

घर छोटा, पर चकाचक साफ था। पर्दों से लेकर गाव-तकिये के लिहाफ तक हर चीज जीर्ण पर धुली हुई और करीने से लगी थी। उन्होंने चप्पलें दहलीज पर उतार दीं और चाँदनी पर बैठ गये। दामोदर भीतर चला गया। भीतर से कुछ दबे स्वर उभरे, फिर वह एक पेटी उठाये वापस आया। कुछ-कुछ हाँफते हुए उसने पेटी उनके आगे भक्तिभाव से ऐसे रखी जैसे देवप्रतिमा हो। उन्होंने देखा, पेटी पर शकरपारेदार सिलाई का नरम खोल था। वे प्रसन्न हुए। साज का सही रख-रखाव, सुर की तमीज से हमेशा जुड़ा रहता है, ऐसा उनके उस्ताद कहते थे। दामोदर ने कवर हटाया। अहाहा, आँखें जुड़ा गयीं! लाजवाब कारीगरी। रोजवुड का ढाँचा, चमकते आबनूस व हाथीदाँत के पर्दे, उन्होंने भाथी खोलकर उँगली रखी, करुण, मीठा, सच्चा सुर। "वाह!" उन्होंने प्रशंसा से उँगलियाँ फिरायीं—"बेहतरीन बाजा है।"

दामोदर के पीले चेहरे पर मंद स्मित उभर आयी। आज तक एयर-फिटिंग नहीं बदली, न ही पर्दे घिसे हैं, उन्होंने सिर हिला-हिलाकर दाद दी, फिर खराबी टटोलने लगे—"रेती या रेगमाल होगा आप पे? और थोड़ा मशीन का तेल भी?" उन्होंने मुलायम सुर में पूछा। उनकी आशा के अनुकूल घर में सब था। निरंतर इस्तेमाल से शीर्ण, पर कायदे से महफूज रखा हुआ। वे हारमोनियम जाँच रहे थे, तभी दरवाजे से एक साफ फूल की थाली में दो गिलास चाय के लिए एक युवती नमूदार हुई। यह दामोदर की बहन दमयंती थी। दामोदर ने परिचय कराया। एक सात्विक प्रौढ़ता से भरा व्यक्तित्व। गेहुआँ लंबूतरा चेहरा। पुराने ढँग के साफ-सुथरे, सलीके से पहने गये कपड़े। परिचय में स्मित न कम, न अधिक। मधुसूदन बाबू बहुत संतुष्ट हुए। "खुश रहो!" उन्होंने कई सालों बाद कहा। साज में खास गड़बड़ी न थी। कम इस्तेमाल होने से पर्दे कुछ जकड़ गये थे, उन्होंने मिनटों में सुधार दिया। उनकी अभ्यस्त उँगलियाँ पर्दे पर दौड़ीं—"वाह!" दोनों के मुँह से निकला। उसके बाद न जाने कब रात के दस भी बज गये, पता ही न चला। दामोदर के पास उन्हीं की तरह घरानों की पुरानी यादों, बन्दिशों और नामों का अद्भुत सिलसिला था। खुद उसका गला मीठा न था, इससे पिता ने गाना नहीं सिखाया, पर सुना उसने बहुत था। देर तक मधुसूदन बाबू,

वह और दमयंती संगीत चर्चा करते रहे। मधुसूदन बाबू ने कुछ पुरानी चीजें उन्हें सुनायीं। गला उम्र के भार से थका हुआ था, दम भी उखड़-उखड़ जाता, पर अभी भी उनकी बाबत ऐसी कटती थी कि चतुर पारखी भाँप सकते थे कि उन्होंने ऐसे-वैसे से तालीम नहीं पायी। दामोदर ने वाहवाही की झड़ी लगा दी। दमयंती ने भी ससंकोच एक-दो बार सिर हिलाया। मधुसूदन बाबू के भीतर संगीत का जमा हुआ अथाह वारिधि एकाएक पिघलकर मौजें लेने लगा था। वो-वो बंदिशें याद आ रही थीं, जो उन्हें खुद भी याद नहीं था कि उन्हें याद थीं। फन की अद्‌भुत गहरी समझ दोनों भाई-बहिनों में थी, मानना होगा। दमयंती स्वल्प-भाषी थी और बीच-बीच में उठकर भीतर जाती रहती। शायद माँ की देखभाल को, पर उसके उठने-बैठने और आनेजाने में भी एक सहज सलीका था। लगता नहीं था कि उकताकर उठी हो। चुपचाप उठती, फिर वैसी ही आकर तमीज से बैठ जाती।

दस बजे मधुसूदन बाबू जाने को उठे, तो दमयंती ने ससंकोच कहा कि उनकी माँ का आग्रह है, वे खाकर ही जायें। मधुसूदन बाबू जा न सके। खाते-खाते भी चर्चा होती रही। खांना सात्विक और सुधराई से परसा गया था। बगल के कमरे में ही माँ का बिछौना लगा था, वे वहीं से आग्रह करती रहीं—"अचार देना इन्हें बेटी, बेरवाला! बेल का मुरब्बा भी देना। जरा पुराना बेल है भाई जी, मगज को तर करेगा। आप तो फनकार ठहरे!"

बातों, जज्बातों का बर्फ जो पिघला तो मधुसूदन बाबू का उस घर में आना-जाना प्रायः रोज ही होने लगा। घर ने भी बड़े तपाक से उन्हें ऐसे ग्रहण कर लिया जैसे पुराने बिछुड़े हुए सदस्य हों।

मधुसूदन बाबू के रूखे, उजाड़ अंतर्मन के भीतर धीरे-धीरे कोमल अँखुए पनपने लगे थे। रात वे लेटते तो देर तक कानों में विस्मृत बंदिशें, धुनें गूँजती रहतीं। बीच-बीच में दमयंती की मृदुमंद आवाज आती—'एक फुलका और दूँ? दही खट्टा तो नहीं? शकर दूँ?' शिव! शिव!! शिव!!! पर वे जितना ही ध्यान संगीत और शिव की तरफ मोड़ना चाहते, मन सालों बाद खूँटे से छूटे जानवर की तरह बगटुट उतनी ही तेजी से उसी घर की तरफ भाग-भाग निकलता। दमयंती, दमयंती! नाम ही जैसे दमकता हुआ हीरा हो। अद्‌भुत गरिमा से मंडित, स्वर्गीय द्युति से भरपूर। उसके चिबुक का कुछ-कुछ हठीला मोड़, उसकी रोटी बेलती पुष्ट बाँहों के नर्म कोण, चूल्हे के नर्म उजास में दमकते उसके कपोल। मधुसूदन बाबू अपने कमरे में अकसर हारमोनियम पर रात गये ठुमरियाँ गाते रहते—'पिया मत जइयो, रे अकेली डर लागे।' उनका हृदय जो एक भिचकर बंद की गयी

कुठरिया-सा संकुचित और अँधेरे की सूनी बासदार पर्तों से भरा हुआ था, अचानक खुला-खुला, सुहावना और उजेला हो आया था। उन्होंने सालों के बाद दो नयी कमीजें सिलवायीं, एक जोड़ी नयी चप्पलें भी मोला लीं। नाई से जब उन्होंने कलमें ठीक से कतरने को कहा तो वह कुछ हक्का-बक्का-सा देखने लगा। एक बार उन्होंने उसे चवन्नी ज्यादा देने की सोची भी, फिर सोचा, बेकार क्यों रेट बिगाड़ना?

दमयंती की माँ को भी उनका आना खूब अच्छा लगता। पड़ी-पड़ी वे उनसे अपने पति के संगीत-प्रेम और गुजरे जमाने के चर्चे करती रहतीं। दामोदर भी तो उन्हीं की तरह अधपगला है संगीत के पीछे, वे लाड़ से कहतीं। पिछले साल ऑफिस में कुछ दोस्तों से संगीत पर चर्चा करते-करते मारने-पीटने पर आमाद हो आया था। "क्या करता?" दामोदर खिसियाकर प्रतिवाद करता—"जिद बाँधे चले जा रहे हैं कि सूहा और सुघराई अलग-अलग चीजें हैं। अब आप ही कहिए, सूहा-सुघराई यानी कमज-कम सुघराई आपने अकेली गायी जाती सुनी है महफिलों में? यानी सचमुच की पुरानी महफिलों में?"

मधुसूदन बाबू ने मुदित हो समर्थन किया। लौंडा जहीन दिमाग रखता है, शक नहीं। "अब मधुसूदन जी, चार संगीत सभाएँ सुन लीं, जरा सुबह-शाम आधा घंटा रेडियो सुन लिया, तो आजकल सभी शास्त्रज्ञ बन बैठते हैं। न कान में सुर, न गले में रफ्त, न तबले पर ठीक बाबत कटती है। बस शोर-शराबा किया, चंद अखबारों में नाम छपवा लिया और नामी घरानेदार संगीतज्ञ बन गये। लगे अलाँ की फलाँ की शागिर्दी का झूठा प्रचार करने।" मधुसूदन बाबू का मन किया कि उसे गले लगा लें। हू-ब-हू उन्हीं के मन की बातें।

दमयंती का प्रसंग उठने पर वृद्धा माँ की रुलाई छूट जाती। "अभागी है, और क्या? ऐसा देख-सुनकर इसके पिताजी ने ब्याह किया। घर, खानदान, लड़का सब ठीक-ठाक था। पर भाग्य का लेख कौन जाने! ठीक छह महीने बाद एक्सीडेंट में जाता रहा। इकलौता था। साल-भर में सदमे से सास-ससुर भी चल बसे। और बस इसने संन्यास जैसा ले लिया। पहले ही कम बोलती थी, जब से नौकरी शुरू की, बस हाँ-हूँ से आगे नहीं। गाय है भाई साहब, मेरी गरीब लड़की, गाय!" वे कहतीं और फिर रो-रोकर अपनी जीर्ण देह को कोसने लगतीं जिसके बंधन से बेटा-बेटी दोनों पराधीन हो गये हैं। अच्छी-खासी नौकरी उनके खातिर छोड़ आयी पगली। और उन्हें भगवान माँगे से मौत भी नहीं देता, कैसी विडंबना है? वो तो मधुसूदन बाबू आ जाते हैं, तो कुछ देर को जरा रौनक हो जाती है। दोनों बच्चे भी जरा बोल-बतिया लेते हैं, वरना वे तीनों हैं और ये घर की दीवारें। न बोलना, न चालना, जैसे मकबरा हो। क्याऽ, परिवार का सुख ही नहीं था नसीब में, वरना इस घर में कितने प्राणी डोलते। एक उसाँस लेकर वे तकिये से

उठ जातीं । तभी दमयंती चुपचाप दलिया या खिचड़ी लाकर उन्हें खिलाने लगती। छोटे बच्चे की तरह बहुत अहतियात से खिलाकर वह उनका मुँह धुलाकर कुल्ला कराती, फिर आँचल की खूँट से निकालकर इलायची के दाने उनके पोपले मुँह में भर देती—"अब सो जाओ, बहुत हुआ, फिर बुखार बढ़ जायेगा।"

मधुसूदन बाबू को नहीं लगता था कि वृद्धा ज्यादा चल पायेंगी। इधर दामोदर ने भी चिंतातुर स्वर में उन्हें बताया था कि माँ की हालत गिरती जा रही है। डॉक्टर का कहना है कि बमुश्किल चंद महीने और। मैं तो दमयंती से कह रहा हूँ कि वह अपने पुराने कॉलेज में नौकरी के लिए फिर एप्लाई कर दे। सोलह साल वहाँ पढ़ाया है, जरूर फिर वे ले लेंगे। यहाँ रहकर क्या करेगी। मैं भी सोचता हूँ, माँ के बाद मैं हरद्वार चला जाऊँ। मेरे एक गुरु वहाँ हैं। आश्रम में रहने की पूरी व्यवस्था है।

मधुसूदन बाबू के गले में जैसे सीसे का गोला अटक गया हो। छाती में हवा घुटने लगी, बमुश्किल बोल पाये—"तो ?"

"वह कहती है, एक तो स्कूल की कमेटी में बेहद संकीर्ण विचारोंवाले दकियानूसी लोग हैं। खासकर महिला लेक्चरारों को लेकर। इससे उसे वहाँ बड़ी घुटन होती है।"

"फिर ?"

"फिर पता नहीं, तीन-चार साल से छूटा सब फिर से शुरू हो पाये या नहीं ?"

"यह तो है।"

"क्या है ? पागल है यह तो।" दामोदर झुंझलाया। "इस शहर में तो कोई स्कोप है नहीं। वहाँ जरा पहचान के लोग हैं। पुराने संबंध हैं, और अब मुझे भी इस पारिवारिक दाय से मुक्ति चाहिए। माँ नहीं होतीं तो मैं तो कब का चला गया होता। स्वामीजी कब से बुला रहे हैं।"

"उसे अकेला नहीं लगेगा ?"

"अकेलेपन का क्या है ?" दामोदर तल्खी से हँसता है, तो उसके चेहरे से हू-ब-हू दमयंती का चेहरा झाँकता है—"यहाँ कोई कम अकेली है वह ?"

'और मैं ?' मधुसूदन बाबू पूछना चाहते थे, पर फिर जाने को उठ खड़े हुए। उनके भीतर मानो एक प्रचंड वात्याचक्र घूम रहा था। 'तो दमयंती चली जायेगी ?' तकिये पर सिर टिकाकर उन्होंने सोचा। सुबह की रागिनी-सा करुण कोमल दमयंती का लंबूतरा चेहरा उनके आगे तैर आया। इतने बड़े शहर में उसके लिए कहीं साथ नहीं, कि इच्छा के विरुद्ध वह इतनी दूर फिर से···क्या वे जुबान खोलकर कभी कह पायेंगे कि वह चाहे तो···शिव ! शिव ! उन्होंने बेहद क्रोध से करवट बदल ली। दिमाग तो सही है उनका ? उम्र में कम-से-कम बीस साल का अंतर होगा। अगर उसके पिता होते···पर दमयंती थी कि उनके ख्यालों

से चुपचाप टिककर खड़ी थी जैसे अकसर दीवानखाने के दरवाजे से वह टिककर खड़ी रहती है, उनके उठकर चौके में आने के इंतजार में। निर्निमेष उन दोनों को ताकती हुई। कसकर बाँधी गयी वेणी, उनके आगे चलती उसके वे पुष्ट नितंब, सुडौल जंघाएँ···शिव! शिव! मधुसूदन बाबू उठकर देर तक ठंडे पानी से मुँह धोते रहे, फिर देर तक तानपूरे पर रगड़कर पालिश किया किये।

और फिर महीने-भर बाद दामोदर की माँ भी चल ही बसीं। वे भी घाट गये थे। रोज ही जाते थे वैसे भी। दोनों भाई-बहनों ने अपना दुख भीतर ही थिरा लिया था। हाहाकार करने को था भी क्या! वे तीनों देर तक चुपचाप बैठे रहते। फिर एकाध हफ्ते बाद दामोदर ने उन्हें बताया कि बड़ी अच्छी खबर है। दमयंती को आज उसकी एक पुरानी सहकर्मी सहेली ने लिखा है कि उसके पुराने डिपार्टमेंट में एक जगह खाली है, यदि वह आना चाहे तो···

मधुसूदन बाबू घर को लौट रहे थे तो पैर जैसे मन-मन-भर के हो गये थे। रात देर गये तक वे सोचते रहे, फिर एक निष्कर्ष पर पहुँच ही गये। अगले रोज सुबह बैंक जाकर पहले उन्होंने कुछ रुपया निकाला, फिर पचासेक रुपया किराया भरकर हफ्ते-भर को चौक की एक दुकान से, जहाँ उन्हें कोई न जानता था, हिंदी का एक टाइपराइटर किराये पर ले आये। डेढ़-सौ रुपये उसने सिक्योरिटी के रख लिये थे, बाद को लौटा देगा। चलो ठीक है। रास्ते से उन्होंने कागज और कार्बन मोलाया और एक लिफाफा भी। 'टप-टप-टप अनभ्यस्त जकड़ी उँगलियों को टाइप करने में समय लग रहा था, पर वाक्य उनके भीतर अपने आप बने जा रहे थे। मधुसूदन बाबू दमयंती के कॉलेज के चेयरमैन को टाइपराइटर पर गुमनाम खत लिख रहे थे। एक निहायत कड़वा, अश्लील खत, जिसमें दमयंती के साथ उनका अपना नाम जोड़कर हरसंभव तरीके की भद्दी परिकल्पनाएँ गूँथी गयी थीं और अंत में यह सविनय निवेदन किया गया था कि ऐसी पतिता, कुलटा, दुश्चरित्रा स्त्री को, जो अपने बाप की उम्र के बुजुर्ग के साथ छिनाली करती है, कतई उनके जैसे संभ्रांत कॉलेज में पुनः स्थान न दिया जाये। आगे आप स्वयं समझदार हैं—आपका एक हितचिंतक।

पत्र पूरा कर मधुसूदन बाबू ने लिफाफे में डाला, और पता टाइप किया, फिर मनोयोग से अपने घर की सफाई की, और रिक्शा लेकर सालों बाद रेलवे स्टेशन को चल दिये। वहाँ जाकर उन्होंने पहले इधर-उधर देखा। नहीं, कोई परिचित चेहरा न था। चेहरा परे किये उन्होंने अगले स्टेशन का टिकट कटाया और एक अखबार की ओट किये तब तक बैठे रहे जब तक वह स्टेशन आ न गया। स्टेशन पर पहुँचकर उन्होंने खत स्टेशन के बाहर ही पोस्ट किया और वापसी का टिकट कटाकर तुरंत लौट आये। इसके बाद वे महीनों बाद मंदिर गये और देर तक भक्ति-भाव से वहाँ बैठा किये।

एक नीच ट्रैजेडी

दरवाजा खोला। भीतर एक चिट्ठी पड़ी हुई थी। अंतर्देशीय। बाहर तक महीन मकड़िया इबारतों से भरा हुआ। लिखाई माँ की ही हो सकती थी! माँ के पत्र का आखिरी हिस्सा हमेशा चिट्ठी से उमगकर बाहर उस जगह तक उफना आता है जहाँ लिखा होता है—कृपया पत्र के भीतर कुछ न डालें।

मैंने एक विराट झटके से किताबें मेज पर फेंकीं और लट्ठ-से कटे पेड़ की तरह तख्त पर गिर पड़ी। नाटकीयता में कोई तत्त्व जरूर है जो तकलीफों को काटता है। चाहे कुछ देर को ही हो। एक तो यह वकीलों और प्रोफेसरों का थका-बुसा शहर, तिस पर धूल-भरे फरवरी-मार्च के महीने, जब युनिवर्सिटी में चिंता और डर सूखी पत्तियों से मँडराते फिरते हैं। हाये इम्तहान! इम्तहाऽऽन! मैंने कवायदी सुरों में गाया। खिड़की के बाहर गुलमोहर और सेमल सारी धूल और खुश्की के बावजूद रंगों से ऐसे फटे पड़ रहे थे कि सारे डर के बावजूद एक नजर भी उधर बहक जाये तो पैर कहीं जाते हैं, मन कहीं। मैंने तुक मिलाया, हाये नौजवान! नौजवान! नौजवाऽऽन! मेरा मूड कुछ अच्छा हो गया। मैंने टाँगें ऊपर दीवार पर टिका दीं और अपने सुंदर खुरदरे टखने हिलाते हुए अपनी तुकबंदी का मंत्रपाठ करते-करते चिट्ठी खोल ली। माँ की चिरपरिचित हाँफती-भटकती शैली में खबरें थीं। इधर की, उधर की, और फिर घूम-फिरकर बात वहीं आ टिकी थी—आशा है छुट्टियों में घर आने के लिए रिजर्वेशन करा लिया होगा। आशा है खाना वगैरह ठीक से खा रही होगी। आशा है पढ़ाई का ध्यान इस बार तो—आशा है! आशा है! आशा है! चिट्ठी का गोला बनाकर मैंने उछाल दिया और पास पड़ा शीशा उठा लिया। आऽशा है! जब मूड खराब हो तो अपना चेहरा आईने में सहृदयता से देखने में बड़ा सकून मिलता है। सच में। तुम्हारे अपने चेहरे में कुछ जरूर होता है जो दुनिया की हिकारत के बावजूद तुम्हें हमेशा अपने प्रति बेतरह प्रेम और क्षमाशीलता से भरा दीखता है, और वही तुम्हें अपने प्रति हर बार नये सिरे से आश्वस्त करता है—बावजूद इसके कि—

बावजूद इसके कि—

टंग-टंग-टंग ! खाने की घंटी बज रही है। हरी काँसई आवाज। जहाँ घन घंटे को निरंतर पीटता है वहाँ कई छोटे-छोटे काले गढ़े पड़ गये हैं, मुँहासों की तरह। आओ ! आओ ! आओ ! युनिवर्सिटी की इमारत के ऐन तले बैठे हुए भी जो घबराहट इस दम महसूस नहीं हो रही है वह घर जाते ही आ चिपटेगी। बावजूद इसके कि वहाँ सब कुछ इतना परिचित, फुर्सती और आराम करने के आग्रहों से भरा हुआ होगा। कुछ जरूर होता है घर में जिसके कारण हर बात जो यहाँ कतई निजी और सीमित लगती है, वहाँ जाते ही सार्वजनिक बनकर धुएँ-सी पसरने लग जाती है, चारों ओर से घेरते हुए। क्या है ? क्यों है ? कैसे है ? अपनी शानदार कुर्बानियों के नश्तर से निरंतर तुम्हारी चमड़ी छील-छीलकर माँ-बाप मानो भीतर तक पैठ जाना चाहते हैं, तुम्हें फिर से अपने भीतर समो लेने को आतुर, कि तुम्हारा कुछ भी उनसे छुपा न रह जाये। आशा है ! आशा है! आशा है ! और तो और, मनश्चिकित्सकों की तरह वे तुम्हारे सपनों को भी अपनी मिल्कियत बना लेना चाहते हैं।

मैंने सुराही से एक गिलास पानी भर लिया और उसे हवा में लहराया। एक जाम संसार के सारे विगत आशावादियों के नाम ! मैंने गाने की भी कोशिश की, पर मेरी आवाज मुझी तक नहीं पहुँची। प्यारे भाइयो और बहनो, सारी चेष्टाओं के बावजूद मेरी ताकत एक खतरनाक ढंग से छीज रही है। गिलास का पानी खिड़की के बाहर कुछ देर अफ्रीका के नक्शे के आकार में पड़ा रहा, फिर धीमे-धीमे सूख गया। खाने की दूसरी घंटी बज रही है। सामने टँगा कैलेंडर हवा में धीमे-धीमे डोले जा रहा है। जहाँ वह रोज रगड़ खाता है वहाँ उसके पीछे दीवार पर एक अर्द्धचंद्राकार निशान-सा बन गया है। जैसे छिली हुई कुहनी हो। मुझे अपनी माँ की याद आयी। शुरू-शुरू में जब हमारे टकराव शुरू हुए थे तो सबसे पहले माँ ही थी जो कि बेतरह हिल गयी थी। बाबू से भी ज्यादा। जाने कब धीमे-धीमे हल्के मजाकों की तुर्शी जाती रही और प्रत्यारोपों की गंभीरता बढ़ने के साथ-साथ प्रतिवादों की कड़वाहट भी बढ़ती चली गयी थी। 'खरबूजे को देखकर खरबूजा रंग पकड़ता है,' बाबू कहते थे। छोटा और मैं मुहावरों के वे खरबूजे थे जो खुद छुरी पर गिरें या छुरी उन पर, कटते वे खुद ही हैं।

कालिंदी-मीना-स्वप्ना-वासंती, एक झुंड-का-झुंड बेवजह ठहाके लगाता डायनिंग हॉल को जा रहा है। ये वे हर्राफा चिकने घड़े, वे काली कामलियाँ, वे औघड़ वीतराग दिव्यात्माएँ हैं जिनकी भूख पर भावनाओं का कभी असर नहीं होता। कड़वी-से-कड़वी राजनीतिक झड़प या इम्तहानों में खराब-से-खराब पर्चे के बाद भी वे हँस-हँसकर भूख-भरे कौर निगल सकती हैं, दही पर चीनी डलवाने और दाल को दुबारा गर्म कराकर उस पर मिर्च की बुकनी डाली जाने की इच्छा

व्यक्त कर सकती हैं। गुलदाज, हँसमुख, निर्विकार भैड़े। माँ-बाप की प्यारी, साँसों की दुलारी, बच्चों की महतारी।

भड़ास निकालकर मेरा जी फिर खुश हो गया था। मैंने लेटे-लेटे गुनगुनाना चालू कर दिया।

"बड़ी खुश लग रही हो, बात क्या है?" किशवर दरवाजे से टिककर खड़ी थी। मौत और किशवर हमेशा बिना दरवाजा खटखटाये आते हैं, ऐसा मशहूर था। मुझे आश्चर्य नहीं हुआ। फूलदार छापे का हाउसकोट अपने विपुल उरोजों पर लपेटे, सिर पर रंगीन तौलिए का स्तूप उठाये प्रश्न-चिह्न-सी वह खड़ी रही—"कोई खास खबर?" उसने आँख मारी। किशवर उन बेवजह बदनाम लड़कियों में से है जो बात-बेबात सबको आँख मारकर उनसे भद्दे राज़ उगलवाने के संकेत देती हैं। वैसे दिल की वह साफ है और मुझे उससे कोई गिला नहीं। सिवा इसके कि वह अपनी निजी आदतों में बेहद गंदी है। उसके कमरे की खिड़की पर अचार और जैम की सैकड़ों बोतलें बगैर ढक्कन के सदा पड़ी रहती हैं, फफूँद से भरी हुई। उसके टूथब्रश को देखकर लगता है कि उससे शायद जूते की पालिश की गयी होगी, उसकी ब्रेजियर का फीता कभी ब्लाउज से झाँके तो तुम्हें उबकाई···

मैंने अपने खयालों को तमीज से लपेटकर भीतर रख दिया और कुहनी के बल उठँग गयी—"कुछ नहीं, यूँ ही।" पर वह गयी नहीं, वहीं खड़ी अपनी बिलौटे-सी आँखों से कमरे का जायजा लेती रही। मैं अपने-आपसे शर्त बदने लगी कि अब यह कुछ-न-कुछ माँगेगी जरूर। वह होस्टल में उधार न लौटाने वाली मँगती के रूप में मशहूर है।

"यह चप्पल नयी है?" उसने बेमुरौव्वती से मेरी नयी चप्पल में अपने वे खुर धँसा दिये जिन पर कालिंदी से माँगी नेलपालिश लगी थी।

"हाँ।" मैंने अपना स्वर भरसक सपाट रखा।

"अच्छी है!" उसने अपनी उँगलियाँ कुछ अंदर-बाहर लपलपायीं, फिर चप्पल ठेल दी—"हम पिक्चर जा रहे हैं, चलोगी?" वह कंधे की कोर से दाँत कुरेदने लगी—"तुम तो छुट्टियों में घर जा रही हो ना?"

"हाँ!"

'तो चलो फिर, वहाँ तो यह फिल्म अगले साल आयेगी!"

"देखूँगी!" मैंने सुर में भरपूर उकताहट लाने की असफल चेष्टा की—"कौन-सी है?"

उसने सस्पेंस और मारधाड़ से भरपूर एक अंग्रेजी पिक्चर का नाम लिया जिसके शहर में काफी चर्चे थे।

"टिकट?"

"मिल जायेंगे!"—उसने कंधे उचकाये, उसके पिता पुलिस की कोई बड़ी

तोप थे, और कभी ऊँचे ओहदे पर इस शहर में गद्दीनशीन रह चुके थे, अतः उनकी एक सूक्ष्म-सी तूती यहाँ अभी भी बोलती थी—खास नहीं, पर सिनेमाघरों, परचून की बड़ी दूकानों वगैरा में। शहर के सबसे बढ़िया सिनेमा हॉल का बूढ़ा बदमिजाज गेटकीपर उसे 'बेबी' कहता था और देरी से पहुँचने पर भी बगैर झुँझलाये टार्च चमकाता हमें सीटों तक पहुँचा जाता था।

"बारह तक बता देना, साढ़े-बारह जायेंगे।" वह मुड़ गयी। मैं उसे जाते देखती रही। मेरा मन हो रहा था कि उससे पुकारकर कहूँ—प्यारी किशवर, कुछ देर यहीं बैठ जाओ, कुछ देर बात करो, कुछ भी, कहीं की भी, मुझे इस अकेलाहट से, मुझे अपने-आपसे बचा लो मेरी दोस्त ! मुझे लगा कि मेरे मुँह से पेपरबैक उपन्यास बोल रहे हैं, और मेरी हँसी छूट गयी ! मैंने उठकर चप्पलें पहनीं, फिर उतार दीं और लेट गयी। पिक्चर देखने मैं नहीं जाऊँगी, यह मुझे मालूम था, उन्हें भी। बेकार की तकरार क्यों ?

छत के कोने पर मकड़ी फुर्ती से जाला बुन रही थी—अपनी असह्य पतली टाँगों से इधर-उधर भागती, कातती, चिपकाती। मैं नाखून चबाने लगी। पिछले साल पर्चे बावजूद मेरे माँ-बाप के मुगालते के, कतई सामान्य हुए थे, खासकर वर्ल्ड हिस्ट्री का तो एकदम गोड़कर रख आयी थी। दरअसल वर्ल्ड हिस्ट्री का सक्सेना मुझे फूटी आँखों नहीं सुहाता था। अपने जमाने का अच्छा विद्यार्थी रहा होगा पर एक चपरकनाती भावुकता में वह प्राध्यापकी में आ घुसा था। उसके साथ के और जहीन विद्यार्थी आज सरकारी प्रशासक के लिबास में ऊँचे कल-पुर्जे बिठा रहे थे, बड़ी प्राइवेट सेक्टरवाली फर्मों की वातानुकूलित गाड़ियाँ दौड़ाते हवाना की सिगारें पी रहे थे, और वह नैपोलियन की लड़ाइयों के मुर्झाये लेखे-जोखे काँख में चाँपे गंजा और बदमिजाज होता चला जा रहा था। मुझसे वह पहले ही दिन से कुछ उखड़ गया था। या शायद मैं ही उससे। दरअसल अब आपसे क्या छुपाना, वह मुझे अपने माता-पिता के अभिन्न मित्र 'क' चाचा की याद दिलाता था। वही पतली तोते की चोंच-सी नाक और चौकोर जबड़ा, वही नकली अलमस्ती से उचककर चलने की आदत और नक्की आवाज। रेडियो में जो बच्चों की फुलवाड़ीनुमा प्रोग्राम आते हैं ना, उनमें एक शख्स जो बड़े भैया कहलाता है और हर अहम मौके पर बच्चों को टरकाकर तोतली आवाज में खुद ही मजाक सुनाकर उन्हें सविस्तार समझाने बैठ जाता है, कुछ-कुछ वैसे ही 'क' चाचा को समझ लीजिए। 'आखिर हम लोग हैं, पुरानी पीढ़ी के,' उन्होंने यह वाक्य कहा नहीं, कि हम लोगों के काँटे खड़े हो जाते थे। अम्मा के वे बेहद चहेते थे, क्योंकि उनके पारिवारिक नैतिक उपाख्यानों की वे बेचूक दाद देते रहते थे। फिर खाने के

मामले। उनकी जुबान में सुनते थे कि बहुत रस था, यानी जिसे अंग्रेजी में कहते हैं 'डिसक्रिमिनेशन' । वे तुरत भाँप लेते हैं कि कब चाय नौकरों ने बनायी है और कब अम्मा ने । 'घर का रस तो बस गृहिणी के ही हाथ में होता है', वे कहते और तुरत प्रस्ताव करते कि अम्मा मुझे भी अपनी यह सिद्ध कलाएँ सिखा दें वर्ना सिर्फ बर्नार्ड शा और टी० यस० ईलियट पढ़कर गृहस्थी नहीं बनती—लड़कियों से। समझीं ? बाबा के भी ये परम चहेते थे, क्योंकि राजनीति और समाज के नैतिक अवमूल्यन पर वे बखूबी उनकी बातचीत की गाड़ी ठेल ले जा सकते थे, बीच-बीच में गांधीवाद की चेंपी देते हुए। इस त्रिकोणी नाटकीयता में हर बार हम भाई-बहनों की उपस्थिति सापेक्ष हो जाती है । कतई ।

"अब आप लोग मुझे चाहे रूढ़िवादी कहें"—अम्मा के शुरू होते ही वे लहक-कर बढ़ावा देते—"भाभी, आप तो शब्दों का गलत इस्तेमाल करती हैं, आप कहती हैं रूढ़िवादी, पर मैं कहूँगा भद्र, शालीन । अब भद्रता कोई बदलनेवाली चीज तो है नहीं बेसिकली, कि कोई कहे कि हम नयी पीढ़ी के हैं इसलिए आपके अदब-कायदे हमारे लिए बेमानी हैं। क्यों भाई, यंग रिबेल्स ?" उनकी मुँह खोले एडिनायडल जिज्ञासा जोंक की तरह हमारी उपस्थिति से चिपककर फूलने लगती—"साबित कीजिए कि मैंने गलत कहा है ।" वे बाबा को आँख मारकर हिंस्र हँसी हँसते—"जरा इधर हम लोगों के साथ तो बैठो, हम लोग भी जरा सुनें कि क्या नाम यंगर पीढ़ी आजकल क्या राय रखती है ? सुना है बड़ी बहसें करने लगे हो बर्खुरदार !" मैं भैया का भिंचता जबड़ा देखती और मेरी नाभि में कुछ कुलबुलाने लगता । यूँ हमारी पूरी कोशिश यही रहती थी कि चाचा या मासियों के आते ही हम तीनों घर के गुह्यतम कोनों में कहीं बिला जायें, पर हमें पूरी तौर से मालूम था कि तब भी नेपथ्य से घरवालों की ऊँची आवाजें जीवन और त्याग, संसार और समाज जैसे ऊँचे विषयों पर अपने सहज छिछलेपन के साथ बुलकारती रहेंगी। अपने ही माँ-बाप हड़काने को क्या कम थे कि ऊपर से ये रिश्तेदार भी…!

ऊँची बाड़ों, ऊब और अकर्मण्य चाकरों से भरे हमारे शहर के विराट् उजड़े बगीचों और भूरे फाटकवाले उन पुराने बंगलों में से एक में मालिनी मौसी रहती थीं। उनके घर के भीतर नीम-अँधेरे में घुसते ही धुँधलाये रोगन, धीमे-धीमे घुलती लकड़ी और धूल की गंध नथुनों में ऐसी भर जाती थी कि पूरे वक्त लगता रहता जैसे किसी तलघर में घुसे बैठे हों । स्वयं वे तीखा बोलनेवाली और निरंतर एक कड़वा दुख भीतर पोसनेवाली सतत शंकालु जीव थीं। हमारी सरल, धर्मभीरु और हँसमुख माँ से कतई भिन्न । उनके बोलने, उनके झुंझलाने और उनकी धीमे-धीमे रुक-रुककर बननेवाली भंगिमाओं में एक पूरी स्त्री जाति के प्रवंचित रक्त का इतिहास था, जिसमें दिन-ब-दिन उनकी पूरी ताकत निचुड़ती जाती थी—अपने विगत सुनहले रूप और लकदक डिग्रियों के बावजूद, या शायद उन्हीं के

कारण। हम सबको उनके उस धूमकेतु-से उज्ज्वल विगत की घटनाएँ कमजकम सौ बार तो सुनायी ही गयी होंगी जो कि एक कृपण-कठोर परिवार की चाकरी में इस छोटे शहर में घुल-घुलकर नष्ट हो गया था। कैसे पंद्रह मिनट तक कन्वोकेशन में उनके नाम पर तालियाँ बजती रही थीं, कैसे उनके परिचितों का कहना था कि उनकी-सी रूपवती···पर अब क्याऽ! जबसे हमने होश सँभाला, वे एक कसकर बंद हुए दरवाजे की तरह थीं जो एक चिड़चिड़ायी चरमराहट के साथ सिर्फ उन्हीं को भीतर आने देता था जो उनका अपना रक्त-मांस हों। हमारी नेकनीयत और सतत उत्साही माँ उनमें से एक थीं, पर उनके घर आकर मनहूसियत और पछतावे की एक परछाई उन पर भी आ पड़ती थी। "कैसी थी, और कैसी हो गयी बेचारी!" वे कहतीं और दुखी हो जातीं। एक कड़ियल सास के तले मालिनी मौसी के जीवन की जो शुरुआत बिगड़ी तो सास के मरने के बाद भी सँभली नहीं। या शायद सास तो एक बहाना-भर थीं। त्रासदी की रानी मालिनी मौसी का रहस्यमय रूप से ट्रैजिक स्त्रीत्व ही एक ऐसी शिला थी, जिसके तले उनका व्यक्तित्व कतई भिंचकर रह गया था। उनके घर जाने पर, या जब-जब वे हमारे घर आतीं, हम उन्हें अपनी तीखी आवाज में शिकायतें ही करते सुनते थे। अपने स्त्रीत्व से उत्कट घृणा और आत्म-दया के बीच उनकी हर बात सदा झूलती रहती। मर्दपने की गंध-भर, चाहे वह तंबाकू का धुआँ हो या अश्लील मजाक या ऊँचे ठहाके, उन्हें एक उत्कट उत्तेजना से भर जाते थे और वे घंटों अपनी घृणा में पुरानी घड़ी-सी टिकटिकाती रहतीं। बेटों की खर्चीली बेरुखी से लेकर, पति की छोटे शहर की स्थायी नौकरी और पुराने नौकरों की ढीठ चतुराई तक, शिकायतें उनके हर वार्तालाप की टेक होतीं। हमारी माँ के पुराने अल्बमों में वे बेहद पीली, कमनीय और रूपवती दिखायी पड़ती थीं, पर अब तक वह रूप एक विराट् मोटापे में धँस चुका था। हाँ-हाँ, हमारी सतत प्रफुल्लित माँ भी तो ऐसी धान-पान न थी, पर उसके फैलाव में एक चैन-भरा वात्सल्यमय गद्‌गदपना था जिससे दूध-भरी गोदें बनती हैं। मालिनी मौसी का मोटापा एक ऐसा खट्टा खमीरी उफान था जो चीजों के निरंतर ढँककर भीतर बंद रहने से आ उठता है। तुर्श, अस्वास्थ्यकर और पोला। अनेकानेक रहस्यमय स्त्री-रोग हमेशा उनकी विराट् कमर तोड़ते और सिर को दर्द से फटता हुआ बनाये रखते थे। और उनके आलिंगनों से सदा दवाइयों और अकेलेपन की उत्कट गंध आती थी। पर इस सबके बावजूद इस सारी त्रासदी में कुछ था जो बेहद कारुणिक और मानवीय भी था। मौसी का दुख उस जीव का शब्दहीन दुख था जो प्रकृति के अन्याय और स्थितियों के घटियापने के विरुद्ध अकेलेपन और शून्यता के छोरों पर बिना हथियार डाले जूझ रहा है। अपनी तरह से। लगातार। और उनकी हार में कहीं हम सब भी शामिल थे।

छोटी मौसी का वजूद उनकी तुलना में कतई सहज और सरल था। जिस

जगह मालिनी मौसी ने स्थितियों से टकराकर जूझने की कड़वी चुनौती कसकर उठा ली थी, उसी बिंदु पर शालिनी मौसी ने हथियार डालकर आजन्म बालिका-वधू बनी रहने की स्थिति प्रेमपूर्वक ग्रहण कर ली थी। उनका रीझना, खीझना, बोलना—सभी बाल्योचित और अस्थायी था। अपने छोटे-से पुत्र से वे हमेशा अंग्रेजी में बहसें करतीं, रोती या रीझती रहती थीं। उनकी भोली आकांक्षाओं की परिधि विदेशी सामान से लकदक गृहस्थी जोड़ पाने से लेकर अपने नन्हे बेटे को आला अफसर बना पाने तक ही फैली हुई थी। इसी से उनके दुख भी छोटे-छोटे और अस्थायी थे—महरी का न आना, अचार में फफूंद पड़ना या बच्चे का इम्तहान में कम नंबर पा जाना। सतत भीरु और सतत शुक्रगुजार, वे हमारी माँ के रूमानी जीवन के उस शून्य को बखूबी भरती थीं जो उनके अपने बच्चों के दूर छिटक जाने से उपजा था। माँ के भग्न हुए जाते स्वप्नों की दीवार को उनका बचकाना सहारा भी बहुत था। या शायद अपने स्वार्थ से हम ही यह विश्वास करना चाहते थे।

मुँह कड़वा हो गया था। मैंने उझककर चप्पलों में पैर घुसेड़े और पुसी के कमरे को चल दी। पुसी, माने पुष्पिदर! मस्ती और मसखरी से भरपूर सरदारनी, पुसी ग्रेवाल! वह कुछ-कुछ नाक से बोलती थी और उसकी बचकानी अंग्रेजी में हिंदुस्तानी अंग्रेजी स्कूलोंवाला एक खास कटाव था। उसकी पेंचहीन दिमागी दुनिया हरी घास का वह अनहद विस्तार थी जहाँ दूर-दूर तक सपाटपने का गुदगुदा नर्मदिल सन्नाटा होता है। हर सामान्य चीज में वह असामान्य रुचि लेती थी। खाने में खूब मिर्च और गर्म मसाले वाली चाट या फिर घी में तर सालन, गाने में लता मंगेशकर, किताबों में रोमांस और जासूसी के चर्चे, और एक्टरों में अमिताभ बच्चन। इन सब पर वह सौ जान से मरती थी। यूँ उसके कद्दावर जिस्म और कड़कदार आवाज के परिप्रेक्ष्य में इससे हल्के भावनात्मक आवेग की कल्पना हो ही नहीं सकती थी।

"ओये पुसी!" मैंने नक्की स्वर में बुलकारा और सीढ़ियों के छोर से आधा धड़ लटका दिया। कोई जवाब नहीं। मैंने अगल-बगल ताका। पुसी के कमरे के बगल में ही सुरुचि अस्थाना का थका-त्रुसा कमरा था, जहाँ हर चीज मालकिन की ही तरह दुबली, व्यवस्थित और शहीदाना ढंग से मुर्झायी हुई थी।

"बाहर गयी है," सुरुचि की पतली थकी आवाज आयी। सुरुचि की सुरुचि-पूर्णता में कोई चीज थी जो रहस्यमय रूप से मेरे भीतर अश्लीलता को जन्म देती जाती थी। मेरे भद्दे व्यथा-भाव प्रदर्शन से सुरुचि के सुरुचिपूर्ण नथनों का अलंकृत आभिजात्य कुछ सिकुड़ा, फिर वह अपनी धूसर भलमनसाहत से ईषत् मुस-

करायी—"आज कुछ देर यहीं बैठ लो !"

बैठना पड़ा, सुरुचि हमारी शालिनी मौसी की तरह सारे भारत की औसत मध्यवर्गीय माताओं का कमसिन मिनियेचर है। शिथिल, मर्यादापूर्ण, सतत शुक्र-गुजार ! वह हर साल सामान्य सेकंड डिवीजन में पास होती है और उसकी आलमारी हमेशा करीने से लगी रहती है, उसके कपड़े हमेशा इस्तरीदार और उसके बाल हमेशा तेल से चमकदार होते हैं। वह धार्मिक भी है। जहाँ उसकी सजिल्द किताबों की लाइन खतम होती है, वहाँ सदा एक शेर या हंस पर सवार देवी की फोटू या पालथीदार प्रतिमा स्थापित रहते हैं—चरणों पर एक अदद फूल या अगरबत्ती के भग्न ठूँठ समेत, आशीर्वचन, अभयहस्त। दरअसल यह लड़की इतनी पाक और पारदर्शी है कि उसको देखकर मुझे हमेशा उसके परे उसका भविष्य दीखने लगता है और यकीन मानें, वह भी उतना ही सपाट और स्थिर है जितना कि उसका वर्तमान। मैं आज से दस साल बाद किसी दूर के कस्बे या शहर में अपने इंजीनियर/डॉक्टर/अफसर पति के साथ बसी उसकी उस सपाट गृहस्थी की कल्पना करती हूँ जहाँ झक्क साफ उजास के बीच उसके जहेज को फरनीचर, ब्रासो से चमकायी पीतल की मूर्तियों और इकेवाना के मृणमय पात्रों के परे एक कोने में नन्हे दीपक से प्रकाशमान उसके पुश्तैनी देवता बैठे ऊँघ रहे होंगे। मैं मृदुल स्वर में उसकी उनींदी जिज्ञासाएँ टालती, टोहती कुछ देर बाद लौट आती हूँ। "पैकिंग करनी है न ! अच्छा ! कुछ चाहिए तो नहीं हमारे शहर से ? सोच लेना ! बाऽय !" स्टेज से नेपथ्य को रुखसती, मेकअप सुधारना। उम्दा पार्ट अदा करती है लड़की ! थैंक्यू ! थैंक्यू ! थैंक्यू !

"खाना खाया ?" निर्मलाजी सीढ़ियों पर रुककर पूछती हैं। वे हॉस्टल की सबसे बुजुर्ग रिसर्च स्कॉलर हैं। वे विधवा हैं। कम-उम्र विधवा। पर यहाँ उम्र में वे बाकी सबसे काफी बड़ी हैं—शांत, गंभीर, अंतर्मुखी। उनका यह अंतर्मुखपना मालिनी मौसी की तरह एक चिड़चिड़ाहटभरी असहिष्णुता पर नहीं टिका है। उनमें एक ठहराव है, जो बाँधता है। हालाँकि उनके चेहरे या शरीर में ऐसी कोई पागल कर देनेवाली बात नहीं। पर वे अपनी जगह 'हैं' और अगर 'इज्जत' शब्द को इलास्टिक की तरह फैलाकर हमारे परिवार ने उसमें उन तमाम चुगदों को लपेटकर न रख लिया होता, तो शायद मैं कहती कि मैं उनकी इज्जत करती हूँ।

"खाना खाया ?" वे फिर पूछती हैं। उनकी स्थिर जिज्ञासा के आगे मेरे जैसे शातिर खिलाड़ी भी टालमटोल नहीं कर पाते। "नहीं," मैं कहती हूँ। फिर अचानक मुझ पर नाटक हावी हो जाता है—"आज लौऽऽकी बनी है (पेट पकड़कर मतली की मुद्रा, जीभ निकालकर पुतलियाँ घुमाना), खाते ही हमारा गैस बाय जाग जाता है, आऽऽह !"

निर्मलाजी की भूरी अनझिप पुतलियों में हँसी-सा कुछ कँपता है—"देखो

सुधा, मसखरी छोड़ो, जो पका है सो खाना होगा। समझीं? मैं देख रही हूँ कि जब-जब इम्तहानों का वक्त शुरू होता है, तब-तब तुम गड़बड़ करती हो। बस, दिन-भर लटर-सटर घूमना और झींकना। क्या शक्ल बन गयी है। चलो, उठो!" वे चली जाती हैं, जीसस की ताई, दधीचि की हड्डी, गाँधी की चेली! मालूम है कि अब मैं जाऊँगी ही। एक हम ही साले हैं, घर से बाहर तक सब बड़ों की हुकुमबरदारी करने को! मैं घिसटती हुई डार्यानिंग-हॉल के दरवाजे पर खड़ी होती हूँ। गर्मी और खाने की गंध से भरे बातचीत के रेले चहुँदिश उमड़े पड़ रहे हैं। ज्यादातर लोग तन्मयता से खा रहे हैं, लगातार बोलते हुए। हर मेज पर दाल और दही के धब्बे हैं। रोटियाँ चीमड़ हैं, दाल ठंडी। "गरम कर दें!" परसनेवाली नेकनीयती से पूछती है। "नहीं!" मैं कहती हूँ। मुझे मालूम है कि एक कटोरी दाल गर्म करने वह रसोई जायेगी और अन्य महाराजिनों की डाँट खाती हुई फूहड़पने से राख-भरी कटोरी में तनिक गरम दाल आधे घंटे बाद ले आयेगी। लौकी के टुकड़े मुट्ठी बराबर हैं, मिर्च में सराबोर। आखिरी निवाला लेकर मैं थाली सरका देती हूँ। पर तब भी यह खाना उतना खराब मालूम नहीं देता, घर का खाना चाहे लाख बेहतर हो, पर जहाँ माँ हमारी कुर्सियों के चारों ओर व्यर्थ फटफटाते हुए हमें खाना खिलाना चालू करती हैं, सारा स्वाद काफूर हो जाता है। कई बार तो लगता है कि हमारे-जैसे परिवारों में खाना ही दिमागी उलझनों का अचूक घरेलू इलाज बनकर रह गया है। चेहरा थका है? जरूर विटामिन 'बी' की कमी है, लो थोड़ा दही और लो, एक रोटी जरा ज्यादा घी के साथ। रात नींद ठीक से नहीं आयी? खाना भारी हो गया होगा, आज हल्का बनवा देंगे। पढ़ने का जी नहीं करता? जरा च्यवनप्राश ले लेना। कोई नहीं पूछता जो कि पूछना चाहिए, और जो नहीं पूछना चाहिए उसके बारे में हजार सलाहें!

हॉस्टल का लॉन फागुन की अपरिहार्य मौसमी मांसलता से गद्‌गद है। फूल-ही-फूल। लाख हटाने पर भी आँखें चिपक-सी जाती हैं। धूल और खुशकी से बैलून-सा फूला धूल का चँदोवा ऊपर गुम्म तना है। और नीचे लहलह फूलों की क्यारियाँ। पीछे डार्यानिंग-हॉल में खाने-पीने का मध्यवर्गीय उत्सव ओर-शोर से निबटाया जा रहा है। सालन गर्म करवाया जा रहा है, कमरों से अचार और घी की घर से लायी छलाछल कटोरियाँ आ रही हैं, मँडराते कुत्तों को चपातियाँ फेंकी जा रही हैं, अचार की फाड़ियाँ चूसी जा रही हैं, बढ़ते वजन पर शोक और सहानुभूति व्यक्त हो रहे हैं। घास, पत्थर, खाना, और कीचड़-सा चुहचुहाता प्यार। हाय रे बिना आसमान की दुनिया! कुछ साला तुक नहीं जिंदगानी में, तुक है ही किसमें?

"क्या सोचा, चलोगी ?"

किशवर तमीज से कपड़े पहने धूप में खड़ी अपने घने केश सुखा रही है।

"कहाँ ?" क्षण-भर को मैं संदर्भ नहीं समझती। मेरी आँखों में धूप की चिलक है, और फूलों के तीखे रंग दूध की तरह उफना-उफनाकर मेरे गालों पर टपक रहे हैं।

"यार, पिक्चर, और कहाँ !" वह भेद-भरे ढंग से सुर नीचा करती है—"या कोई और प्रोग्राम था ?" उसकी भद्दी जिज्ञासा का ठंडा छींटा मेरा उफान बिठाता है।

"नहीं, आज नहीं !"

"आज नहीं तो फिर नहीं, समझ लीजिए जानेमन, कल तो फिर घर···" वह गुनगुनाती हुई मुड़ जाती है। यूँ उसे मुझसे हामी की आशा होगी भी नहीं। मैं उन घुट-घुटकर राजदारान दोस्ती करनेवाली भली लड़कियों में से हूँ भी नहीं जिनसे उसकी पटती है, और जो हर साल हॉस्टल से घर जाते वक्त ऐसे वात्सल्य-पूर्ण आँसू रोकर विदा होती हैं जैसे डोली में बैठ रही हों। मेरे भीतर उन्हें देख-देखकर शायद कहीं कुछ सख्त हुआ जाता है, ठोस गुठली का-सा कड़ा एक आकार, जो भावुक चपलता के इस विराट् सार्वजनिक सोख्ते में सोखे जाने से बेतरह कतराता है।

"अरे हाँ," किशवर पलटती है, "तुम्हारी नयीवाली चप्पलें मैं पहने ले जा रही हूँ, तुमको तो कहीं नहीं जाना है न ?"

मैंने फिर माँ की चिट्ठी उठा ली। बाहर लिखा वाक्य पहली दफा पढ़ना ही भूल गयी थी—"मुन्ना चाचा से एक बार जरूर मिल लेना। उनकी तबीयत सुना, इधर फिर खराब थी। कहना, माँ ने याद किया है।"

हुँह्। याद किया है ! याद किया है ! मैंने विकराल मुद्रा बनायी। दुनिया-भर के अहसानों के टोकरे-डालियाँ घर-घर पहुँचाने को मैं ही हूँ। धूप में पिटी शक्ल बनाये दुनिया-भर के यहाँ जा बैठो और संजीदा चेहरा बनाये हुए उन्हें गंभीर आवाज में बताते सुनो कि कैसे इस महीने के अंत में जब मंगल शुक्र की गोद में जा बैठेगा, उनका उदर-विकार खत्म होगा और कैसे जब उसके अगले महीने चंद्रमा राहु के पेट में घुस आयेगा तो उन्हें कफ-पित्त विकार सताने लगेंगे।

तभी धाड़ ! जैसे फिल्मों में होता है, दरवाजा खुला ! अचानक जैसे नेपथ्य से इंगित मिला हो। यह पुसी थी। दरवाजा उसने लात मारकर खोला था क्योंकि हाथ खाली नहीं थे, फिर भड़ाभड़ उसने कई पैकेट मेरी तरफ उछाल दिये, मेरी हृदय दहलानेवाली चीखों पर कान न धरते हुए।

"ओय खोत्ती, देख क्या-क्या उठा लाये हम लोग !" फिर हम लोग उसकी खरीददारी देखने में व्यस्त हो गये। पुसी उन सदाबहार लोगों में से है जिनके लिए जिंदगी में दो ही रंग हैं—या तो सफेद और या काला। और दोनों के बारे में उसकी राय दो़टूक होती है। लिबलिबाहट का नाम नहीं। चाहे विषय उसका बॉयफ्रेंड हो या ब्लाउज की सिलाई, उसकी बातचीत एक ही खुशमिजाज ढंग से दोनों की बखिया तुरत टटोल डालती थी। आज वह अपनी खरीदी एक नयी चप्पल पर लहालोट थी। पहनकर, उँगलियाँ सिकोड़कर, टखने घुमा-फिराकर वह अपने पैरों पर बेतरह रीझी जा रही थी। उसके बॉयफ्रेंड ने कभी उसके पैरों को लेकर कुछ तारीफभरे वाक्य कह डाले थे। तब से वह अपने पैरों की हिफाजत अपने कुंआरेपन की तरह अटूट भक्ति-भाव से किया करती थी। आत्मलिप्त लोग अपनी चरम मुग्धता के क्षण में कैसे साफ और पारदर्शी हो जाते हैं, सोते हुए बच्चों की तरह ! जभी मुझे लंबे बालों पर कंघी करती अधेड़ औरतें, कंचे खेलते बच्चे और पनवाड़ी की दुकान में शीशा देखकर सिगरेट सुलगाते पुरुष हमेशा अपनी एकाग्र स्थिरता से खींचते हैं।

पुसी की गाड़ी आज ही रात जाती थी। मजे की बात तो यह थी कि उसका बॉयफ्रेंड भी उसी गाड़ी से जा रहा था।

"ट्रेन उसके शहर भी जाती है कि नहीं?" किशवर कंघे से दाँत खोदती दरवाजे से टिककर खड़ी थी। पुसी ठहाका मारकर हँस पड़ी—"आगरे से दूसरा कनेक्शन ले लेगा। कुछ ही घंटे का फर्क तो है।"

"घर ले जा न उसे," किशवर हँसने लगी।

"पापा से कहना—पापा, देखो आपके वास्ते क्या सौगात लायी हूँ। आपके जंगल में मंगल कर देगा।"

पुसी के पिता का तराई के किसी हिस्से में एक विराट फार्म था। अँगरेजी का वाक्य उधार लें तो ये लोग पैसे में लोटते थे, पर पुसी की बातों से लगता था कि शहरी अँगरेजियत से अलग-थलग उनकी दुनिया अंततः एक वनमानुसी रूप से जिस्मानी और मर्दों की थी। आये-दिन उसके पिता या चाचा किसी-न-किसी नौकर या कर्मचारी को बेबात धुन डालते थे या उनकी बीवियों पर हाथ डाल देते थे। तराई के निपट अकेले में सारी आबादी से कटे-छँटे साल के छः महीने बनैले जानवरों और पहाड़ी मजदूरों के बीच काटने के उनके पास दो ही वेचूक इलाज थे। अँग्रेजी शराब और देसी औरत। पुसी की माँ जब-जब मर्दों पर 'फितूर' सवार होता तो फार्म से दूर शहर के बँगले में शिफ्ट कर जपजी साहिब का अखंड पाठ, गलीचों की सफाई-सुफाई वगैरा, कुछ करवा लेती। इधर 'फितूर' फार्म से विदा होता, उधर वे वापस पहुँच जातीं। "औरत हमारे घर में जूती तो है, पर जरा पालिश-पूलिशवाली।" पुसी ठहाका मारकर हँस पड़ती। सबको

मालूम था कि अंततः उसके बॉयफ्रेंड से उसकी शादी नहीं होगी, क्योंकि वह जात का बनिया और औकात का थोड़ा कम था। पर पुसी को जाहिर ही इस बात को लेकर कोई महीन किस्म के दुःख नहीं थे। उसने किसी अपने घर के ही से आदिम ख्यालातवाले मरद की तिल्लेदार जूती बनकर चटखने की भवितव्यता मजे में स्वीकार कर ली थी, और इस वक्त वह हँस-हँसकर हमें बता रही थी कि कैसे हर 'फितूर' के उतरने के बाद उसके पापा उसकी मम्मा के लिए नये-गहने गढ़ाते, नये कपड़े बनवाते, मम्मा की समझदारी पर पानी-पानी हुए जाते हैं। मजाल है कि उन लोगों की रखैलें घर की ब्याहताओं के तनिक भी मुँह लग जायें। पुसी का चेहरा विह्वल दासत्व के रूमान से मेरी माँ की तरह चमक उट्ठा था और मैंने अचानक अपने भीतर उनके तुरत मेरे कमरे से निकल जाने की घनघोर कामना को घुमड़ते पाया।

पुसी के जाने के बाद कमरे में पसीने और क्रिश्चियन डियोर के सेंट (न्यूयार्क वाले फूफा! न्यूयार्क वाले फूफा!) की खुशबू भटकी-भटकी-सी आती रही। बंद दरवाजे की फाँक के नीचे खून की-सीं गाढ़ी मार्च की हवा भीतर आने को छटपटाती रही थी। भटके हुए कुत्ते की तरह दरवाजा कुरेदती हुई। क्या .. जो हम हरदम अपने भीतर टटोलते रहते हैं पर जिसे शब्द नहीं पकड़ पाते, सिर्फ उसकी आहट-भर सुन पाते हैं। दुःख? दिल? दिमाग? दर्द? दुम? दन्न! मेरी फेंकी चप्पल उस बेहद लंबी टाँगवाली मकड़ी को न लगकर कुछ नीचे लगी और लद्द से औंधी हो लुढ़क गयी। मकड़ी फुर्ती से ऊपर चढ़ने लगी जहाँ वह नया जाल कातेगी। धत् तेरी की।

अच्छा, इस सबकी शुरुआत कब हुई होगी? यानि कि सच में सोचो तो।

"आ गया," बाबू की आवाज।

"आ गया?" अम्मा, नाजुक जमुहाई लेकर रूमानी किताब तिपाई पर रखती है।

भैया। भय। भूख। भुरुकुस। छोटे और मेरा शतरंज थम गया है। रसोई में कोई कम्बख्त कुछ गिराता है, झन्न!

"कुछ खाओगे, या कहीं···" माँ के सुर में एक-बटा चार शहीदानापन, एक-बटा चार वैराग्य, एक-बटा दो गूढ़ अभियोग।

"ये कोई तमीज है?" बाबू का तनिक तीखा सुर। तिलमिलाहट। तीर। तेजी।

"सारे लोग तुम्हें बधाई देने आये और आप दिन-भर घर से लापता! यानि कि घर कोई-कोई क्या कहते हैं तुम्हारे लिए हो-हो-होटल है?" छोटा हँसने जा रहा है। मैं क्रूरता से चिकोटी देती हूँ।

"देरी हो गयी।" भैया कुर्सी में धँसकर भोलेपन से रिसाला उठा लेते हैं।

वाहवावावा। मैंने बताया न कि हम लोग एक बेहद नाटकीय परिवार हैं। हर अदा बेचूक।

"कुछ तो खा लेते, तुम्हारी ही पसंद···" माँ उठती है।

"कह तो दिया कि नहीं।"

आग्नेय दृष्टियाँ, मूक क्रोध का विनिमय। माता-पिता का नेपथ्य में प्रस्थान। टिक-टिक-टिक घड़ी की तरह टिकटिकाता डर, नाभि के बीचों-बीच।

टिक-टिक-टिक, प्यारे दर्शको—

"तुम्हारे पास एक अंतर्देशीय होगा?" सुरुचि बिल्ली-कदमों से न जाने कब दरवाज़े के पास आ खड़ी हुई थी। मैं उछलकर उठ बैठी। वाकई की घबराहट में (कसम ले लो)। पर फिर नाटकीयता हावी हो जाती है, सीना पकड़े मैं झुकती हूँ।

"कइसन उरात हो बूढ़ मनई का? मान लेव मुदा हारटै फेल हुई जात, तो?"

अंतर्देशीय लेकर सुरुचि हँसती हुई चली जाती है। मैं चप्पल घसीटती हुई दफ्तर की ओर चल देती हूँ, रजिस्टर में दस्तखत करने। मुन्ना चाचा के ही घर में पैंठा जाय। ज़रा चिमगोइयाँ ही कर लें कि इम्तहानों से पहले हड़ताल का नक्षत्र-योग बनता है कि नहीं? वर्ना टायनबी को अगले हफ्ते इशू करायें। पिछले साल भी जब मकर में शुक्र या शनि जैसा कोई खुड़पेंची ग्रह आ घुसा था तो यूनिवर्सिटी में लाठीचार्ज हो गया था।

"वकीलों के घर से वकालत टपकती है।" भैया ने एक बार कहा था। और "जाहिलों के घर से जहालत।" यह छोटके था, और हम लोग देर तक लोट-लोटकर हँसते रहे थे। मुन्ना चाचा बाबू के किसी दूर अगम्य रिश्ते से भाई लगते थे और हॉस्टल-रजिस्टर में मेरे अभिभावक के रूप में दर्ज थे। यूँ उनका एक पुश्तैनी मकान और कुछ दुकानें हमारे शहर में भी पड़ती थीं जिनकी दीवानी-फौजदारी के सिलसिले में वे हमारे घर प्रायः आ टपकते थे। उनके आते ही से बस तुरत हमारा घर भृगु महाराज की पर्णकुटी में तब्दील हो जाता। चाय की प्यालियाँ लपालप लपकने लगतीं। अखबारों के पन्ने खुल-खुल जाते। राजनीति और भविष्यवाणियों का चहचहाता मीना-बाज़ार। रोशनी। चहल-पहल। चुहलें। चिमगोइयाँ। बाहर कठघरों में बँधे कुत्ते गुर्राते रहते, अँधेरे में खौंखियाये, थूथन उठाये हुए।

कौन है? कौन है? कौन है?—

एक नक्षत्र उगता है, एक नक्षत्र डूबता है। फिर-फिर उसी धुरी पर घूमता है मेरा प्रायद्वीप।

सुबह-शाम।

सुबह-शाम।

चिड़ियाँ पागल हो गयी हैं। खौंरी कुतिया भी। "दूद देखो इसके, सात-सात जनकर आयी है कूलर के पीछे," नौकरानियों का झुंड खिलखिलाता है।

"खै: खै: ! मैं इन चिड़ियों की गर्दन मरोड़ दूँगी, इस कुतिया की भी, किसने कहा था इससे कि···कि···"

"कहने से क्या होता है, आजकल इनके चंद्रमा पर राहु की छाया है न···" मुन्ना कहते हैं। माँ रेशमी नाटकीयता से चश्मा उतारकर आँखों के पपोटे सहलाती है। तुमने कभी किसी के हाथों पर तरस खाया है क्या? मुंडेर पर दुबकी खन्ना साहब की बिल्ली तुरई के फूलों के बीच हँसती है। कुछ देर बाद उसकी हँसी-भर रह जायेगी और वह लुप्प ! माँ की बाँहों के नीचे पसीने के अर्द्ध चंद्राकार निशान हैं। कनपटियाँ कुछ-कुछ सफेद हो रही हैं। मालिनी मौसी कहती हैं कि जीजी, तुम अपने बच्चों को ज्यादह ही मोह करती हो। वे खुद मोह करने की बजाय पेट घटाने को हर सुबह यौगिक व्यायाम करती हैं। नाश्ते में सूखा टोस्ट और काली कॉफी लेती हैं। एक हफ्ते तक। उस एक हफ्ते वे बच्चों, मियाँ और नौकरों पर झल्ला-झल्लाकर घर को त्रस्त बना देती हैं। फिर एक दिन वे कहती हैं कि टु हैल विद इट ! और आलू के पराँठे और चाकलेट आइसक्रीम दाबकर खाने लगती हैं। उन्होंने हर चीज में हाथ आजमाया है। उन्होंने एक हफ्ता टाईपिंग, एक महीना शास्त्रीय गायन, एक साल पेंटिंग और डेढ़ साल फ्रेंच सीखी है। पर हर चीज को उठाते ही उन्हें लगता है कि अब उसमें तुक नहीं रहा और यहाँ से वे वैराग्य पर आ जाती हैं। बाहरी दुनिया से कहती हुई कि तू मेरे ठेंगे पर।

मालिनी मौसी मेरी तरफ अर्थमय ढंग से देखकर कहती हैं कि आखिरकार संसार में कोई अपना नहीं होता। शालिनी मौसी बचकानी अंग्रेजी में कहती हैं कि माँ से ऐसे नहीं बोलते—मैं तो समझदार लड़की हूँ न? हर बार तीनों स्त्रियाँ अंततः मिलकर पूछना चाहती हैं कि यह भी नहीं, वह भी नहीं तो तुम्हें चाहिए क्या? क्या चाहिए तुम लोगों को? कुतूहल, असमंजस और हताश प्यार से उनके चेहरे कटोरों की तरह छलकते हैं। मैं अब प्रायः अखबारों में घर से दूर मिलनेवाली नौकरियों के इश्तहार पढ़ती हूँ, विशेषताओं का मिलान करते हुए। जैसे आँखें बंद कर रामशलाका प्रश्नावली निकाली जाती है। लेक्चरार ? यानि तमीजदार धोतियाँ, चॉक की गंध और दढ़ियल सहकर्मी, जो बहुत बोलते, बहुत चाय पीते और बहुत टाँगें हिलाते हैं। रिसेप्शनिस्ट—यानी एक इंच मुस्कान, पिन से अटकाई महकती साड़ी, रटे हुए कटाक्ष, दुहरे अर्थोंवाले वाक्यों की चतुर काट, जब फ्रांसीसी मर्दाने इत्र से महकते बिजनेस एक्जीक्यूटिव जरूरत से ज्यादा पास आकर बातें करने लगते हैं। रंगकर्मी ? यानि हथकरघे की धोतियाँ, एक छटांक सुरमा, चाँदी के गहने, सूजी-सूजी कीचड़-भरी आँखोंवाले पुरुष-मित्र जो

ऊँचे-ऊँचे ठहाके लगाते हैं। एक रूमानी समय था जब मैं सोचती थी कि कुछ होना ही है तो द्रौपदी-सा कुछ बना जाये। नहीं? यानि आओ, रहो और अब जाओ—कोई मलाल नहीं, कोई शत्रुता नहीं—जो भी प्यार से मिला हम उसी के—पर पापे चल नहीं सकता, जो पुरुष मैंने देखे हैं न, बसों में, घरों में, ट्रेनों में—सब-के-सब जकड़नेवाली जात के हैं। वे धरोहर नहीं, स्थावर सम्पत्ति चाहते हैं जिसके चारों तरफ काँटेदार बाढ़ खींचकर वे बोर्ड टाँग दें—आम रास्ता नहीं उहुँक्, कुछ और ही तरकीब तलाशनी होगी।

मैं बिना दस्तखत किये लौट आती हूँ। नहीं जाऊँगी। माँ पूछेगी तो हजार तरीके हैं टालने के। हुँह! मेरी ठोकर खाकर पत्थर गोली-सा उछलता है। कुछ नहीं तो एक अभद्र किस्म का अजूबा तो बना ही जा सकता है न? कठिन तो जरूर है यह हो जाना, पर साफ-शफ्फाफ और अंतिम हल भी तो यही है। बस।

किशवर सजी-धजी बीच रास्ते पर थी। साथ में पाँच-छः और।

"सोच लो अभी भी, चलोगी?"

मैंने सिर हिला दिया। फिर किशवर मेरी चप्पलें पहनकर चली गयी, फदर-फदर।

टन्न! गजर कुछ बजाता है। समय? भय? कबूतरों का एक जोड़ा पर फट-फटाकर उड़ता है, तिनके, गर्द, तिनके। मैं अपना ही हाथ कसकर पकड़ती हूँ। हवा में अचानक धूल घनी हो गयी है। साँस भी नहीं ली जा सके, इतनी। कलेजे पर सफेद-सा कुछ, शिकंजा-सा कुछ, कसता है। डर का रंग काला नहीं, सफेद होता है। होस्टल सुपरिंटेंडेंट लीला मित्रा मेरी हितचिंतिका हैं। मेरे कई हित-चिंतक हैं। थे। लोगों का मुझपर से विश्वास उठ रहा है। प्यारे भाइयो और बहनो, मैं कहती हूँ, यकीन मानिये कि मैं इस सबके काबिल कतई नहीं, वैसे जैसी आपकी श्रद्धा···

"कैसी तैयारी चल रही है?" वे पूछती हैं। मेरी तलबी हुई है। पेशी। अभियोग। लीला मित्रा, तुझे पता है कि तेरे चेहरे पर हल्की मूँछें हैं प्यारी। इतनी लंबी कि तू उन्हें चूस सकती है।

"हँसो मत!" लीला मित्रा की आवाज नुकीली लाल पेंसिल है। "मैंने जो पूछा है उसका जवाब दो! इस साल पर्चे कुछ बेहतर करने का इरादा है या पिछले साल की तरह?"

तुझे मतलब? यानी कि मैं साली कोई इंसान नहीं, टेलीफून की डायरेक्टरी बन गयी हूँ? ऐं? कि पन्ना खोलो और नंबर पता सब तुरंत मिल जावे। क्यूँ? गिव मी वन रीजन!

"इतनी आशाएँ थीं हमें तुमसे," लीला मित्रा की मूँछदार आवाज भर्रा जाती है—"यूनिवर्सिटी में आयी थी तो हम सब तुम्हें दिखाकर कहते थे कि यह लड़की

बड़ी दूर जायेगी। पहले साल अच्छा भी किया, पर पिछले साल! उफ! उफ! मुझे कितना धक्का लगा, बता नहीं सकती।" लीला मित्रा के चौकोर चेहरे पर अध्यापकीय विषाद की थरथराहट है। पर मेरा वज्र कठिन वक्ष कँपता क्यूँ नहीं? कांप रे मन मूढ़ मेरे!

"तबियत-वबियत तो ठीक है न?" बड़े लोगों की आवाज पूछताछ के बीच यकायक नर्म पड़े तो मेरे भीतर की खतरे की सुई पागल होकर बचने का लाल संकेत देने लगती है। चेतो, चेतो रे नौजवान!

"घर को चिट्ठी-विट्ठी लिखती हो?"

"जी!"

"ममी ठीक हैं?"

"जी!"

"मेरी तरफ से याद कर देना। इतनी भली, इतनी..."

मेरे दिमाग ने रिसीवर उठाकर रख दिया है, लीला मित्रा की चहकती मैत्री-भरी आवाज मेरी पारिवारिक पृष्ठभूमि के चाँद-तारे टूँगती रह जाती है। इतना गच्चा खाकर भी तुम परिवार में सुख खोजती हो लीला मित्रा? यह भुलाकर कि तुम्हारे माँ-बाप ने तुम्हें अपने विजातीय प्रेमी के साथ शादी करने की अनुमति मरते दम तक न दी, और जब तक उनका अपना पटाक्षेप हुआ तो मेनोपॉज के साथ तुम्हारे होंठों पर मूँछ उग आयी थी और उसके माथे पर से बाल उड़ चुके थे, और यद्यपि तुम्हारे साथ के लोग तुम्हारे अखंड व सच्चे प्रेम की दुहाई देते रहे, सच बताओ इस उमर में बात कभी वहीं रह सकती है? यानि सच में...?

प्लेटफार्म पर बहुत भीड़ थी। छुट्टियाँ, उमस, आधी तपन, आधी खुनक। सामान रखकर मैं खिड़की के पास जा बैठी। धड़धड़ाता किताबी ठेला आ पहुँचा—इंगलिश मैगजीन? न्यू मैगजीन। मिल्स एंड बून्स, पेरी मेसन!

"ये लीजिए बेबी नया कैरेवैन!' ढेरी टटोलते उसके उत्तेजित हाथ काँपते हैं। वे झुर्रीदार हैं, उसकी कमीज के फटे कफ भौंड़ेपन से रफू किये गये हैं और नाखून बेतरतीबी से कटे हैं। रुआँसी होकर मैं अपना ओछापन ढाँपते हुए अम्मा के लिए तीन चारेक रूमान, छोटके के लिए दो खूँरेज रोमांचक उपन्यास ले लेती हूँ, जिन्हें प्रकट में उपेक्षित दिखाते हुए अंततः हम सब रस ले-लेकर पढ़ेंगे। मैंने कहा न कि हम सब एक खासे ड्रामाई परिवार के सदस्य हैं। अपनी-अपनी नाटकीयता से वाकिफ, पर आदतों से लाचार। सब। सिवाय हमारी माँ के! यह नहीं कि माँ नाटकीय नहीं हैं। हैं, और शायद हम सबसे दसेक डिग्री ज्यादे ही। पर वे उन निखालिस नाटकीय लोगों में से हैं जिनकी नाटकीयता में संशय और

हँसी की कोई ऐसी गद्दार फाँक नहीं है, जिससे कभी भी अपनी सकुचाई पड़ताल का डर पैठ पाये। उल्टे उनकी अपने और अपने नाटकीय मूल्यों में अटूट आस्था देखकर मेरी साँस कभी-कभी अचरज से थमी-की-थमी रह जाती है। पचीस सालों से वे बाबू के साथ यह गृहस्थ धर्म निबाह रही हैं, और हर महायुद्ध, महामारी, आम चुनाव और जचगी के बावजूद हर साल उसी तन्मयता से खाने-पीने, कपड़े और बच्चों की चर्चा करती पायी जाती हैं, हर जाड़े में गाजर का हलुआ, पानी का अचार और हर गर्मी में आम का पना और नींबू की शिकंजियाँ बनवाती हैं। हर विगत शादी में दिये गये दहेज और तीयल के कपड़ों, गहनों के सैटों के नमूने और मॉडल याद रखती हैं, और घर की हर शादी और जचगी की सालगिरह उनके पोरों पर टिकी हुई है। उनसे आप पूछिए कि फलाँ आम चुनाव किस साल हुए थे, वे तुरत अलाँ के बड़े या फलाँ की मझली की जन्मतिथि से जोड़ या घटाकर सही तिथि आपको बता देंगी। आप पूछिए कि चुनाव में कौन-कौन पार्टियाँ थीं, यह उन्हें याद नहीं होगा, पर वहीं उस साल हुए बच्चे का वजन और उस जचगी के अन्य सारे ब्यौरे वे आपको कम्प्यूटर की मुस्तैदी से बता जायेंगी। पति से बच्चों तक एक काल्पनिक चौक पूरकर वे उसके भीतर मजे से आन बैठी हैं और उनके ऊपर उन्हीं के चेहरे से मिलती-जुलती एक पूजनीय तस्वीर टँगी है, उनके दैवी अध्यात्म की। माँ बस एक झटका-भर देती कि हम सब नाच उठते हैं—नगिन गिन गिन्न, तनक धिन धिन्न !—हैं नहीं, थे—क्योंकि जिस दिन से हम यह भाँप पाये, उसी दिन से वह बात नहीं रही। बावजूद मुन्ना चाचा के सारे ज्योतिषीय लेखे-जोखे के ! सुना है भृगुसंहिता बनाने वाले भृगु महाराज की फलित ज्योतिष भी कभी-कभी गड़बड़ा जाया करती थी। तो हम तीनों भाईबहन वे ही गड़बड़ाये ग्रह-फल हैं, धुरी से छिटके नक्षत्र। जन्नाटेदार धूमकेतु। अग्निमुख उल्काएँ ! अब तो बार-बार खदेड़े जाने, धकियाकर अभियुक्त के कठघरे में कीले जाने, और टेंटुवा दबवाकर बुलवाये जाने की नाजायज प्रक्रियाओं से गुजरते-गुजरते हम इतनी खतरनाक तौर से नाजायज हो चुके हैं कि हमारा दिमाग दराँती हो गया है और हाथ हथौड़ा ! बावजूद इसके कि अकेले कम्पार्टमेंट में बैठने में मेरी टाँगें अभी भी हल्के-से थरथराती हैं और बाहर प्लेटफार्म पर हलकती, हँसती, हलबलाती भीड़ को देखकर मेरे गले में मछली के काँटे की तरह कुछ अटक-अटक जाता है। मुझे पूरी तरह मालूम हो चुका है कि इन हसीनाओं, और साँड-सी चकली छाती वाले नौजवानों की तुलना में मेरा दिमाग किसी कदर वजनी और तर्रार है, कि जब परस्पर ब्याहे जाने और प्रजनन क्रिया में लीन होने के बीच वे अपने को एक-दूसरे की छाया से भी घिनाता पायेंगे, मेरा जहन जंगली खरगोश की तरह फुदकता भेड़ों के आस-पास थूथनी उठाये ताजा हवाएँ सूँघ रहा होगा। पर तब तक उनके पास अपनी बेशुमार चीजें होंगी, उनकी पार्टियाँ, उनके घर, उनके

फूलदान, उनकी ब्रासो से चमकाई बुद्ध की मूर्तियाँ और अल्मारी में झाड़-पोंछकर सजायी पेंगुइन मॉडर्न पोएट्स सीरिज की किताबें, उनके बच्चों के चमकीले स्कूलों कीं चमकीली रपटें और उनके अखबारों की सुर्खियाँ, और साल-दर-साल उनकी टेक लेकर वे मेरी माँ की तरह हर रात दस बजे एक प्याला दूध के साथ एक चम्मच च्यवनप्राश खाकर तृप्ति से भरे हुए सो जायेंगे, जबकि अधेड़ होती हुई मैं सेकेंड स्लीपर के ठंडे काले जँगलों पर अपना खिचड़ी बालों और असंतोष से भरा जिद्दी सिर टिकाये रहूँगी निद्राहीन, अकेली और क्रूर—लोहा मेरी उँगलियों के नीचे ठंडा और सख्त है। पर लोहे पर मेरी उँगलियाँ गर्म और कोमल हैं। कम-से-कम अभी तक। पर कब तक ? नहीं, उधर नहीं,. किंग लियर अपने बूढ़े विदूषक से कहता है, 'उस दिशा में सिर्फ पागलपन का फैलाव है।'

"आ सकती हूँ ?" मेरी माँ के-से अकाट्य भोलेपन से वह हँसमुख आवाज पूछती है। मैं सिकुड़कर जगह करती हूँ। होल्डॉल, टोकरियाँ, सूटकेस। अटैचीकेस, थर्मस, सुराही (अरे रे रे रे लुढ़की ! लुढ़की !) "बच्चे ! उफ बहुत गर्मी है, नहीं ?" आवाज पंखे से जूझती है। हिलती-डोलती ट्रेन चल दी है। मेरे भीतर ओछे खयाल फाख्ताओं की तरह पर फड़फड़ाते हैं। मैं खलील खाँ हूँ। उससे पंखा सीधा नहीं हो रहा है। वह हमें छोड़कर कंपार्टमेंट की हर दूसरी दिशा को हवा थूक रहा है। मदद तो शायद मुझे भी करनी चाहिए थी, पर ऐसे समाजोपयोगी मौकों पर अचानक मैं ठंडी पड़ जाती हूँ। मुझे मालूम है—मालूम है—मालूम है, कि यह गलत और खतरनाक ढंग से समाज विरोधी बात है और यह भी मालूम है कि अगर मेरी माँ यहाँ होतीं तो अपनी अदृश्य डोरियों में एक को झटका देती और मैं तुरत खड़ी होकर डगमगाती ट्रेन में अपने को सँभालती रथ की धुरी में अपनी उँगली फँसा देती। पर जनाब, आप मुझे यूँ अपदस्थ नहीं करेंगे। मैं पीछे की ओर पसरती ही नहीं, पैर भी ऊपर कर लेती हूँ। जो औरतें उमस के मौसम में जरी की तिल्लेदार नायलौन की नीली साड़ी और लाल चप्पल पहने पाँच से कम उम्र के दो बच्चों को लिये अकेले सेकेंड स्लीपर के डब्बे में सफर करने का वीभत्स शौक पालती हों, पालें, मुझे उनसे कुछ नहीं करना।

पंखे को तनिक तिरछा कर वह अंततः मुड़ती है। हवा के बहाव में तो कोई फर्क नहीं हुआ पर पंखा तो हिल गया। तेली रे तेली, तेरे सिर पर कोल्हू ! तुक नहीं मिली तो क्या हुआ, तेरा सिर तो थक गया। उसका चेहरा विजयगर्व से चमक रहा है—वह मुस्कराती है, मैं भी मुस्कराती हूँ, फिर मैं आँखें बंद करने का नाट्य करती हूँ। मुझे नहीं करनी पसीजते बहनापे की व्यवस्था ! वह कुछ-कुछ तुतलाते हुए अपने छोटे बच्चे से खेलने लगी है। जी हाँ, मुझे मालूम है कि

इस दृश्य की घरेलू स्निग्धता को देखते हुए हमारी पारिवारिक अपेक्षा क्या होती।—"कहाँ जा रही हो ?" वह पूछती है। उसका चेहरा अभी भी वात्सल्य से भीगा-भीगा है। मैं शहर का नाम लेती हूँ। "तब तो हम लोग आपसे पहले ही उतर जायेंगे।" वह मेरे बिना पूछे बताती है। फिर उसी साँस में यह पूछकर कि क्या मैं यहाँ पढ़ती हूँ, वह यह भी बताती है कि उसके पति भी यहीं पोस्टेड हैं और यह कि अरे, तब तो तुम्हें यहाँ कभी नहीं देखा ! जैसे कि उनके देखे बिना मेरा अस्तित्व ही संदिग्ध है। सिड़ी कहीं के ! पर मेरा कोना इतना गुदगुदा व सुखद है और इतनी जोरों से नींद आ रही है कि गुस्सा भी नहीं आता। अब वह एक सड़बिल्ली-सी लड़की प्रभा के बारे में पूछ रही है जो कि हमारे ही हॉस्टल में रहती है। "तुम जानती हो उसे ?"

"हाँ मैं जानती हूँ," मैं कहती हूँ, अपनी वाचालता पर विमुग्ध ! अचानक एक जन्नाटेदार नाटकीय झूठ बोलने की एक बेपनाह उतावली चील की तरह मेरे भीतर डैने फैलाये छा जाती है। "अरे प्रभा ? वह तो मेरी पक्की सहेली है," मैं कहती हूँ, "और पढ़ने में तो इतनी तेज है, कि बस !"

"अच्छा ?" उनका स्वर संशय-भरा है, पर खुश-खुश। उसकी शादी उनके चचेरे देवर से होने वाली है न ! "देखने में अच्छी है ये तो सुना था, पर पढ़ाई में—"

"अरे लीजिए, इस बात को कौन नहीं जानता ?" मेरे भीतर का लबार बगटुट भाग निकला है, फिर मैं एक लंबी सोदाहरण व्याख्या से समझाती हूँ कि दो तरह के विद्यार्थी होते हैं, एक तो रटंत विद्या वाले तोते, जो दिन-रात किताबों में मुँह डुबोये अपना रंग-रूप तबाह करते रहते हैं और इम्तहान के दिनों में यूँ लगते हैं—मैं एक चूसे दशहरी आम की गुठली-सा चेहरा बनाकर आँखें भेंगी कर लेती हूँ। मेरी श्रोता ठठाकर हँसती है—"आप तो एकदम कार्टून खेंच देती हैं।' अब मैं अपनी वक्तृता के सम्मोहन में पूरी तौर से सराबोर हूँ, "एक वे विद्यार्थी होते हैं जो कि हँसते-खेलते इम्तहान से कुल दो महीने पहले इत्मीनान से सब पढ़-पढ़ाकर इम्तहान दे आते हैं। बस, धमाधम मस्तकलंदर। अब प्रभा में यही तो खासियत है। न तो वह रट्टू है, और न ही फिसड्डी ! और फिर बेहद शालीन लड़की है। छिछोरापन तो बिल्कुल छू भी नहीं गया।" मैं माँ की आवाज में बात को घरेलू भावुकता का आवश्यक पुट देती हूँ। मामला जम रिया है !

"हाँ, यही तो बड़ी चीज है," वे कहती हैं, वरना उन्हें बड़े शहर की पढ़ी लड़की लाने में यही डर लगता है कि कहीं बहुत तेज-तर्रार न निकल आये। जा प्यारे क्या नस पकड़ी है आसामी की। हो-हो-हो, मैं मन-ही-मन लोट रही हूँ। घर जाकर भैया और छोटे को बताऊँगी कि ट्रेन में एक ठो शादी भी तै करा आयी हूँ, तो एकदम मर जायेंगे। यानि कि मैं और नाऊगिरी ! वह भी उस सड़बिल्ली प्रभारानी के लिए जो दुपट्टे से पेन की रोशनाई पोंछती हर बार नोट्स

डिक्टेट करते प्राध्यापकों को अपनी एडीनायडल आवाज से टोकती रहती हैं—"व्हाट सर ? कुडंड फालो !" फिर वह मुझे बहुत सारी और स्वर्णिम खबरें दे डालती हैं, कि किस तरह उनके देवर के लिए कितने-कितने रिश्ते आये थे, मोदी-नगर वालों ने तो 'हिंट' भी डाली थी कि पूरी मिल उनके नाम कर देंगे, उनके और हैं ही कौन ? पर देवर की एक ही 'कंडीसन' थी कि लड़की गोरी हो और अंग्रेजी स्कूल की पढ़ी हो। सो फिर यहीं हाँ कर दी। यूँ उनका देवर है भी बहुत कारिंदा लड़का ! "घर-गृहस्थी की तो ऐसी उसे जानकारी है कि हमें-तुम्हें न हो ! अभी कंपनी की तरफ से महीने-भर को जापान गया तो एक तो लाया मिक्सी, एक पूरा डिनरसेट प्लास्टिक का, एक इंपोर्टेड टेलीविजन, और सब भाभियों के लिए वूली जार्जेट की साड़ियाँ और भतीजियों को सेंट लिपस्टिक ! अब बताओ आज के जमाने में इतना कौन मानता है ?" "सही है ! कोई नहीं !" मैं गंभीरता से बत्ती उकसाती हूँ ! पर वैसे कोई समझ ले कि उसे भले-बुरे की परख नहीं, ऐसा नहीं ! वह बताती हैं, "उसका तो कहना है कि शादी के बाद लड़की को कतई बाहर काम नहीं करने देगा। घर से बाहर लड़की निकली नहीं कि बिगड़ गयी ! मैं पढ़नेवालियों की नहीं, काम करनेवालियों की कह रही हूँ।" वे पुचारा देती हैं, और हिलती ट्रेन में आश्चर्यजनक मुद्राओं में तिरछी-सीधी होती-होती अंततः आठ औंस दूध घोलकर छोटे वाले के मुँह में बोतल खोंस देती हैं—"जल्दी पी ले, पंद्रह मिनट में स्टेशन आता होगा।" सचमुच ट्रेन कुछ देर बाद धीमी होने लगी है और मैं पाती हूँ कि मैं उनके बच्चे, टोकरियाँ, दूध की बोतलें, चम्मचें और स्टील की गिलसिया बटोरवा रही हूँ। "अच्छा नमस्ते, बड़ी खुशी-खुशी वक्त कट गया, नहीं ?" मैं उनके बच्चे का गाल थपथपाती हूँ, कुछ कहती नहीं। उन्हें कोई लेने आया है, वे चली जाती हैं।

फिर गाड़ी चलने से पहले दो मोटी खमीरी पंजाबनें मलमली दुपट्टों और चैनदार जड़ाऊ कर्ण फूलों समेत आकर धँस गयी थीं। कपड़े की खोलदार अटैचियाँ, मोटे होल्डॉल। पीतल का कटोरदान, जिसके ऊपर खुरपे जितनी चम्मच खुँसी है। मुझे उनमें कोई रुचि पैदा नहीं होती। अब मैं बहरी-गूँगी हूँ। "या रब्बा ! तू ही पालनहार !" एक कहती है, दूसरी ओऽम् ! ओऽम् ! कर तीन-चार डकारें लेती है, "तूने इन्नें प्रांठे नई खिलाने थे," वे अपनी साथिन से कहती हैं। "मेरा बायगोला जाग गया।" मुझे अपनी दादी याद आती हैं, उन्हें भी इसी तरह के तिलिस्मेहोशरुबाई मर्ज हुआ करते थे—गोला उठना, चिलक पड़ना, दिल धड़कना वगैरह-वगैरह। और उसके उतने ही गूढ़ इलाज थे—सतवाँसे बच्चे को पीठ पर चलवाना, कात्तिकी नींबू का अचार चाटना, बासी मुँह ताजी मूली खाना। ऐसे रोग और उनके उपचार सुनकर कई बार एकदम परामनोवैज्ञानिक शक्तियों और उड़नतश्तरियों में आस्था होनी शुरू हो जाती है, नहीं ? वे मुझसे

कुछ पूछ रही हैं, शायद यह कि मैं कहाँ तक जाऊँगी। पर मैंने अभी बताया न कि मैं गूँगी-बहरी हूँ। कनखियों से मुझे गरियाते वे फिर एक-दूसरी में तल्लीन हो जाती हैं—फिर एक पाठ छेड़ देती हैं—

तार माता तारनी, सब दुःख निवारनी।
पहली संज्ञा तारनी, तार माता तारनी।

मेरी आँख लग जाती है।

एक जमाना था जबकि हम लोग घर पहुँचने की सही तारीख और रेलगाड़ी का संभाव्य समय आने से हफ्ता-भर पहले लिख भेजते थे, वैसे ही जैसे कि एक वह जमाना था जबकि गुप्तकाल था और स्वर्णयुग था और लोग घरों के दरवाजे नहीं भेड़ते थे और बक्सों में ताले नहीं लगाते थे। फिर धीरे-धीरे समय का मुहावरेदार चक्का घूमता गया और देखते-देखते लोग बक्सों व घरों में ताले और सिटकनियाँ लगाने लगे और हमने चिट्ठियों में व्यक्तिगत मामलों के चर्चे लिखना छोड़ दिया।

"एक वे दिन थे, एक ये दिन हैं," बाबू नाटकीय साँस लेकर कहते हैं। 'क' चाचा तुरत समयानुकूल दाद देते अपनी प्याली थाम लेते हैं। वे अभी अपने आध्यात्मिक गुरुजी के चमकीले आश्रम से महीने-भर में अपनी अंदरूनी बैटरी चार्ज कराकर लौटे हैं और गहन आत्मिक गुणों से रेडियम की सुई-से चमक रहे हैं। "भीतर शांति हो तो बाहर की अशांति विचलित नहीं करती।" उनकी नाभि से एक कमल फूटता है, कमल पर उनके गुरु बैठे हैं, जिनके आश्रम में आस्ट्रेलियाई संकर साँड से उत्पन्न गायें गोरस की गंगा बहाये हैं, साँड को भारत लाने की सरकारी आज्ञा 'क' चाचा ने अपने सरकारी बल-प्रताप से चाँदी के थाल पर धरेकर उन्हें हमारे सामने दी थी। "मेरे दो जर्मन ट्रेक्टर बंबई में यार्ड पर रुके पड़े हैं," गुरुजी ने बच्चों की-सी निश्छल हँसी से कहा था—"तुम्हारी निकम्मी सरकार बस आपत्ति पर आपत्ति उठाये चली जा रही है। हमने तो फॉरेन एक्सचेंज में पहले ही दाम चुकता कर दिये थे, ये देखो रसीद।" उन्होंने 'क' चाचा को अपने मगर के चमड़े के बटुए से रसीद दिखायी थी। "हो जायेगा," इतना कहकर 'क' चाचा भक्तिभरी आँखें मूँद लेते हैं। हो जाता है। उड़न-तश्तरियो! तुम्हें न देखते हुए भी मुझे पूरा यकीन है कि मंगलग्रह में प्राणी जरूर बसते होंगे। हमारे ही सरीखे। क्योंकि हम लोगों से बड़ा अजूबा हो ही क्या सकता है। नहीं?

"तो समझे? अंदर की दुनिया कल्टीवेट करो।" 'क' चाचा संजीदगी से विलायती रौथमेंस सिगरेट का सुनहला दिलकश कश लेकर बड़े भैया से कहते हैं। "और बाहर की दुनिया आप लोगों के हवाले कर दें, क्यों?" भैया तल्खी से

उठ जाते हैं। घर में अचानक इतना धुआँ भर गया है कि आँखें नहीं खोली जातीं। "आप परेशान न हों भाभी," 'क' चाचा शर्म से पानी-पानी होती माँ से कह रहे हैं, "मैं इन लोगों की बातों को गलत नहीं लेता, यह तो उम्र ही ऐसी है। हम भी जब इस उम्र में थे···" मैं अच्छी तरह देख सकती हूँ कि आप जब इस उम्र में थे तो कैसे रहे होंगे 'क' चाचा। तेल से पट्टीदार बाल बनाये, माँ की पसंद के स्वेटर पहने एकदम लल्लूलाल। और क्या? पर वे चालू हैं—"गुरुजी तो कहते हैं कि आदमी को अपनी हर इच्छा पूरी कर लेनी चाहिए ताकि शरीर की माँग आत्मा की शुद्धि की राह न रोक सके। 'क' चाचा का प्रवचन जारी है। अभी पिछले ही हफ्ते जब मुन्ना चाचा अपना कुंडलीशास्त्र खोले हमारे दीवानखाने में बैठे थे तो यही साहब लगभग गिड़गिड़ाते हुए उनसे पूछ रहे थे कि उनके बृहस्पति में सूर्य का प्रवेश कब होगा, क्योंकि अब आपसे क्या छुपाना, सरकारी 'रैट रेस' में प्रमोशन का पत्ता काटनेवाले कई होते हैं। एक सौ तीन डिगरी बुखार में भी वे अपने बड़े अफसर की बेटी की बारात के लिए हाथी किराये पर तै करने अस्सी किलोमीटर दौड़े जाते रहे हैं, और उनके भेजे हर कैंडीडेट को इंटरव्यू की वैतरणी में अपनी सरकारी दुम पकड़ाते सहारा देते रहे हैं। पर अगर शनि की महादशा चल रही हो तो ज़रा सावधानी बरतनी ही पड़ती है। क्यों भाई साहब? वैसे शनि उच्च का होता तो बात और थी। एक तो यूँ ही मंगल नीच का होने से सेल्फ कॉन्फिडेंस जल्दी डिग जाता है···

'क' चाचा खुर्राट कश लेते हैं, उनका नाम इस बार जॉयंट सेक्रेटरी पैनल में आ गया है। अब अल्ला के किसी बंदे की मजाल नहीं कि उन्हें टस से मस भी कर सके—"बस सेंटर में पहुँचने की देर है। सर्विसेज का तो, भाभी, अब सारा चार्म चला गया।···अंग्रेजों को चाहे जो कहो, आदमी की परख थी उन्हें। आखिर जभी तो सैंकड़ों बरस मुल्क पर हुकूमत कर गये।" वे धुएँ का छल्ला निकालते हैं। "कपड़ों का सलीका, बोलने का ढंग, कुछ भी ले लो, पुराने अफसर वाकई में थे अफसर। क्या शालीनता, क्या रोआब, वर्ना अब तो कैसे-कैसे देसी टाइप टुच्चे लोग चले आते हैं जो या तो एक जुमला अंग्रेजी भी सही नहीं बोल सकते या बस माओ और चे का नाम लेकर अलख जगाते फिरते हैं। क्या अवमूल्यन हुआ है युवा पीढ़ी का! एकदम राजनैतिक इन्वॉल्वमेंट नहीं।"

"और जो अपनी राजनैतिक मान्यताओं से जेल गये हैं सो?" बड़े भैया दूध के कढ़ाव में अम्ल की खट्टी-खट्टी-बूँद से टपक पड़ते हैं। "उनके बारे में आपकी क्या राय है?"

"सो तो नक्सली और फासिस्ट लोग हैं, जिन्हें तुम्हारी ही पीढ़ी सर पर उठाये है।" 'क' चाचा तनिक तलखी से कहते हैं। फिर उन्हें अपने गुरु की चेतावनी और अपनी आत्मिक गरिमा का ख्याल नरमा जाता है और वे कहते हैं कि

हाँ, कुछ बार ज़रा धर-पकड़ में ज्यादती हो जाती है। सो यूँ कि जो आर्डर लेने वाले छोटे अफसर होते हैं, बड़े दो कौड़ी के होते हैं (बाजारू मुहावरे की बाज़ारू दाद के लिए हमारी तरफ नजर प्रक्षेप) "पर जब तक करें न पड़ो, शासन नहीं हो सकता, ये पाठ हमें अंग्रेजों से भी सीखना ही होगा।" वे अँगड़ाई लेकर जिस्म तोड़ते हैं। अभी वे एक डेलीगेशन को लेकर लंबे विदेशी दौरे से लौटे हैं, उनके नैतिक कर्तव्य भार की थकावट अभी भी उनकी रगें चटखा रही है। "शालिनीजी, आपकी मिक्सी ले आया हूँ इस बार, कस्टम्स को चरका देकर, चलें अब।" सब लोग उठने लगते हैं।

"क्या हुआ? बड़ी जल्दी आ गयी? तुम्हारे तो महीने के आखिर से इम्तहान शुरू हैं ना? ड्राप करने का इरादा है क्या?" छोटा बात को घुमा-फिराकर कम ही कहता है। फिर उसने सूटकेस उठा लिया, मैंने बैग।

"नाऽऽहीं, वह तो नहीं। शायद इम्तहान ही पोस्टपोन हो जायें, पर पक्का नहीं।"

"वाह, तुम लोगों ने हड़ताल नहीं की क्या?" छोटका धम्म-से कोने में सूटकेस पटक देता है।

"क्या पत्थर भर लाती हो इनमें तुम!"

"सब कहाँ गये हैं इतनी सुबह?" मैं कूल्हे पर पसीना-पसीना गदेलियाँ पोंछती हूँ—"घर में एकदम सियार बोल रहे हैं। अम्मा-बाबू?"

"हॉस्पीटल।" छोटा बेमतलब मक्खीमार-से दो तीन वार अनदीखती मक्खियों पर करता है।

"ऐं?" आश्चर्य से मेरा मुँह शायद देहातनों की तरह खुल गया होगा। छोटा तुरत मुझे यह जानकारी भी दे देता है।

"पर क्यों गये हैं?"

"बीमार लोग कहाँ जाते हैं, मंदिर?"

चिड़चिड़ाहट में उसकी किशोर आवाज फट जाती है। मैं अचानक देखती हूँ कि उसकी नाक के नीचे उग रही हल्की रेखा के तले उसका चेहरा कितना डरा हुआ और कच्चा है।

"आखिर है कौन बीमार?" मैं तनिक मुलायमियत से पूछती हूँ। बचपन में उससे तनिक-सी ऊँची आवाज करके बोलते तो अम्मा की गोदी में मुंह छिपा-कर पिल्ल-से रो देता था। गावदी कहीं का।

"अम्मा बीमार है, और कौन! उन्हीं को तो शौक है चुपचाप ये सब रोग पालने का।" वह एक रिसाला उठता है, फिर झुंझलाकर फेंक देता है। "चाय

पीने का मन हो तो रुकना पड़ेगा। हरी बाजार गया है।"

"हुआ क्या है आखिर ?"

"पता नहीं, छाती पर शायद कोई गाँठ-सी मालूम होती थी, बायोप्सी को भर्ती हुई हैं। दो दिन हो गये। आजकल में टाँके कट जायेंगे, वैसे आज घर आ जायेंगी। बाबू-भैया लेने गये हैं।" छोटे ने फिर कुछ वार हवा में किये और नाक सिकोड़ी—"तुम नहा-धो क्यों नहीं लेतीं ? बकरी जैसी गँधा रही हो।"

मैं उसे आग्नेय नेत्रों से देखकर बाथरूम में घुस जाती हूँ। हमेशा छाँटकर नाटकीय मौका चुनेंगी अम्मा भी। हर एक काम के लिए। एक तो पढ़ाई की, इम्तहान की अनिश्चितता से सभी यूँ ही सनके हुए हैं, ऊपर से छाती पर गाँठ। मेरा साबुन फिसलकर पटले के नीचे जा घुसा। स्साले ! तेरी ऐसी की तैसी। दाँत पीसकर मैंने हाथ फैलाया। पटला पुराना था और ऊपर से साफ दिखने के बावजूद नीचे से पानी के लगातार स्पर्श से उसकी लकड़ी एकदम पिलपिली हो चुकी थी। नाखूनों से उसका कीचड़ धोते मैंने सोचा कि अभी बाहर निकलकर हल्ला मचाऊँगी। बस ऊपर-ऊपर की सफाई होती है इस घर में, भीतर चाहे जो गूदड़ पड़ा रहे। जहाँ आँख पड़े बस वहीं साफ करेंगे ! वाह ! क्या कहना ! तौलिये के लिए हाथ बढ़ाते ही मैंने पाया कि तौलिया तो बाहर ही छूट गया था। दाँत भींचकर मैंने बुलकारा—"छोटे—तौलिया !" कोई और वक्त होता तो कई मिनट सता-कलपाकर बेहद अहसान जताता हुआ एक हाथ तौलिया फट्ट से पानी में फेंक जाता। पर आज तौलिया चुपचाप हस्तांतरित कर दिया गया।

"क्या रिएक्शन हुआ ?" तौलिये से बाल रगड़ती, मैं छोटे से पूछती हूँ, सामने पड़े अखबारों में बजट की सुर्खियाँ हैं।

"हुँह," छोटे कंधे उचकाता है। "सभी को पता है वही फिर होने लगेगा। सिर्फ तमाशा ही तो है हर बार !"

"मान-लो कि फर्क पड़ा ? तब ?"

"अखबार पढ़ती हो कभी वहाँ ?" छोटे एक बेहद फूहड़पने से बनायी चाय की प्याली रख देता है—"पढ़ती होती तो शायद···" वह बात आधी छोड़कर बेहद गुस्से से पीठ खुजाने लगता है।

"नहीं, सच बताओ अगर तुम वोट दे सकते तो अब किसे देते ? यानि अगर दे सकते तो ?"

"क्यों बतायें आपको ?" कुछ देर को छोटे की आँखों में परिचित शैतानी चमकती है, फिर वह भेद-भरे ढंग से झुकता है—"पता है इस बात पर सब साले मुँह सिये हुए हैं। और तो और, हरी से भी पूछो तो टाल देता है।"

"मतलब ?"

"मतलब क्या ? अरे वोट का मतलब ही क्या रह गया !"

हम दोनों चुप हो जाते हैं। किसी भी चीज का साला क्या मतलब रह गया है ? अचानक मुझे लगा कि छुट्टियों में घर आना कतई बेमानी था। यानि कि अगर लौटने के लिहाज से देखो तो। 'गुड लक !' मैंने अपने-आपसे कहा, 'और दस दिन तुम्हें काटने हैं यहीं।'

बालों का गुच्छा उँगलियों पर लपेटकर कूड़ेदान में डालने को निकली ही थी कि कार रुकने की आवाज आयी, फिर दरवाजे खुलने-बंद होने की, फिर छोटे का ऐलान—"सुधा आ गयी।" तब तक मैं भी बाहर थी। अम्मा वैसी ही लग रही थी। सिवा इसके कि बिंदी नहीं लगी थी और बाल उड़े-उड़े-से थे जिनसे चेहरा कुछ थका-थका-सा लगता था, बस।

"कब आयी ?" अम्मा ने कंधे पर हाथ रखा। "तार कर दिया होता। स्टेशन से घर कैसे आयी ?"

"इंजन ड्राइवर पहचान का था, ट्रेन घर तक ले आया।"

"इस लड़की की जुबान तो···" अम्मा की बात आधी शिकायत और आधी हँसी में हमेशा की तरह अटक जाती है। वे मुझे बाँहों से ऐसे घेरती हैं, जैसे मुझे नहीं मेरे द्वारा बनाये गये स्पेस का आलिंगन कर रही हों।

"तुम कब आये ?" मैं भैया से पूछती हूँ।

"दो-तीन दिन हुए," उड़ता-सा जवाब देकर वे बाबू के साथ सामान उतरवाने लगते हैं। सामान से, अम्मा से, बाबू-भैया, सबसे मुझे अचानक अस्पताल की गंध आने लगी है। थकी-बीमार। बुझी-बुझी।

एक थर्मस लुढ़कता है।

"टूट गया क्या ?" भीतर घुसती अम्मा पूछती है—"एकदम नया था।" थका हुआ अभियोग-भरा सुर।

"धीरे-धीरे निकालो यार," बाबू भीतर जाते-जाते कहते हैं। भैया का चेहरा तनता है, अस्पताल की गंध और तीखी हो जाती है।

"पूरे छब्बीस रुपये सत्तावन पैसे का है। समझे गावदी ?" भैया छोटे से कहते हैं।

"सेल्स-टैक्स अलग," छोटके जोड़ता है। "वह भी पहले का लिया था, आज तो···" दोनों हँस पड़ते हैं। अम्मा भीतर लेट गयी हैं। "चाय पियोगी ?" मैं पूछती हूँ।

"नहीं, जी नहीं है, पहले नहाऊँगी, फिर।" अम्मा आँखें बंद कर ऊपर हाथ रख लेती हैं। मैं उठकर बाहर आ जाती हूँ। लावारिस और फालतू। बाहर छोटा मेरे बैग से मेरी लायी किताबें उलट-पलट रहा है, मैं चिचियाकर उससे भिड़

पड़ती हूँ कि बगैर किसी से पूछे उसका सामान खगाल डालना कहाँ की शराफ़त है ? कोई चिथड़ा भी प्रायवेट नहीं इस घर में। हर चीज सार्वजनिक संपत्ति है। मैं गुस्से से फ़ेड आउट कर जाती हूँ। छोटा किताबें पटककर उठ खड़ा होता है। फिर हवा में तीन-चार खाली वार 'जूड़ो' के करके बाहर चला ज़ाता है। अब वह वे किताबें कभी नहीं लेगा, हालाँकि लायी तो मैं उसी के लिए थी।

बाहर बाबू अखबार पढ़ रहे हैं, मैं भी खिसियाई-सी बैठ जाती हूँ। "इम्त-हानों का क्या हिसाब है ?" वे न्रर्माई से पूछते हैं, ढीले-ढाले से। मुझसे बातें करते वक्त उनका दिमाग हमेशा कहीं और रहता है। मैं कुछ पिटा-सा जवाब देकर रिसाला उठा लेती हूँ, बाबू अखबार की सुर्खियों में लौट जाते हैं।

"टैक्स तो कुछ घटे हैं इस बार !" मैं सप्रयास जमुहाई छेंकती हूँ।

"हूँ, देखो क्या होता है !" बाबू जैसे अखबार की ही खबर पढ़ रहे हों।

तभी धाड़-से दरवाजा भेड़ता छोटा आता है।

"यार, ज़रा तमीज से दरवाजे भिड़ाया करो।" बाबू तल्खी से अखबार झटकारते हैं, अखबार के कोने में गोभी के फूल जितना फूल जूड़े में लगाये एक हसीना टेलीविजन बेच रही है। हमारे शहर में अभी टेलीविजन भी नहीं चालू हुआ है। गये साल एक सतर मिलीमीटर के पर्दे का सिनेमा घर भर बना है जो अभी तक शहरवासियों के लिए ताजमहल का दर्जा रखता है। हाये, कैसे कटेंगी छुट्टियाँ, मैं फिर जमुहाई दाबती हूँ। पहले तो हम दिन काटने को ढेरों सनीमा देख डालते थे, छुट्टियों में, फिर हर बार एक नया रोल लेकर घर में दाखिल होते। कुछ देर को वे नये डायलॉग, नयी मुद्राएँ भँजाते हुए। हम सब पैदायशी एक्टर थे ही। पर्दा खोलते, भँवें उठाते, कंधे उचकाते हम सब दर्शकों की आँखें अपने पर महसूस करते रहते। बाबू को यह पसंद नहीं था। उनका कहना था कि जीवन में या तो आप सफल होते हैं या असफल। दर्म्यानी चीज कोई नहीं होती। सो बातों को गंभीरता से लो और अब बचपना छोड़ दो। जितनी जल्दी हो सके। पर हम जानते थे कि उनका यह गुस्सा भी हमारी मुद्राओं की तरह अंततः एक मुद्रा ही थी। मुझे बाबू पर लाड़ उमड़ आया।

"अरे भाई, पेशेंट कहाँ है ?" प्यार से पानी-पानी हुआ जाता मेरा दिल तलवों तक खिसक जाता है। मारे गये बेमौत, फलों का बैग उठाये 'क' चाचा नमूँदार होते हैं।

"आओ यार !" बाबू अखबार डाल देते हैं, मेरे भीतर खतरे का घड़ियाल टनटनाते लगता है, भाइयों को चेताना होगा ! आज इतवार है न, अभी बाकी लोग भी आ धमकेंगे, गये काम से !

"कहाँ है भाभी ?" चाचा सुर धीमा क़रते हैं।

"सो रही है शायद।"

"सो नहीं रही है, नहा रही है।" छोटे की किरमिची किशोर आवाज आयी।

"अरे छोटे ! भाई, ज़रा इधर तो आना।" 'क' चाचा अर्थपूर्ण ढंग से बाबू को आँख का इशारा देते हैं—"हम भी तो मिलें अपने एंग्री यंग मैन से, सुना आजकल बहुत मार्क्सवादी हो रहे हैं कुछ लोग।"

"छोटेऽऽ !" बाबू की रौबीली हाँक से मेरे भीतर कुछ खिचकर दूर तक घिसटता, विमुख होता चला जाता है। नेपथ्य में कोई हलचल नहीं।

"क्या उम्र है यार, हम तो अपने घर में बेगाने हो गये। कल के छोकरे हैं और हमसे ऐसे पेश आयेंगे जैसे कि हमारे चचा हों। एक हमारे बड़े साहबजादे हैं, जिन्हें जमाने-भर के बुजुर्ग दुश्मन लगते हैं, कभी हम-तुम भी नौजवान थे यार पर ऐसी भी क्या···" बाबू की मुद्रा अब प्रताड़ित पिता की है। सिर्फ उनके बदन पर साटन का ड्रेसिंग गाउन और मुँह में सिगरेट-भर नहीं है, वर्ना एकदम हिंदी फिल्मों के बाप लगते, अभिनय क्षमता की एमेच्यौर स्तर पर भी कमी नहीं, मानना पड़ेगा। क्या चुटीले संवाद, क्या भंगिमाएँ, वाह !

मैं पैर घसीटती हुई भीतर चल दी। शुरू हो गया था फिर से वही सब। मुझे लगा कि शायद मुझे रो पड़ना चाहिए। पर मैंने खूब जोर से ट्रांजिस्टर पर विविधभारती की सुई लगा दी। यह जानते हुए कि···

सुबह मैंने आहिस्ता से बगल में अलसाते घर को उठाया, परखा, खन्न से फेंका, गोंच लिया, अब वह मेरी गदेलियों पर चित पड़ा था। शांत और चपटा होकर। दुबारा उछाले जाने की आशा और आशंका के दरम्यान। मैंने उसे वापस धर दिया और सर तक चादर खींच ली। अभी बहुत जल्दी थी, और उठकर करना भी क्या था ? हमारे शहर में देर तक सोनेवालों की नितांत कमी है। हो भी क्यों नहीं ? शाम सात बजे सड़कों पर सोता पड़ जाता है, और रात दस बजे तक तो ऐसी बज्जर चुप्पी छा जाती है कि उस दम शहर को मूस भी उठाकर ले जाँय तो पता नहीं चले। पर यह नहीं कि यह सिर्फ रात के लक्षण हैं। चरम जागृति के दुपहरी क्षणों में भी हमारे यहाँ हर चीज समुद्र-तले की वनस्पतियों की तरह एक ऐसी अलस तंद्रिलता से लहराती हुई बढ़ती है जो किन्हीं लोगों की नजरों में काव्यात्मक हो तो हो, पर अगर आपकी अठारह साल की उम्र कुम्मैत घोड़े की तरह आपके जिस्म के भीतर छूट भागने की जमीन खूँदे जा रही हो तो पागल बना देने की हद तक खिझा जाती है। अपने को बहुत उदार समझनेवाले हमारे माँ-बाप जैसे लोग कहेंगे कि जाओ, ज़रा घूम-घाम आओ। पर सवाल उठता है कि कहाँ ? कहाँ ? कहाँ ? इस शहर के समृद्ध नौजवानों की शौकीनी का चरम लक्ष्य

यह कि सॉफ्टी आइसक्रीम खाने सिविल बाजार चल दिये और वहाँ उसे अंग्रेजी नाम वाले रेस्तराँ की अँधेरी मनहूसियत में जा धँसे जहाँ हमेशा कच्चे प्याज और भुनी सौंप की अफरा देने वाली गंध बसी रहती है, और शोरबे के दागों से भरा बूढ़ा वेटर आर्डर देते ही मीनू आपके हाथों से झपट ले जाता है। या कि फिर वही सड़क किनारे नितांत मनहूस किस्म की चुहलबाजियों में मुब्तिला हो खरामा-खरामा दुकानों के विस्तार के आगे टहलते रहो—चप्पलें, प्लास्टिक के चमकीले और गैरजरूरी उपकरण, भड़कीली साड़ियाँ, रजाई की फर्द से ढँका खादी आश्रम और अंत में केमिस्ट की लट्टुओं में जलती-बुझती दुकान ! धत्त !

दिन एक विराट जमुहाई की तरह जबड़ा फाड़े सामने खड़ा था, और हम आँखें चुरा रहे थे।

आँगन में अभी धूप अच्छी लग रही थी। बाद को शायद तेज हो जाती। अम्मा पूछती हैं कि हम सबने ठीक से नाश्ता किया कि नहीं और आश्वस्त होकर मेरी लायी किताब फिर पढ़ने लगती हैं। उन्हें इस उमर में भावविह्वल होकर अंग्रेजी रूमान पढ़ते देखकर राजा ययाति की तरह हमेशा मेरे बाल सफेद हो जाते हैं—"अच्छी किताब है," वे मुस्कराकर मेरी परख की दाद देती हैं। हाय री विडंबना, मानव-जीवन की अबूझ प्रहेलिका, हाय ! फिर हमेशा की तरह वे अपना यक्ष-प्रश्न दुहराती हैं कि हिंदी में ऐसा रूमान क्यों नहीं लिखता कोई ? यह नहीं कि हमारे यहाँ सामंती परंपरा नहीं, या रोमांस का अभाव हो—हँ ?

मैं फट पड़ती हूँ।

कुछ इस तरह की बात कह कर कि—'न कहीं आयेंगे न जायेंगे, न अपनी उम्र के लोगों में उठेंगे-बैठेंगे तो दिन-भर बड़ों से जुबान लड़ाने के अलावा सूझेगा भी क्या, ठीऽक है, हम लोग कितने दिन के हैं, माँ-बाप होने का दंड तो भुगतना ही है—' अम्मा लेट जाती हैं, कमरे में चिलकता दिनभर गया है, भैया और छोटा एक-एक कर जादुई बौनों की तरह अलोप हो जाते हैं, बाकी बची मैं—हमेशा की तरह।

टर्र ! टर्र ! बाहर फोन बजा। मैंने उठाया, बुआ का था, वे अम्मा को पूछ रही थीं—"अम्मा लेटी हैं," मैंने कहा। "क्या तबियत ठीक नहीं ?" वे पूछती हैं। "हाँ," मैं कहती हूँ। "अरे क्या हुआ ?" वे पूछती हैं। "कुछ खास नहीं, छाती पर एक 'ग्रोथ' थी, उसे निकाला गया है, बयोप्सी से।" "कुछ रिपोर्ट आयी ?" उनका सुर चिंता-जिज्ञासा, कुतूहल, उत्तेजना से ऊँट के थोबड़े की तरह बलबला रहा था। "नहीं, अभी मालूम नहीं, कल-परसों तक रिपोर्ट आयेगी।" मैं कहती हूँ। "देखो, एक शहर में रहते हैं, पता ही नहीं चलता—वो तो मैं ही कभी फोन कर लेती हूँ तब कुशल मिलती है, तुम्हारे यहाँ से तो कोई फोन करता नहीं। यही पता नहीं था कि तुम लोग आये हो।" चुप्पी। "अच्छा आना फिर। आशीष,

निशा तुम लोगों को याद करते रहते हैं।" "अच्छा!" मैं भली भतीजी के सुर में कहती हूँ और फोन रख देती हूँ।

बुआ के घर से हमारे घर तक एक चिलकता-संभ्रांत-सशंक विस्तार है जिसमें असंख्य उपालंभ, बतकहियाँ, सामाजिक बुलावे और खानदानी किस्से फटी पतंगों की तरह लटके फड़फड़ाते रहते हैं। हमारे परिवारों के बीच प्रेम और सशंक हिकारत का जायज अनुपात क्या है हमारी समझ में अभी तक आया नहीं, पर हाँ सामाजिक अवसरों पर आत्मीय मेलजोल की औपचारिकता जरूर कायम है।

"किसका फोन था?" अम्मा आकर बाहर बैठ गयी थीं।

"बुआ का।"

"नाराज थीं क्या?"

"पता नहीं, हो भी तो तुम्हें क्या मतलब?"

"अरे तुम नहीं जानती, जरा-जरा-सी बातों से ही तो—"

अम्मा की आवाज में औरताना बतकही का भरपूर गद्देदार फैलाव था। उन्होंने गूढ़ अध्यात्म से यह बात जोड़ने को एक सुरसुरी साँस भी खींची, पर तब तक मैं उछलकर उन्हें फलाँग गयी थी।

"अरे छोड़ो, जिस-तिस को लेकर क्यों परेशान होती हो। अपनी तबियत खराब करोगी और!" मैंने किताब उठा ली।

"इम्तहान कब तक शुरू होंगे?"

"पता नहीं।"

"कुछ तो खबर होगी ही।"

"मुझे नहीं मालूम बाबा! पर्चे तो जितने खराब होने हैं, होंगे ही।" अम्मा हँसने लगी—"आज तक कभी तेरे पर्चे बिगड़े भी हैं, जो अब खराब होंगे...।"

"कोई गारंटी है क्या?" मेरे भीतर फिर भद्दे दाँतदार बनैले जानवर मँडराने लगे थे—"या तुम्हारे मुन्ना चाचा के ग्रह-नक्षत्र चाचा इस तरफ भी रक्षा कर देंगे?"

अम्मा इस वक्त झड़प के मूड में नहीं थीं, सो टाल गयीं। "तुम न भी मानो पर मुन्ना कहते हैं कि बुद्धिबल तो हमेशा ही—"

"मान लो सिर्फ मुन्ना चाचा की भविष्यवाणी उलटी साबित करने मैं फेल हो जाऊँ तो? बोलो, इसे रोक सकती हो?"

अम्मा कतई झगड़े के मूड में नहीं हों तो नारदमुनि भी उन्हें नहीं लड़वा सकते। वे फिर हँसने लगीं।

"क्यों बेकार सुबह से लड़ने का मौका ढूंढ़ रही है, कहीं हो आ न! इतनी पुरानी सहेलियाँ हैं, कोई भी छोड़ आयेगा!"

"बोर हैं ससुरी सबकी सब!" मैंने गुलेल की तरह अपने को खींचा और

लद्द-से तखत पर गिर पड़ी।

"मैं बताऊँ अम्मा, तुम मेरी शादी कर दो।" मैं बेहद संजीदगी से टाँगें नचाने लगी। "हमारी माँगें कुल चार हैं। एक—खूब अच्छे स्वभाव का हो, कभी भी गुस्सा न करे। दो—इकलौता लड़का हो ताकि नंद-फंद का द्वंद्व न हो। तीन— शकल सूरत से ठीक-ठाक हो। और चार—दिमाग का भुस।" भैया प्रकट हुए—"इतना पढ़-लिखकर भी माँगोगी वही औरतों की पत्रिकाओं वाला चौड़ा चकला बनमानुस ! आह !"

मैंने लात चलायी, जो नहीं लगी। बहुत दिन के बाद हम सब हँस रहे थे। मैंने भीतर दूसरी जोकरी मुद्रा खुश होकर तलाशी, पर खुशी स्थायी हो कैसे सकती थी इस घर में ? तभी टर्र ! घंटी बजी। लो ! मौसियाँ आ पहुँची थीं। बच्चों, चाभियों, टोकरियों और सहानुभूति से लदी-फँदी। हमने अपने आपको तुरंत तहा लिया और इधर-उधर होने की सोचने लगे।

"आज ज़रा घर में रौनक-सी दीख रही है।" मालिनी मौसी बैठ गयीं। शालिनी मौसी अपने पिनकते बिगड़ैल बेटे को अंग्रेजी में डाँटने लगीं।

"सुधा, ज़रा बाहर स्कूटर वाले को पैसा तो दे आ।" मालिनी मौसी ने पर्स खोला।

"क्यों, कार क्या हुई ?" अम्मा शालिनी मौसी की बेटी को सहला रही थीं।

"अरे कार की क्या पूछती हो ? पुरानी गाड़ी है, हर छठे दिन गैरिज में—और फिर कभी दो सौ से कम बिल नहीं आता। हम तो सच मारे गये इस महँगाई में।" छोटे और भैया समझदारी से पहले ही स्कूटर को पैसा देने फूट लिये थे। मैं फँसी हुई इधर-उधर ताकने लगी।

"शालिनी, तेरी आया ने क्या कुछ तै किया फिर, रहेगी कि जायेगी ?"

अम्मा के पूछने की देरी थी कि शालिनी मौसी का थमा फौवारा फूट निकला। इस वक्त उन्हें देखकर कोई नहीं कह सकता था कि कभी अपने जमाने में वे भी एक जहीन दिमाग रखती रही होंगी और सुबह तीन बजे का अलार्म रख कर ई० एम० फोर्स्टर पर नोट्स बनाती···अब तो मालिनी मौसी के कड़वे वैराग्य, मुन्ना चाचा के नक्षत्रों और 'क' चाचा के मजाकों ने उन्हें इस कदर डरपोक और पिलपिला बना दिया था कि वे अभियोगों और आँसुओं से लस्त एक चपटा आकार-भर बनकर रह गयी थीं। भैया का कहना था कि उनके चोट भी लगती हो तो उसमें से खून के बजाय आँसू निकलते होंगे। च्च च्च च्च ! इस वक्त भी प्रसंग की प्रासंगिकता की रक्षा करती हुई माँ और मालिनी मौसी उनके चारों ओर डैने फैलाये मुर्गियों-सी, सांत्वना देती अंग्रेजी में कुड़कुड़ाने लगीं—

"बेचारी, बड़ी परेशानी है इसकी भी—"

"वही तो, छोटे-छोटे बच्चे और मदद के नाम पर कोई नहीं।"

"कैसे लाड़ से पली थी बेचारी।"

"सच में सोसायटी तो बदल रही है वैस्ट की तरह, पर वहाँ की कोई भी सुविधा यहाँ घर की औरत को नहीं।"

"और परेशानियाँ वही, ऊपर से महँगाई।"

मैं किताबें समेटकर उठने की फिराक में थी कि शालिनी मौसी ने, जो अब तक अपने दैनंदिन स्यापे से फारिग तथा पारिवारिक संवेदना से तृप्त हो चुकी थीं, रोक लिया—"कहाँ चल दीं—बैठो न !"

"पढ़ना है।"

"अरे, रोज-रोज का ऐसा भी क्या पढ़ना ? हम लोग कोई रोज-रोज थोड़े ही आते हैं।"

"बैठो भी, हरदम पढ़-लिखकर ही क्या करना है ?"

"और क्या ?" शालिनी मौसी की खतरनाक ढंग से डबडबाई आँखें, सुदूर क्षितिज पर टँग जाती हैं। तीन साल पहले उन्होंने दबी इच्छा व्यक्त की थी कि वे सोचती हैं, प्रायवेटली पढ़ाई पूरी कर दें, पर मुन्ना चाचा की भृगुसंहिता में उन पर शनि की महादशा का अंतिम चरण चल रहा था, उसमें नये काम में हाथ डालना ठीक नहीं होता। फिर पति की सुविधा, फिर बड़े बच्चे के लिए भरोसेदार आया ढूँढ़ने का सवाल ! 'क' चाचा की राय ली गयी तो उन्होंने गुरु-गंभीर सुर में कहा कि हर औरत का पहला नैतिक कर्तव्य पति-बच्चों और सास-सुसर की सेवा हो जाता है, इसमें चूक नहीं होनी चाहिए। वाह, क्या समझ है ! अम्मा गद्गद हो गयी थीं। शादी नहीं की तो क्या ? व्यावहारिकता की कैसी पूरी समझ है चाचा को, छोड़ो यह सब कुछ। बहुत है भगवान का दिया, तुम्हें जरूरत भी क्या ? फिर तभी शालिनी मौसी के पेट में दूसरा बच्चा आ बैठा और बात इधर-उधर हो गयी।

मैं फिर उठती हूँ।

"बैठो न !" मालिनी मौसी का सदाशय प्रेम मुझे चटखा जाता है।

"दुबली हो रही हो इस बार !" वे हर बार की तरह कहती हैं। "पढ़ाई बहुत कर रही हो क्या ?" नहीं, ऐसा तो नहीं, कुछ इस तरह की बात मैं कहती हूँ, पर मालिनी मौसी की रुचि अब मुझमें नहीं है। "सच जीजी, मैं तो अपने इस बढ़ते वजन से तंग आ गयी—" वे अम्मा से कह रही हैं। अम्मा हमेशा की तरह प्रतिवाद करती हैं कि ऐसा कहाँ ? तब तक शालिनी मौसी को भी अपने बढ़ते वजन का खयाल आ गया है। फिर वे अंग्रेजी की किसी गृहोपयोगी पत्रिका में छपे वजन घटाने के नुस्खों की चर्चा करने लगती हैं। मैं सप्रयास जमुहाई रोकती हूँ—"अब किस क्लास में है पिंटू ?"

शालिनी मौसी दोनों हाथों से भकाभक दालमोठ मुँह में ठूँसते अपने पुत्र पर एक करुण दृष्टिपात करती हैं—"थर्ड में है।"

"क्या-क्या पढ़ते हो पिंटू"—मुँह से बात निकलते ही मुझे अपने प्रश्न की सदाशय निरर्थकता चुभती है। यही प्रश्न घर के हर बड़े ने घर के हर बच्चे से कभी-न-कभी पूछा होगा, और शायद ही कोई बच्चा इसका जवाब देना चाहता होगा।

"जीजी को बताओ न, वह उत्तर का इंतजार कर रही हैं—" शालिनी मौसी अंग्रेजी में कहती हैं। अपने बच्चों से हमेशा जहाँ तक याद रहे वे अंग्रेजी में ही बोलती हैं। पिंटू चुपचाप खाता रहा। मैं होती तो मैं भी यही करती। शाबाश बच्चे! तुम्हारे लक्ष्य ठीक-ठाक हैं अभी तक!

"स्कूल अच्छा है?" मैं प्रश्न माँ की ओर मोड़ती हूँ। मेरे उत्तर पाने से पहले एक झन्न की आवाज के साथ दालमोठ की प्लेट फर्श पर गिरकर टुकड़े-टुकड़े हो जाती है। पिंटू भय से जड़ खड़ा है। विद्युत गति से उसकी माँ दो तमाचे देती है। "यू स्टूपिड ऐस!" "स्टूपिट योरसैल्फ!" पिंटू रोते-रोते चिल्लाता है। शालिनी मौसी भी चीखते-चीखते रो पड़ती हैं फिर अम्मा और मालिनी मौसी, कुछ-नहीं-हुआ-बच्चा-ही-तो-है, से माता को, और-अभी-इत्ती-बड़ी-प्लेट-दालमोठ-देंगे, से पुत्र को एकसाथ चुपाने का निष्फल प्रयास करने लगतीं हैं—नेपथ्य से छोटा भँवें उचकाकर मूक इंगित से पूछता है कि अब क्या हो गया? वैसे यह नयी बात नहीं, न ही सचमुच इससे किसी का कुछ होता-हवाता है। यह छोटे-छोटे वाकये भी इस शहर की ठस जिंदगी न खलबलायें तो ये उकताई माँयें पागल न हो उठें? हरी दालमोठ की दूसरी प्लेट और कुछ मीठा रखकर किर्चें बटोर ले गया है, एक अंतिम आग्नेय दृष्टि अपने बच्चों पर डालकर शालिनी मौसी फिर सामान्य हो चली हैं। बात महँगाई पर उतर आयी है। पूरा नहीं पड़ता, ऊपर से रिश्तेदारों की आवत-जावत और अंग्रेजी स्कूलवालों की माँगें—आज फलाँ सेंट का उत्सव है तो आज पोप का जन्म-दिन है—और हिंदी स्कूल ऐसे हैं कि दो वाक्य अंग्रेजी के सही नहीं बोल सकता उनका प्रिंसिपल भी! बच्चों का भविष्य तबाह करना हो तो वहाँ भेजो! काश, हम इनको बाहर कहीं हॉस्टल भेज सकते! उनके वक्तव्य का कथित सुर अम्मा का कलेजा हिला जाता है—फिर वे नर्माई से समझाने लगती हैं कि ईश्वर जो है उस पर भरोसा रखना चाहिए, यह जीवन जो है एक आलमारी है, देर-सवेर इसके सभी खाने भर ही जायेंगे। बस धीरज रखो! बाकी तो सब माया-जाल है—मन का विवेक और आत्मा की शुद्धि—मैंने कान बंद कर लिये हैं और झटके-से उठ खड़ी होती हूँ—"पढ़ना है।" मैं भुनभुनाती हूँ। भैया और छोटे गायब हैं। दगाबाज कहीं के! हुँह! जीवन एक आलमारी है! आज का विचार—'थॉट फार द डे।'

"क" चाचा भी दीवानखाने में आ गये थे शायद। हम पारिवारिक आवाजों को फड़फड़ाते अखबार के नीचे दबाते हैं, पर कान हम तीनों के उधर ही लगे हैं। अखबार में बेतहाशा खबरें छपी हैं—अल्पसंख्यकों के अधिकार, जनता का हाहाकार, महिलाओं का चीत्कार, संघर्ष की पुकार—सामुदायिक खर्च, पूँजीनिवेश। बजट-बजट-बजट ! वहाँ वे लोग भी शायद इसी के चर्चे कर रहे हैं। अम्मा कहती हैं कि मुन्ना चाचा अगले दो साल तक देश के नक्षत्रों की स्थिति में कोई परिवर्तन नहीं देखते। नहीं देखते कि नहीं चाहते ? हूँ ? बोलो ! पर, अम्मा बात बढ़ाती हैं, विकल्प ही क्या है देश के पास ? फिर वे कुछ रुककर अपने गुरु-गंभीर स्वर में चार हजार पाँच सौ छप्पनवीं बार अपने जीवन-दर्शन का रुपहला ज्ञानमुक्ता दिखाती हैं—"तोड़ना तो बहुत आसान है, पर मैं पूछती हूँ कि जो हमारी यंगर पीढ़ी तोड़े जा रही है, तोड़े जा रही है, उसे 'रिप्लेस' किससे करेगी ? यानी एक हमारी संस्कृति है, एक मर्यादा है, एक…"

"अब यह पीढ़ियों का टकराव तो एक चक्र-सा है," एक थकी आवाज कहती है—"चल गया चल गया—रुकना तो मुश्किल है इसका। सवाल है कि क्या कुछ तरक्की हुई है ? देखकर तो"—"नहीं नहीं ऐसा नहीं।" सरकार के वफादार ताबेदार गंभीर स्वर देश के स्वर्णिम सामुदायिक आँकड़े दे रहे हैं—"जो हड़तालें स्थगित हुईं, जो उत्पादन बढ़ा, जो जनसंख्या में घटती हुई, जो हिंसा और गुलगपाड़े में कमी हुई, उसकी कन्दीलें देश के अँधेरे में कैसे जगमगा रही हैं। बताओ ! अगर ऐसे लोग न होते तो कभी तुम लोगों को इतना मालूम हो सकता था क्या ? कि सरकार बहादुर अपनी प्यारी अवाम के लिए—"

"अब ऐसा है भाभी"—जभी 'क' चाचा की नक्की आवाज उभरती है—"कि अपने-अपने दृष्टिकोण की बात है। मेज पर एक अधभरा गिलास हो तो आप यह भी कह सकते हैं कि यह तो आधा भरा है या यह तो आधा खाली है पर अब आजकल आपका-सा सरल और आस्थावान् अपने देश में बिरला ही होगा जो कहे कि गिलास तो आधा भरा है। ज्यादातर तो यही कहेंगे कि यह तो खाली है। क्यों सा'ब, क्या मैं कुछ गलत कह रहा हूँ ?" एक चिपचिपा और गाढ़ा अनुमोदन शहद की धार की तरह कमरे में फैलता है। 'क' चाचा कुछ रुककर फिर बोलने लगे हैं—"हमारे गुरुजी का कहना है कि जीवन एक मुट्ठी है।"

क्या दिन आये हैं ! जीवन न हुआ जादूगर का रूमाल हो गया। कभी सुसरा आल्मारी बन जाता है तो कभी मुट्ठी !

"जितना इसे कसकर बंद रखोगे उतना ही भीतर से खाली रहेगा, जितना फैलाओगे उतना ही भरेगा ! क्यों भाभी ?" फिर बात उनके गुरु के गहन इंद्रियातीत ज्ञान और रहस्यवाद की ओर मुड़ जाती है।

"किसी ऐसे-वैसे नहीं, रॉयल खानदान के हैं गुरुजी। पर सा'ब, मानते हैं

अपने ईस्टर्न रहस्यवाद का लोहा हम भी ! पच्छिम में रखा ही क्या है ? बस अनाप-शनाप भौतिकता···"

"वही तो मैं भी कहती हूँ, रुपये-पैसे से क्या होता है ? असली चीज तो आत्मा की शांति है।" अब महँगाई के चर्चे लुप्त हो गये हैं, गहन अध्यात्म एक अगरबत्ती की तरह हर सडाँध को ढकता महक रहा है। कोई कहता है कि अंग्रेज तो अब पिटी हुई कौम है साहब ! उनके दिन तो गये ! कोई तुरत चेंपी देता है कि अमरीका भी अब रोमन साम्राज्य की तरह पतन के कगार पर है—उन पर अपने कर्मों का वज्र शीघ्र ही गिरेगा ! इटली भी तो ! जर्मनी भी तो ! जापान भी तो !

"साऽब, भौतिकता की तो हार होनी ही है ! अंत में रह जायेगा सिर्फ प्रेम और विश्वबंधुत्व !" 'क' चाचा कुछ चुभलाने के लिए रुकते हैं—

"पिछले दिनों जब मैं फ्रांस में था, एक बूढ़ी मुझसे लूव्र में कहने लगी कि उसकी दिली तमन्ना है कि वह अगला जन्म यदि ले तो भारत में ! दुनिया की समस्याओं का हल अगर अंततः कहीं से निकलेगा तो इसी तीसरी दुनिया से !" बाबू की नपी-तुली आवाज अंग्रेजी में कहती है—"विकासशील देश ही दुनिया की आर्थिक व्यवस्था सँभालेंगे और नयी मूल्यव्यवस्था देंगे। यह याद रखना !"

इतनी भारी-भरकम उद्घोषणा के बाद कुछ देर कमरे में सन्नाटा रहता है—फिर हरी कुछ गर्म ले आता है और बातचीत नये जोश से फूट निकलती है—"अंग्रेजी तो आप हटा ही नहीं सकते," मालिनी मौसी अपना प्रिय मुद्दा दोहराती हैं—"आज जब बाहरी शिक्षा से जुड़ने की एकमात्र कड़ी अंग्रेजी है तो आप उससे विमुख हो जायें, ये कहाँ का न्याय है ?" "राजनैतिक प्रोपेगैंडा है जी सब !" उनके पति तल्खी से दोहराते हैं—"इन सब हिंदी-प्रेमियों के बच्चे किन स्कूलों में पढ़ते हैं, ज़रा यह तो पूछकर देखो !"

"और, तहजीब तो बिल्कुल इन हिंदी स्कूलों में नहीं," शालिनी मौसी अंग्रेजी में कहती हैं। उनका बेटा अभी दो प्लेट पकौड़े, अनेकानेक टुकड़े मिठाई के व चार थप्पड़ खाकर सोया है !

फ्राड्स ! बड़े भैया तल्खी से अखबार पटक देते हैं। हरी आकर कहता है कि माँजी हम तीनों को चाय पीने को वहीं बुला रही हैं।

"कह दो हम यहीं पियेंगे।" बड़े भैया मेरी बाँह पकड़ लेते हैं—"ठहरो, तुम नहीं जा सकतीं।"

"ठहरो, यह शादी नहीं हो सकती।" छोटे गंभीर चेहरा बनाये दुहराता है। हमारी हँसी छूट जाती है।

हरी शायद भरी सभा में हमारे निमंत्रण को अस्वीकार करने की बात कह रहा है—अचानक वहाँ सन्नाटा छा जाता है। हम तीनों बर्र की तरह डंक चेताये

तैयार हैं । कुछ देर फिल्म के 'स्टिल' की तरह सब आधा-अधूरा टँगा रहता है, फिर प्यालियों की खनखनाहट के साथ बातचीत चल निकलती है—

"फैशन है फैशन···" कोई कह रहा है। "बस भेड़-चाल है जी ! कोई आदर्शवाद वगैरा नहीं रह गया, सब पश्चिमी पढ़ाई···, एक हमारा भी जमाना था, अंग्रेजी हमने भी पढ़ी थी, पर यह थोड़े कि अपनी संस्कृति···कैपिटलिज्म··· सिनिसिज्म···मर्यादा । ऊँच-नीच की समझ···अनुभव ज्ञान···"

'क' चाचा अपना आचार्यत्व भरा गला खँखारते हैं। कमरा विराट उद्घोषणा के इंतजार में चाय-पकौड़े-तिलकुट और मठरियाँ चुभलाता है—"दरअसल बात ये है," 'क' चाचा कहते हैं, "कि आजकल की युवा पीढ़ी के ढोल में एक बहुत बड़ी पोल है, (सामूहिक हास्य) वह यह कि उनका कोई दर्शन नहीं, अगर कोई है तो यही कि हर कोई अपनी फिक्र करे । माँ-बाप, भाई-बहन जायें कहीं भी, उन्हें क्या ? देश, धर्म, संस्कृति इनके लिए कुछ नहीं ! क्यों भाई सा'ब, कुछ गलत कहा मैंने ?" अब शमा मालिनी मौसी के पति के सामने है, वे, जैसा कि उनकी आदत है, तुरत थाली के बैंगन बन जाते हैं । लुढ़कने को तत्पर—"अजी एकदम लाख टके की बात है। हम तो मालिनीजी से कह ही रहे थे हाल में ही, कि बेहतर हो कि अब हम लोग वे बुढ़ापे की लाठी वाले अरमान भूल जायें । इन बच्चों का माया-मोह ही तो सारे कष्ट की जड़ है । आज हमें यूँ कलपा रहे हैं, कल जब हमें जरूरत होगी तो ये उड़नछू ! यार, तुम्हीं निकले समझदार कि शादी-ब्याह-बच्चों का जंजाल नहीं पाला । क्या कहते हैं उसे कि क्या नाम, जोरू न जाता, अल्ला मियाँ से नाता ।"···प्यालियाँ फिर खनकने लगती हैं । झन्न ! कुछ गिरता है । छोटे ने कुछ गिराया शायद ।

अचानक मुझे लगता है कि हमीं निरे गावदी थे, अरे कतई मूर्ख थे हम, जो इतने अर्से से अपने निरीह माँ-बाप को ही कोसते रह गये । असली दुश्मन तो हमारा आज नकाब उतारकर सामने आया है । यह भेदिया-गेस्टापो 'क', जो खुद को पारिवारिक जिम्मेदारियों से बचाने को शतुर्मुर्ग की तरह अपनी खुर्राट गर्दन गुर-चरणों में रोप देता है, और अपने गुप्त अरमानों का भद्दा जेबी संस्करण लिये ताक में छिपा रहता है कि ज्यूँ ही अँधियारे गलियारों में से कोई घबराया हुआ माँ-बाप का जोड़ा नमूदार हो, उसे उनकी छाती पर तानकर पूछे—कि क्या तुम सच में अपने बच्चों के प्यार में यकीन करते हो ? विश्वासघाती, नीच, परमात्मा का कुत्ता, जब कि देश के सत्तर प्रतिशत किसान भूखे पेट गुजारा कर रहे हों, यह अपने पाखंडी गुरु को सरकारी अनुदान से उत्तम नस्ल के आस्ट्रेलियाई साँड और जर्मन ट्रैक्टर दिलवाता है ! इसी के हाथों में उन तमाम खिसियाई बिल्लियों का शिखर नेतृत्व है जो केंद्रीय सरकार की औद्योगिक विकास जैसी गूढ़ परिवर्तनों की रूपरेखा बनाती या आपात्काल में बीमार इकाइयों के लिए नियंत्रण

अधिकारी नियुक्त कराती हैं। इसी के ट्रक और न रुकने वाले बुलडोजर गरीबों की झुग्गियाँ-झोंपड़े ढहाकर, फिर मोतियों की माला और धूप का चश्मा लगाये अपनी समाजसेवी कृपानिधान बीवियों को सरकारी खेद का चुहचुहाता अंगरेजी मरहम पोतने वहाँ भेजती हैं।

यही है हमारा थोथा अध्यापक, हमारा काइयाँ अफसर, हमारा ढोंगी राजनेता और हमारा घूसखोर बाबू !

फोन बजता है—ट्रि ट्रि !

चुप्पी—ट्रि ट्रि !

बाबू फोन उठाते हैं।

बाबू फोन रखते हैं।

बाबू कहते हैं कि अम्मा की रपट आ गयी है और सब ठीक है। कैंसर को कोई निशान उनकी गाँठ में नहीं मिला। उनका स्वर इत्मीनान से थका हुआ है। चुप्पी ! फिर अम्मा हँसती हुई कहने लगती हैं, उन्हें तो पहले ही यकीन था कि कुछ निकलेगा नहीं, क्योंकि मुन्ना ने तो उनकी कुंडली देखकर पहले ही कहा था कि अभी बड़ी शल्यक्रिया का योग नहीं है।

"अरे हरी, ज़रा चाय और लाना !" 'क' चाचा बुलकारते हैं, "ज़रा स्पेशल लाना इस बार, समझे !" कमरा लोगों की चहचहाहटों से फिर भर गया है।

"है इक्" । भैया लपककर कुर्सी से छूट निकलते हैं और ब्रूस-ली की खूँखार मुद्रा बनाकर छोटे की गर्दन पर 'कराटे' का हवाई वार करते हैं।

"हुउप् !" छोटा उछलकर हवाई कलाबाजी खाता है और उनका वार बचाते हुए एक दुलत्ती मुझ पर चलाता है।

"हो !" मैं उसे पीछे से जकड़ लेती हूँ।

और अब हम तीनों उछलकर एक साथ धराशायी हो ऐसे तिलमिलाने लगते हैं, जैसे हमें गहरी मरणांतक चोटें आयी हों।

एक स्त्री का विदागीत

जाड़े की पतली धूप फुनगियों से आहिस्ता-आहिस्ता उतर रही थी, जैसे सद्यः-प्रसूता बंदरिया उतरती है। पेट से अपना बच्चा चिपकाये हुए। हवा के झोंकों से डालें रह-रहकर सिर उठातीं तो जाड़े का आसमान डालों के परे खूब साफ, पर घिसी-जीर्ण नीली धोती-सा चमकता।

सावित्री ने बुनते-बुनते सलाई से सिर खुजाया, जैसी कि उसकी आदत थी, फिर कुछ बुदबुदाकर चुपचाप बुनने लगी। भीतर घर में रोजमर्रा की सफाई चालू हो गयी थी। सींकों के झाड़ू से रगड़-रगड़कर धुलते फर्श का सुरसुराहट भरा सीत्कार, पानी की तड़पभरी सड़ाप-सड़ाप, फिर गट-गट-गट, उसका एक हिचकी-सी लेकर नीचे गटर में प्रवेश करना, रसोई में पतीलों के माँजे जाने की ध्वनि, जो जैसे-जैसे पतीला घुमाया जाता, रुक-रुककर पहलू बदलती, नल की बहती धार, पटके जाते कपड़ों की हुम्म-हुम्म। कितना कुछ बदलता है। समय, लोग़, पड़ोसी, यहाँ तक कि घर भी। पर घर की ध्वनियाँ हमेशा वही रही आती हैं।

सावित्री को फिर याद आयी। याद आयी अपने बच्चों के बचपन के उन धमाधम ऊधम से भरे दिनों की। कितनी तरह के खेल, कैसी-कैसी लड़ाइयाँ, चीख-पुकार—मारे मस्ती के—गालों की गीली ठंडक महसूस हुई तो उसने पाया कि उसके आँसू निकल आये हैं। चट इधर-उधर ताककर पोंछ लिया। घिसे-जीर्ण कपड़े की तरह गिरस्ती की पुरानी चादर कब अचानक फटकर हृदय मथ देने वाली यादों की झलक दिखा जायेगी, कौन जाने?

ऊन का लंबा सूत्र गोले से खींचकर सावित्री ने बुनाई में मन अटकाया। कैसा अलमस्त था मँझला भी। दमे का जन्म से मरीज रहा तो भी क्या? कोई पेड़ नहीं जो ना जा चढ़े, कोई मुंडेर नहीं जो ना जा फाँदे। कभी लगता है, रात को उसकी छाती से चिपका अपनी छटपटाती साँसों को जबरन ठेल रहा है। कैसी फबती थी वह लाल ऊनी बास्कट उस पर! उसने पहले ही दिन कील में फँसा-

कर उधेड़ दी, तो बार्डर फिर से दुबारा बुनना पड़ा था। "अरे महरी, बर्तन नहीं धुले तुम्हारे अब तक ? पूरा दिन लगा दोगी क्या ?" उसने भीतर को आवाज सुर चढ़ाकर भेजी। सुना होगा महरी ने क्या ? क्या पता ? सफाई करके उठे तो मालिश करे। तब जाकर वह नहायें। मार बदन किचकिचा रहा है।

सावित्री की नजर सामने के शीशम के कुबड़े पेड़ पर जा पड़ी। कुबड़ा बेडौल तना, खुरदरी छाल। एक डाल खूब आगे लॉन तक फैल आयी थी। उस पर चीलों का घोंसला शायद था। नीचे की झाड़ी तमाम बीट से सफेद-सफेद हो रही थी, लॉन पर पत्तियाँ ही पत्तियाँ ! बार-बार डालें छँटवायी जाती हैं, फिर-फिर उन्हीं कटे हिस्सों से नयी फुनगियाँ फूट पड़ती हैं। क्या माया है !

मौसम बदलते ही रातों-रात उन पतिंगों-सी पत्तियों ने पेड़ को शाल की तरह छा लिया था। अब न डालों का गाँठों से भरा कुबड़ापन दिखता था, न ही भद्दी खुरदरी छाल। हाल की जच्चा की तरह एक कोमल हरी लुनाई ने पेड़ को बहुत नर्म, बहुत सुकुमार बना दिया था। ऐसे ही थोड़े आशीर्वाद देते हैं बुजुर्ग, कि कोख हरी-भरी रहे।

हाथ की बुनाई को रोककर कुछ देर सावित्री पेड़ को ताकती रही। फल का पेड़ होता, तो कुछ ही दिन बाद पत्तों के नीचे गदराते फलों के गोल रोयेंदार आकार दीखने लगते। खेल हैं ऊपरवाले के और क्या ? वर्ना ऐसी रुक्खड़ पुरानी देह से कहीं ऐसी नर्माई फूट सकती थी क्या ? कभी बड़ा मन करता है कि वह समझ पाये यह सब, कैसे भी। पर किससे पूछे ? बच्चे अपने स्वर्गीय पिता की तरह गंभीर स्वभाव के, कठोर, और नियम-कानून वाली बातों पर चलनेवाले हैं। उसी की घड़ी की सुई हमेशा उल्टी गति से चलती रही। पता नहीं क्यों ? जब इन बच्चों के बाबूजी थे, तब भी तो कभी बीच-बीच में वह गुमसुम हो जाती थी। पूछा जाये कि क्यों ? तो उससे कोई जवाब नहीं बन पड़ता। कम-से-कम उनको तो साफ-साफ समझ में आ जाये, ऐसा जवाब। फिर वे अनुमान से ही निदान करके उसे बताने लगते कि गहने-कपड़ों में दूसरों की हिरस करना ठीक नहीं। जो पाया, वही खूब है। किताबें पढ़ो। अच्छी-अच्छी। विलायत की मेमों की तरह। वे थोड़ी ऐसे गोंदनी के जैसे जेवर-कपड़ों से लदी बैठी रहती हैं ? बड़ी-बड़ी किताबें पढ़ती हैं, लिखती हैं, जभी तो उनका मुल्क तरक्की कर गया इतनी। पर पति की बातों पर सिर हिलाते-हिलाते भी उसे लगता कि सचमुच में कुछ भी तो समझ नहीं आता—न उसे, न उन्हें। उसका मन करता कि भागकर माँ के पास जाये और गोदी में मुँह छिपा ले। पर कहाँ ?

जबरन आँसू रोककर तब वह कोई मोटी धार्मिक किताब खोल लेती थी। पति ठीक ही तो कहते हैं, इधर-उधर मन का डाँय-डाँय भटकना ठीक नहीं। ऊपर वाले ने सभी तो दिया है। देवता जैसे पति, राम-लक्ष्मण जैसे बेटे-बेटियाँ—

सत्यनारायण जैसे दामाद। और चाहिए ही क्या? और धीमे-धीमे सब बैठ भी जाता, जैसे उफनते दूध के पतीले में लोहे की भारी ठंडी कड़छी घुमा दी गयी हो।

आँगन से महरी पुकार रही थी, मालिश करवाने को। काम निबटाकर गरम तेल का कटोरा लेकर बैठी होगी। धीमे-थके पैरों से सावित्री भीतर चल दी। धुल-पुँछकर घर साफ करीने से निखर आया था। सास गलत नहीं कहती थीं, कि साफ-सुथरी माँग-पट्टी करे मेहरिया, और धुला-पुँछा घर भाग्यवान को ही नसीब होता है। गर्व से उसकी छाती फूल उठी। तो क्या हुआ अगर बड़ी बहू नौकरी करती है? जाने से पहले अपने हाथ का सब कुछ कर नहीं जाती? शीशे-सा चमकता है घर। आगे-पीछे छोटा-मोटा नौकर-चाकर है ही करने को। जियें, सब जियें, फलें-फूलें, बरक्कत बनी रहे इस घर में। साँस लेकर वह आँगन में पड़ी चारपाई पर बैठ गयी। और अपनी फल-फूल चुकी देह को मालिशवाली के हाथों सौंप दिया।

मालिश करते-करते बातून महरी बोले चली जा रही थी। धूप अब पूरी उतर आयी थी। अभ्यस्त हाथ उसकी देह में आराम की नन्ही-नन्ही नदिया बनाते, दुखती रगों को चटचटाते, बदन पर गुलगुले खरहों से दौड़ रहे थे। महरी बता रही थी कि इस बार माघ में खूब तीर्थयात्री उतरा है। उधर चले जाओ कछार की ओर, तो जहाँ देखो मुंड ही मुंड। मदरासी तो इतना आया है इस बार, के बप्पा रे! फिर पंडों की, भिखारियों की रेल-पेल। गरीब मनई को तो लूट डालें जमदूत जैसे वे लोग। चार पैसे की जलेबी अठन्नी में बिक रही है। तीर्थ-अस्थान में जो ऐसे करम करेंगे, उनके कोढ़ फूटेगा अगले जन्म में, पनपेंगे नहीं एकदम।

पहले यह मकान शहर के बाहर की ओर पड़ता था; इसलिए तब इधर उतने लोग नहीं दिखायी देते थे। कभी चरमराती बैलगाड़ियाँ गुजर जातीं, या फिर तरबूजों के मौसम में खूब ऊँचे लदानें लाद ऊँटों के काफिले रात गये गुजरते रहते। गर्मियों-भर सिर्फ धूल उड़ा करती थी चारों ओर से। शहर जानेवाला रास्ता एक शिथिल अवसन्न जानवर की तरह तीखी धूप में हाँफता पड़ा रहता। फिर धीरे-धीरे मकान उठते चले गये। अब तो पेड़ भी इक्के-दुक्के ही हैं। कितने साल लाल-चिकने फर्श और छतनार शीशम के दरख्त-वाले इस घर में गुजर गये। बड़े को गोद में लिये यहाँ आयी थी। यहीं मँझला हुआ, फिर छोटा, फिर बेटियाँ, फिर मँझला जाता रहा। सब यहीं। चाभी दी गयी घड़ी की सुइयों की तरह एक अदृश्य कमानी उन्हें घुमाती गयी, वे घूमते गये। और वे दिन बुरे ही बीते, ऐसा भी तो नहीं। चार-चार बच्चों की काकली से गूँजते वे दिन, जब वह भरा हाथ चूड़ी पहने राजहंसिनी जैसी, चाँदी का चाबियों वाला गुच्छा कमर में टाँगे, अंदर-बाहर तैरती रहती थी, बुरे तो नहीं थे। पति चल दिये तो क्या, बच्चे एकदम बेदर्द नहीं हुए, यही क्या कम है?

"यह क्या माँजी, तुम तो रो रही हो? कुछ दुखता है क्या?" महरी पूछ रही थी। "नहीं, कुछ नहीं," उसने होंठ भींचकर जवाब दिया और तौलिया-कपड़े लेकर नहान घर में नहाने घुस गयी।

तेल का कटोरा रखकर महरी कुछ देर पुराने रसोइये से बताती रही कि अम्मा जी कैसे रोती रहीं—"अरे सबै लुट गया, जिसका वो रोये नहीं का?"... खैनी थूककर रसोइये ने ब्रह्मज्ञान दिया। "मुला बाल-बच्चों के बीच हैं। ये भी तो कम नहीं?"

शीशम के पेड़ की शाखाओं पर बैठी चील टकटकी लगाये देख रही थी, रसोई की ओर। "एक ई ससुर ताक में हैं," रसोइये ने किवाड़ बंद करते बेहद नाराजगी से कहा, "इहैंई फसकड़ा मारिकै जमी रहत, कि कभई किवाड़ खुले हों; तो लगायं झपट्टा।"

अपने यहाँ जैसा होता है, वैसा ही दांपत्य जीवन था, सावित्री के बड़े बेटे-बहू रमेश और सुषमा का। सीधा-सादा, जटिलतारहित, किसी भी तीखी चोट या उद्दाम आवेग से शून्य। असह्य।

अपने लंबे बालों को झाड़ते सुषमा ने तनिक तिरछे से अपनी आकृति को देखा। मन ने आईने से पूछा, इस घर में सबसे सुंदर, सबसे सहनशील, सबसे गंभीर कौन? मन ने आईने के भीतर से दुहराया, तू! तू! तू! संतुष्ट हो सुषमा कंघी को बालों के छोर तक खींच ले जाती है। उसे कभी लगता है कि उसका पूरा जीवन एक इंतजार है। किसका? वह खुद नहीं जानती। सिर्फ इतना-भर समझती है, कि दुख उसे सिर्फ अपने लंबे बालों के झड़ने का नहीं।

चुपचाप घड़ी उठाकर सुषमा ने कलाई में बाँधी। लायब्रेरी की लौटाने वाली कुछ किताबें छाँटीं, पर्स उठाया, माँजी के कमरे में झाँकी—"मैं जा रही हूँ माँजी।"

"अच्छा।" सावित्री कहती है। खिड़की के पास बैठी-बैठी। इधर कुछ दिनों से जाने क्यों उसकी तबीयत गिरी-गिरी-सी रहती है, कुछ खाने को जी नहीं होता। खा लो तो लगता है, हजम ही नहीं होगा। वह समझ नहीं पाती कि बात क्या है?

सुषमा सास को नहीं समझ पाती। सावित्री का गुमसुम अकेलापन देखकर उसका मन करुणा से भर उठता शायद, अगर उसके पीछे गूढ़ दमन का एक पूरा हिंदोस्तानी अतीत न होता। वैसे वह नर्म दिलवाली थी, सड़क पर इधर-उधर भागते भिखमंगों के बच्चों को या गाड़ीवानों को पशुओं पर सड़ाप-सड़ाप चाबुक चलाते देख वह बहुत द्रवित भी हो जाती, पर सास का चेहरा देखते ही जाने क्यों उसका द्रवणशील मन मानो बर्फ की शिला बन जाता, और तब उसकी आवाज

भी मृदु और फरमाबरदार बन जाती, और भंगिमाएँ अत्यधिक विनम्र। पहले सास का अधेड़ होकर भी गहनों-सिंदूर से लदे रहना उसे भद्दा लगता था। अब उसका म्लान आभरणहीन, रक्तहीन, निस्तेज चेहरा उसे अपने प्रति एक ऐसा आक्षेपमय विद्रूप लगता, कि वह सास के सामने पड़ते ही सिर से पाँव तक सुलग उठती।

रात-भर पानी बरसा था। जाड़े की सुबह पीली और निस्तेज लगती थी, पिटी हुई। इक्का-दुक्का लोग ही लोई लपेटे सड़क पर दीख रहे थे। खड़खड़िया रिक्शा धीमे-धीमे परिचित सड़कों पर से कालेज की ओर जा रहा था। झल्लाहट की लहरें सुषमा के भीतर एक के बाद एक उभरने लगीं। इतनी सुबह भी दिमाग में अजीब सुस्ती छा रही थी, एक पीला-सा अवसाद, जैसे धुआँ छाती में फंस गया हो। कोर्स किसी तरह खत्म कराना था। हड़तालों से पढ़ाई में वैसे ही बहुत नुकसान हो गया था। ऊपर से घर की चिख-चिख। एक वे ही पति-पत्नी थे इस शहर की रिहायश वाले, बाकी सब भाई-बहन बाहर की नौकरियों वाले थे। महीना-दस दिन छुट्टियों में आकर हिदायतें-भर दे जाते कि अम्माजी को यह कहना, वह करना। कोई एक किलो बर्फी लाकर रख जाता तो कोई आँवले का मुरब्बा। अम्माजी बहुत कमजोर हो गयी हैं। वे अर्थमय नजरों से एक-दूसरे को ताकते हुए कहते, तो अपमान से वह एड़ी-चोटी तक सुलग उठती—जैसे अम्माजी उसी की सबब से भूखी रहती हों। पर वह उस दम चेहरे पर मुस्कान पोते रखती, बगैर यह जाने कि यह ढोंग कोई बुद्धू भी पकड़ सकता है।

हमेशा मौके के अनुरूप बात कहने, तीज त्यौहारों पर दस जनियों में धीमे से जताकर चीज-बस्त देने, शादी-ब्याहों में बहू के माध्यम से भारी तोहफा भिजवाकर दूसरे पक्ष को हेठी जताने में कभी उसकी सास की सानी न थी। समाज में अब भी उनका नाम था, उनकी बात की कद्र होती थी। वह लड़े तो किससे? तो अब ट्यूटोरियल में वह लड़कियों को चूस-चूसकर नंबर देती थी, पुराने नौकर-चाकरों से कठोरता से बोलती, उनकी कोई भी अव्यवस्था, कोई भी कामचोरी उससे छुप न पाती। वह बोलती कम थी, पर घर भीतर-ही-भीतर उससे थर्राता था। उसके बेटे हॉस्टल से घर आते तो वापस लौटने को आतुर रहते, पति घर आता, घबराता-सा।

सड़क किनारे हल्की चहल-पहल शुरू हो गयी थी। दुर्बल, म्लान, कृश चेहरों वाली गृहणियाँ कोयले की धुआँती अँगीठियाँ बाहर रखने आ रही थीं। उनके घोंसला जैसे बाल, बिवाई फटे, रूखे हाथ-पैर, भावहीन चेहरे देखते-देखते सुषमा का ठंडा पथरीला मन एक विचित्र राहत और गर्व अनुभव करने लगा था। इस सबसे बच निकलने की राहत, इस सारे प्राण-लेवा धुआँ-भरे खाँसते माहौल के बीच राजहंसिनी की तरह कलफदार स्वच्छ वस्त्रों में रिक्शे पर बैठकर गुजरते

जाने का गर्व। ऐसे क्षणों में उसका पुराना चोट खाया मन दुनिया को उस हद तक क्षमा कर देता था, जहाँ तक उसके लिए संभव था।

रिक्शा कालेज के गेट पर खड़ा हुआ। तनिक तिरछी गर्दन कर सुषमा ने अपनी छात्राओं का अभिवादन, सगर्व स्वीकार किया। "कै बजे छूटेंगी?" रिक्शा वाला पूछ रहा था। उसने एक क्षण उसे आँखों से तौला-सा और फैसले के ढंग से कहा, "कुछ मीटिंग-ऊटिंग है, देर हो जाएगी तो बाबूजी आ जायेंगे—तुम कल सुबह टाइम से आ जाना।"

स्टाफ-रूम से जोर-जोर से अंग्रेजी में बहस के स्वर उभरकर आ रहे थे—"अगर रमला बच्चे के कारण काम नहीं कर सकती तो बेहतर है इस्तीफा दे दे—गद्दी क्यों धरे हुए है? आखिर बच्चा उसका है, कालेज का तो नहीं?" छह महीने के बच्चे की माँ रमला दास, अंग्रेजी प्राध्यापिका और माँ का दोहरा रोल निभाती अक्सर दोनों में गच्चा खाती रह जाती थी। आज फिर अचानक छुट्टी ले बैठी होगी।

माली साल का आखिरी दौर था। इम्तहान कोने पर से झाँक रहे थे। ग्रांटें खत्म होनी थीं। लाइब्रेरियन किताबों की लिस्टें माँग रहे थे। लड़कियाँ कोर्स को रो रही थीं। लेक्चररों के तेज मिजाज और खुराफाती दिमाग भन्नाये हुए थे। शांति बोले जा रही थी—सुषमा पर नजर पड़ते ही उसने उसे भी बातचीत में शामिल कर लिया—"क्यों सुषमा, कोई गलत कर रही हूँ क्या?" और कोई दिन होता तो सुषमा मजे में रस लेकर बात की तह तक जाती, जब तक यह सर्वसम्मति से मान न लिया जाता कि छोटे बच्चों की कमसिन माताओं का काउंसिल द्वारा लेक्चरर के बतौर चुनाव अक्षम्य अपराध है। है कि नहीं? पर आज घर से साथ लिपटा आया अवसाद छूटा नहीं था। उसने चुपचाप लॉकर से अधजाँची कापियों का गट्ठर निकाला और खिड़की के पास बैठकर जाँचने लगी। क्या-क्या बकवास लिख लाती हैं ये लड़कियाँ भी? क्लास में पढ़ाई के समय तो दिमाग नाखूनों को रँगने और कपड़ों के चुस्त नमूनों में भटकता रहता होगा। उसने क्रोध से गहरा लाल क्रॉस बनाकर लिखा—'फिर से लिखो,' और अपने दस्तखत दाग दिये। लिखे अब बैठकर फिर से। कोई मजाक है?

साँझ की लंबी-दुबली परछाइयाँ रमेश के दफ्तर में शहतीरों-सी घूमती हैं तो उसका दिल जाने क्यों म्लान हो जाता है। अब घर जाना होगा ही, निस्तार नहीं।

"क्यों? चल दिये?" पान चबाता काइयाँ कृष्णकांत व्यंग्य से हँसा। या सिर्फ हँसा कहना चाहिए। कुछ लोगों की हँसी ही ऐसी होती है। उसने जवाब

दिया, "हाँ," और जरूरत से ज्यादह एकाग्रता से पुरानी मोटर का दरवाजा खोलने में जुट गया।

मोटर बाबूजी की थी और बाबूजी के बाद उसे मिल गयी थी। डाँय-डाँय करते उस लाल फर्श वाले मकान, पुरानी किताबें, अधटूटे स्प्रिंग वाले सोफों और नक्काशीदार वार्डरोबों की तरह। छोटी बहन जब भी आती, कहने से न चूकती थी, कि लकड़ी का ऐसा नक्काशीदार फर्नीचर तो अंग्रेज लोग खोज-खोजकर झोली भर रुपया दे-देकर मोला रहे हैं, विलायत में आजकल। कोई कम दाम की चीजें नहीं ये सब। उस दम उसकी पत्नी का थका चेहरा एक विद्रूप से कुछ और लंबूतरा हो जाता, गो कहती वह कुछ नहीं। उसके ब्याह तक ननदें नहीं ब्याही गयी थीं, और दुनियादार सावित्री ने यह कहकर, कि अंत में तो सब बहू को ही जाना है, बहू को दिये जाने वाले जेवरों और साड़ियों में भरपूर कटौती लगा दी थीं। यह बात एक कीड़े की तरह उनके दांपत्य को पूरे बीस साल कुतरती रही थी। मुंह से हालाँकि कुछ कहा नहीं गया था।

वैसे वे सब सदा बढ़-चढ़कर एक-दूसरे की बड़ाइयाँ करते रहते थे। ननदें कहतीं कि उनका-सा मायका, सावित्री कहती कि उसकी-सी बहू, और रमेश तो मानो पृथ्वी के मानदंड-सा घर पर बिछा रहता—हिमालय-सा ऊँचा, बर्फ-सा ठंडा, दुलंघ्य। पर सुषमा के सामने पड़ते ही, उसकी कुछ-कुछ भरी, वेदनामय, पर चुप्पी आँखें रमेश के हृदय में तीर-सी उतर जाती थीं, उसकी पूरी चेतना की किर्चों को दुगुने पैनेपन से चुभोते हुए, क्यों उसने अपनी पत्नी का वह सार्वजनीन अपमान झेला, उतने साल जब वह दुधमुँही बच्ची से बढ़कर कुछ न थी! क्यों वह चप रहा आया? क्यों उसने कहा नहीं कि···

क्या? यहीं पर आकर बात टूटती है—क्या कह सकता था वह? आत्म-स्वीकार अब शुरू हो भी कहाँ से?

इसी ग्लानि के सुए से कुरेद-कुरेदकर सुषमा ने अपनी इच्छानुसार बेटों को ऊँची फीस वाले होस्टल में, घर से जितनी दूर भेजा जा सकता था, भेज दिया था। उसकी जिद थी कि वह चाहे जैसे रहे, बच्चे उसके अंग्रेजी माहौल में ही पलें ताकि उनका भविष्य···

वैसे लड़कों को देखकर रमेश को लगता था कि सुषमा का कहना गलत नहीं था। इस कम उम्र में ही दोनों भाई अंग्रेजों की सी अंग्रेजी बोलने लगे थे। टेबुल पर बैठकर खाते तो उनका छुरी-काँटा-चलाने का ढंग, डबलरोटी पर मक्खन लगाने का तरीका, एक्सक्यूज मी, कहकर कुर्सी खिसकाना, सब देखते-सुनते आँखें नहीं अघाती थीं। सुषमा ने बच्चों के भविष्य का पूरा ग्राफ स्पष्ट उकेर रखा था। एक बैठेगा आई० ए० एस० की परीक्षा में, दूसरा जायेगा इंजीनियरी पढ़ने। एक ब्यूरोक्रैट, एक टेक्नोक्रैट। प्रकट में तटस्थ रहते हुए भी बेटों के लिए

सुषमा की उदारता की सीमा न थी, वैसे ही जैसे प्रकट में विनयशीलता की विगलिता प्रतिमा होते हुए भी, सास के प्रति उसके विद्वेष की।

शादी-ब्याहों में पड़ोस की दस औरतों के बीच बहू की दी धूसर-रँगी रेशमी साड़ी पहने सावित्री हाथ हिला-हिलाकर सुषमा की उदारता, उसकी गुणशीलता और परिवार के प्रति प्रेम का बखान करती, तो औरतें विगलित होकर कह उठतीं—"आहाहा दान किये होंगे तुमने मुनुआ की अम्मा।"

और आदमी को चाहिए भी क्या?

बाहर मोटर रुकने की आवाज आयी तो सावित्री उठ खड़ी हुई। मुन्ना, सुषमा बेटियों को स्टेशन से लिवा लाये होंगे। दोनों के पति एक ही शहर में हैं, इस दम के साथ ही आ गयी। खुशी रहें, सब प्रेम बना रहे भाई-बहनों में। सावित्री ने धोती की खूँट से आँखें पोंछी और बाहर आ गयी। सामान उतारा जा रहा था। बच्चे उछल-उछलकर बता रहे थे, ये वाला हमारा, ये तुम्हारा। आधे लोग घर की गाड़ी में आये थे आधे टैक्सी में। गंभीर चेहरे से सुषमा ने टैक्सी का भाड़ा चुकाया। उसे मालूम था कि ननदें इसकी कोशिश भी नहीं करेंगी। घर लौटने के उत्साह और उत्तेजना से चिमगादड़ों-सी चीखती बेटियों को बाँहों से घेरकर सावित्री गाय की तरह दुलराती भीतर ले चली। सुषमा कठोर पर गिने-चुने शब्दों में नौकरों को सामान रखने का ठौर बताकर चाय का पानी चढ़ाने चली गयी। बच्चों और अटैचियों से लदा-फँदा रमेश पीछे-पीछे माँ के कमरे में जा घुसा। "रास्ते में गाड़ी ने दिक तो नहीं किया?" सावित्री ने पूछा। गाड़ी की बैटरी चुक रही थी और घर से निकलते वक्त धक्का लगाना पड़ा था।

"नहीं।" स्वल्पभाषी रमेश ने कहा। कुछ देर वह ठिठका रहा, फिर भानजे-भानजियों के बहाने बाहर चला आया। वह इस समय सुषमा के सामने कतई नहीं पड़ना चाहता था। बीस साल के दांपत्य जीवन ने उसे बखूबी सिखा दिया था कि ऐसे समय अपनी शहादत और आतमदया की आँच में तपकर उसकी पत्नी सुई की तरह कठोर और नुकीली बन जाती है। ठंडी इस्पाती, चमकदार और मर्मभेदी।

वह छूट भागने को कसमसा ही रहा था, कि नौकरानी को चाय-नाश्ते का निर्देश देती सुषमा सामने आ ही गयी। "कार के साइड में गहरी खरोंच पड़ गयी है," उसने अभियोग-भरे स्वर में कहा। "जानता हूँ," रमेश ने कहा, "एक जीप ने टक्कर मार दी, ऑफिस की पार्किंग में। अच्छा हुआ कोई था नहीं कार में, मेरे अलावा।"

"अब तो इसे मरम्मत को भेजना ही होगा।" चबा-चबाकर सुषमा ने

कहा। वे दोनों बातें करते हुए अपने कमरे में आ गये थे। सुषमा ने पलंग पर बैठकर कुछ कहने को लंबी साँस खींची, पर रमेश जैसे भाँपकर अचानक बहुत व्यस्त होकर दराज खोलने लग गया। "जरा शर्माजी से मिलने जा रहा हूँ।" रमेश ने बालों में कंघी घुमायी।

"तुम तो बस आये और गये, मैं ही···ठीक है, जाओ···" सुषमा अपने नाखूनों को ताकने लगी।

रमेश ने उसाँस ली, फिर शुरू हो गये थे वे दोनों। वह मुड़ गया।

"वैसे तो कहना बेकार है पर याद रहे तो मेरा प्रेस्क्रिप्शन केमिस्ट के यहाँ से भरा लाना। दर्द से सिर फट रहा है।" सुषमा ने कापियों का ढेर सामने खींच लिया और टेबल लैंप जला लिया। "नीचे कह देना कल का लैक्चर तैयार कर रही है।"

थोड़ी देर दोनों चुपचाप रहे। फिर रमेश बाहर चला गया। सुषमा ने गाड़ी का दरवाजा बंद होने की आवाज सुनी, फिर कुछ मुश्किल से गाड़ी स्टार्ट होने की। और मेज से सर टिकाकर वह निःशब्द रोने लगी।

"भाभी कहाँ गयी?" छोटी सरिता ने माँ से पूछा। सावित्री बहुत व्यस्त होकर बताने लगी कि लैक्चर तैयार कर रही होगी, इतने बड़े कॉलिज में पढ़ाती है, मेहनत ऐसी करती है कि क्या कहो, तिस पर घर का सारा काम कर जाती है। उसे तो हाथ भी नहीं हिलाना पड़ता। बहू हो तो ऐसी।

घुटनों पर वजन तोलकर सावित्री नौकरानी को खाने का बताने बाहर गयी तो बहनें कुछ क्षण चुपचाप बैठी रहीं। "अम्मा इधर और भी।"—बड़ी ने बात अधूरी ही छोड़ दी। वह दोहरे बदन की हँसमुख और शांत स्वभाव की महिला थी जिसने अपने अस्तित्व से समझौता कर लिया था। उसके पति सफल और बच्चे स्वस्थ थे, खुद वह भारी गहनों, रेशमी साड़ियों और जायकेदार भोजन की शौकीन थी। इस वक्त उसने पनडिब्बे से गिलौरी निकालकर मुँह में डाली और पान चुभलाती गमगीन हो गयी—"क्या शान थी इस घर की बाबूजी के समय में," उसने कहा। छोटी ने सिर्फ उसाँस ली। वह सुग्गे-सी सुती नाक और चौकोर जबड़े वाली सुंदर महिला थी जिसे देखने से लगता था कि वह भीतर-ही-भीतर किसी दुःख से बुझी चली जा रही है, हालाँकि वह इस बारे में किसी से कभी कुछ कहती न थी।

बड़े नाती का हाथ लाड़ से थामे सावित्री ने कमरे में प्रवेश किया, वह नाती से पूछ रही थी—"क्या बनवा दूँ रे तेरे लिए, मखाने की खीर खायेगा? और चिरौंजी के लड्डू? तेरे नाम के चिलगोजे मैंने कब से धर रखे थे।" अल्मारी

खोलकर सावित्री ने एक पोटली निकाली और उसे पकड़ा दी—"ले सबसे बाँट के खाना, भला !" फिर सावित्री मुड़कर बेटियों को बताने लगीं कि कैसे मुन्ना और सुषमा, जाड़े आये नहीं कि मेवों के थैले के थैले लाकर पकड़ा जाते हैं, कि तुम खाओ, अरे मैंने कहा, मैं बुड्ढी-ठुड्डी अब क्या खाऊँ ? ऊपर से मार टानिक की शीशियाँ पर शीशियाँ ले आयेंगे। देखो तो सही !" अलमारी का एक पूरा खाना सच में टानिकों की शीशियों से भरा था। लड़कियों ने संतोषसूचक ध्वनियाँ निकालीं।

"भाभी को तो उनके भाई दे देते होंगे ये शीशियाँ। डॉक्टरों से तो सैंपल की ढेरों आती न होंगी ?" छोटी ने चारपाई पर पसरते हुए छत से कहा—सुषमा के भाई शहर के नामी डाक्टर थे। "सो तो है," सावित्री ने कहा—"पर दिल की बात है ये भी।" फिर उसने यह भी बताया कि "आहाहा जैसे हमारे घर भाई-बहनों में प्रेम है, बस ठीक वैसा ही बहू के घर भी है, मजाल क्या जो मैं जाऊँ और इसकी भाभी बिना चाय-नाश्ते के फेर दे। किसी शादी में पच्चीस रुपै से कम पैर-पड़ाई नहीं देंगे मुझे—अरे मैं कहती हूँ, इस जमाने में इतना क्या करना, पर वे मानें तब न ? बड़े ही स्नेही हैं।" सावित्री का गला डबडबा आया।

लड़कियों के आये में दिन जाते कहाँ पता चलते हैं ? देखते-देखते फिर सामान बंधने लगा।

"पता नहीं रात की ट्रेनों से तुम लोग आती-जाती हो ! ऐसा खराब जमाना है, जब तक पहुँच नहीं जातीं, धड़धड़ लगी रहती है।" सावित्री ने बुनते हुए कहा। वह चटपट छोटी के बड़े बेटे का स्वेटर खतम कर रही थी। अरे इन्हीं जाड़ों पहन लेगा खुशी-खुशी, कि नानी ने बिनकर दिया। अगले साल तक उसका क्या भरोसा ? पका फल है वह। सावित्री ने आँखें पोंछकर चश्मा लगा लिया। बड़ी की तो तब भी चिट्ठियाँ आ जाती हैं, छोटी तो बस गयी, सो गयी। एक शहर में दोनों न हों तो उसकी तो बस खबर भी नहीं—

"अरे फोन ही कर दिया कर कभी !" सावित्री ने ऊन तोड़ते हुए कहा।

"फोन करना मुझे अच्छा नहीं लगता। घंटों डायल करो तब जाके तो नंबर मिलता है।" छोटी सूटकेस में ताला लगाने लगी।

"सामान सब कमरों से समेट लीजो।" सावित्री ने कहा। दो हफ्तों में ही बच्चों ने पूरा सामान यहाँ से वहाँ तक फैला दिया था। हर बार उनके जाने के बाद दिनों पीछे छूट गये टूथ-ब्रश, साबुनदानियाँ और तौलिये इधर-उधर पड़े मिलते रहते। तभी सावित्री को याद आया कि लड़कियों के रुपयों से भरे पर्स भी उसकी अलमारी में हैं। छोटी का पर्स शायद अलमारी के किवाड़ से टिका था—खटाक् से गिर गया, तो फर्श पर चीजें ही चीजें फैल गयीं।

"यह क्या है ?" एक छोटी शीशी उठाकर सावित्री ने पूछा। "नींब की

गोलियाँ।"

"बाब्बारे, ये तो जहरीली होती हैं री, फेंक दे इन्हें !"

"एक साथ ज्यादा खायी जायें तब ही जहर हैं, नपी मात्रा लेने में कोई नुकसान नहीं।"

सावित्री ने अपनी उँगलियों में थमी भूरी शीशी पर नजर डाली—भीतर कई नन्ही-नन्ही गोलियों के खतरनाक आकार थे।

"नींद के लिए दवा क्यों लेती है ?"

"क्योंकि वैसे नींद नहीं आती, लाओ।" स्वल्पभाषी छोटी ने बोतल बटुए में डाल दी और बटुआ बंद करने लगी। सावित्री की जिरह बंद नहीं हुई। तब भी—

"कब से खा रही है इसे ?"

"याद नहीं, कई महीने हो गये।"

"पर तुझे नींद क्यों नहीं आती ? हद है ?"

"क्यों ?"

"छोड़ो भी अम्मा।"—छोटी का चेहरा बटुए की तरह बंद हो गया था। "कुछ और बात करो।" सावित्री निःशब्द रोने लगी थी। "अरे अम्मा, आज-कल तो सभी खाते हैं," बड़ी ने उसे समझाया। "तुम जैसे जर्दे की पत्तियाँ कल्ले में नहीं दबाये रखतीं ? बस वही हुआ। एक दिन में दो-तीन गोली कोई नुकसान नहीं करतीं। नींद अच्छी आने से बदन स्वस्थ रहता है सो अलग।"

"उधर चुन्ना और छोटी बहू की ढेरों चिट्ठियाँ आ रही हैं कि यहाँ नहीं आयी," सावित्री ने खाते वक्त दुहराया। "अब कहाँ-कहाँ जाऊँ इस उम्र में !" वह कहने लगी कि चुन्ना एयर कंडिशन से कम में नहीं बुलाता कभी। वहाँ भी पूरा इंतजाम—ब्राह्मण महाराज से लेकर पूजा के फूल तक का। हफ्ते-हफ्ते उसके तहसीलदार लोग गंगाजल के कनस्तर पहुँचा जाते हैं।

सुषमा का चेहरा कलफ लगे कालर की तरह सख्त हो गया। जब देखो चुन्ना और शशि का बखान। मुफ्तखोरी और सरकारी नौकरी का चोली-दामन का साथ है। उन्हें कौन अपनी ओर से देना होता है ? हमारी तरह पोस्टकार्ड खरीदने भी खुद ही जाना पड़े, तब पता चले—प्रकट में उसने पूरी की तश्तरी बड़ी ननद की ओर प्रेम से बढ़ा दी—"जीजी, एक और लो, गर्म है !" "हाय भाभी तुम तो खिला-खिलाकर मार डालोगी।" बड़ी ने गद्‌गद होकर प्लेट भर ली—"जभी तो यहाँ से जाते हुए हर बार दुगुनी होकर निकलती हूँ।"

सब हँस पड़े। सावित्री ने मन-ही-मन हाथ जोड़कर भगवान को सर नवा दिया। हे प्रभो, बना रहे यह प्रेम। इसी से घरों में बरक्कत होती है, वर्ना और क्या है जिंदगी में ?

लड़कियों के जाने के बाद घर जैसे काट खाने को आता था। सुषमा के कालेज में इम्तहानों के पास आने से उसका काम भी बढ़ गया था। वह, सुबह की गयी दिन ढले लौटती। पीला, उतरा चेहरा, थकी चाल, सावित्री कुछ पूछने को होती तो भी रुक जाती। इधर उसकी अपनी शक्ति भी पता नहीं क्यों, मानो छीजती चली जा रही थी। ज़रा ज्यादा देर खड़ी रहती तो टाँगें काँपने लगतीं, लेटती तो लगता कमरा उसे लिये-दिये घूम रहा है। खाना मुँह में डालती तो लगता कागज चुभला रही हो। हरदम अफारा-सा बना रहता। बदन झूल-सा गया था जैसे।

"हाय अम्माजी, तुम्हारी तो पसलियाँ दीखने लगीं।" मालिश करती महरी ने कहा। "कुछ दवा-दारू कराओ ना। ऐसे खाना-पीना छोड़े कब तक रहेगा?" उसकी भदेस, पर सच्ची नेकी का टहोका पाकर मानो घाव की सीवन उधड़ गयी, सावित्री की आँखें बह चलीं। उस रोज मुँहजोर पुरानी महरी ने सुषमा से कह ही दिया—"अम्माजी का ज़रा खियाल किया जाये, उनकी हालत ठीक नहीं। का जाने का रोग है, पर मुला एक बार हस्पताल में तो···" सुषमा ने उसे सिर्फ घूरकर देखा और कमरे में चली गयी। महरी बुड़बुड़ाती हुई चली गयी कि वैसे तो महतारी तुम्हारी, जो चाहे करो, पर हम तो कहे बिना ना रहेंगी, हाँ—उस रोज उसने महाराज के साथ बैठकर फुर्सती चाय भी नहीं पी।

"क्या बात है अम्मा?" पुत्र ने नाश्ते की प्लेट से निगाह उठायी—"तुम्हारी तबीयत का कुछ कह रही थी सुषमा?" सावित्री अचानक ग्लानि-विगलित हो गयी। पुत्र का चेहरा स्वयं थका हुआ लगता था।

"कुछ नहीं," उसने कहा, "इस उम्र में कुछ उल्टा-सीधा खाने से बाय कुपित हो जाता है, आज से वे एकाध दिन खिचड़ी पर रहेंगी तो सब···"

"कहिए तो एक बार दिखा दें···" सुषमा ने पति की ओर प्लेट में गर्म फुलका डालते हुए पूछा और यह भी कहा कि "आजकल डाक्टरों से भी तो पंद्रह दिन पहले अपॉइंटमेंट लेना होता है वर्ना···"

"नहीं-नहीं, मैं ठीक हूँ," सावित्री ने अटकते हुए कहा—"अब उम्र भी तो हो गयी।"

पुत्र कुछ देर बाहर सहन की दीवार ताकता रहा जहाँ कुछ कौवे बैठे खूब शोर मचा रहे थे—"अच्छा देखो, चाचाजी से बात करता हूँ, एक बार पूरी जाँच हो जाये तो···।"

ऑपरेशन से चौबीस घंटा पहले से सावित्री को कुछ भी नहीं खाना-पीना था। पानी भी नहीं। सावित्री को लगता कि भीतर डरावना रोयेंदार कुछ है, जो पंख फड़फड़ाकर बाहर आने को छटपटा रहा है, पर उसे वह झेल नहीं पायेगी।

पेट की फोटू खैंची थी डाक्टर ने और फोटू देखते ही कहा कि ऑपरेशन करेंगे। कहाँऽ का बबाल आ जुटा यह भी…

सुषमा भिचे होंठों से समझाने लगी थी—"देखिए अम्मा, आपको तो दवा से बेहोश कर देंगे, पता भी नहीं चलेगा कि गाँठ कब निकाल दी। और बस, दस दिन बाद टाँके कट जायेंगे तो आपको घर लिवा ले चलेंगे। चाचाजी कह रहे थे कि डॉक्टर शर्मा यहाँ के सबसे अच्छे…"

सावित्री चुपचाप पड़ी-पड़ी रोती रही। अरे अपने पेट की जायी होती तो काठ जैसे मुँह से यह कह जाती? बेटियाँ दुःख से स्याह चेहरे लिये चुप बैठी हैं और लिक्चर दे रही है। उन्होंने मल्होत्रा साहब की माँ को देखा तो था ऑपरेशन के बाद। इधर नलकी, उधर खून की बोतल, सुइयाँ, दवाई। सुना वार्ड बॉयज़ भी सब जात के भंगी होते हैं। वे उनकी देही को स्ट्रैचर पर लिटाकर मुर्दे की तरह यहाँ लावेंगे। शिव! शिव!

सुषमा-मुन्ना को तनिक इधर-उधर भेजकर मुक्ता नें उन्हें समझदारी से बताया कि बैंक के लॉकर का सब सामान घर आ गया है, ताली उसी ने अपने पास रखी है, तुम निशाखातिर रहो, उसने माँ से कहा।

देर रात गये सावित्री की आँख लगी तो पहली बार वह सपना दीखा—

एक बहुत लंबा रास्ता है, टेढ़ा-मेढ़ा, घुमेरियों भरा—अँधेरा, निचाट वह उस पर अकेली चली जा रही है, उसके हाथ में पुरानी धोतियों की किनारी से बना हुआ उसका परिचित झोला है, जिसमें उसके गहने हैं, सोने की बारह चूड़ियाँ, चार जोड़ी कंगन, मटरमाला, पैर के लच्छे, रामनौमी, चाँदी की करधनी—वह चलती चली जा रही है, और अब वह अचानक एक, जाने किस बीहड़ जंगल के बीचों-बीच खड़ी है। वे सब रास्ते और पगडंडियाँ, जो उन्हें यहाँ तक लाये थे, जाने कहाँ ओझल हो गये हैं—मैं कहाँ हूँ? वह भय से चीखना चाहती है—"मैं कहाँ हूँ?" पर मुँह पर मानो किसी का हाथ रखा हो? उसके हाथ में थैली है, थैली में उसके गहने हैं, चारों ओर घुप्प अँधेरा—कहीं पत्ता नहीं…

जभी वह देखती है कि लालटेन हाथ में थामे एक औरत कहीं से चली आ रही है। वह ठिगनी, मोटी और काली है। वह हँसती है तो लालटेन की पीली मद्धिम रोशनी में उसके पान खाये कल्ले चमकते हैं। खूब तेल डालकर ऊँचा जूड़ा बाँधे हुए वह औरत कहती है कि वही है उस सराय की भटियारिन, जिसे वह ढूँढ़ रही थी। "चल-चल!" वह उसे कहती है, और कुहनी थामने को हाथ आगे करती है। सावित्री भय से दो कदम पीछे हटती है—"हट—भाग यहाँ से," उसे नहीं कहीं भी आना-जाना। अपना घर है, गिरस्ती है, बच्चे हैं, जैसे राम-लखन-सीता। वह गहने की थैली पीछे करती है।

हो हो हो, मोटी औरत पेट पकड़कर यूँ हँसने लगती है जैसे उसने कोई बहुत

बड़ी मजाक किया हो। हँसती-हँसती वह गायब हो जाती है।

चौंककर सावित्री ने आँखें खोलीं, कुछ क्षण लगे नींद में डोलती उसकी दुनिया को स्थिर होने में। राम ! राम ! सपना ही था—पर जाने कैसा ! शिव ! शिव !

कमरे में सब शांत था। पास में सोयी नर्स की नाक बज रही थी। सावित्री ने तकिये के नीचे हाथ डालकर ताली को तलाशा। एक क्षण को कलेजा धक से रह गया, हाय कहाँ गयी होगी ? कहीं वह औरत तो···

तभी उसे याद आया कि ताली तो उसने बड़ी बेटी को दे दी थी। गहनों की स्मृति पुरानी चोट की तरह फिर टीसने लगी। बाहर गलियारे में कोई एक गाड़ी-सी खींचकर ले जा रहा था—चूँ चूँ चूँ। पहियों में तनिक तेल ही दे लेते, उसने सोचा। पुरानी चाल के थे गहने तो क्या हुआ ? मुक्ता कहती न थी कि अब फिर फैशन में आ गये हैं। चालीस तोले की तो गले की रामनौमी थी, सात तोले की नथ। "सास की नथ तो बड़ी बहू के ही जावे है," सुषमा की चाची एक बार कह रही थी, चुन्ना की बहू ने तुरंत टोक दिया था कि अगर मेरी चाची होती तो कहती कि सास की नथ तो छोटी बहू के ही जावे है। जितनी गंभीर सुषमा है, उतनी ही मुँहफट छोटी वाली। अंग्रेजी इस्कूल की पढ़ी है, अंग्रेजों की तरह का ही रहना-सहना ? करती बहुत है उसके लिए, ऐसा नहीं कि न करे। पर उसके यहाँ सावित्री ज्यादे दिन टिक नहीं पाती, गिट-पिट करते बच्चे, आगे-पीछे घूमते जात-कुजात के चपरासी, साहब-मेमसाहब जैसे दोस्त। गाड़ी कोठी के फाटक पर घुसती है और संतरी जोर से बंदूक पटककर सलूट करता है तो उसका कलेजा हर बार मुँह को आ जाता है। वैसे जस बड़ा है।

चाँदी के गहनों का क्या करे वह ? पैर के हैं कुछ, कुछ हाथ के। सुषमा अक्सर चाँदी के ही कड़े-उड़े पहनती है, एकाध उसे दे देंगी। अरे जो चाँदी पहने उसे चाँदी, जो सोना उसे सोना, सुषमा को सोना दे भी तो पहनेगी थोड़े ही ? मुक्ता और छोटी शौक से पहनेंगी, कि अम्मा की यादगारी है। सावित्री के आँसू बह चले। गला सूख रहा था। पर पानी पीने की भी मनाही थी। मान लो ऑपरेशन के बीच ही—फिर लड़कियों-बहुओं को कैसे पता होगा कि कौन गहने किसके हैं ? बड़ी गलती की उसने, पहले ही बड़ी को लिखा दिया होता—हे प्रभो, हिस्सा करने तक की तो मुँहलत देना !

सावित्री को याद आया कि उसके बाबा कहते थे, जब भय लगे तो हनुमान चालीसा पढ़ो। उसने काँपते मन से लाइन उठायी—जय हनुमान, ज्ञान गुण-सागर। पता नहीं क्यों सपने में दीखी औरत का चेहरा पहचाना-पहचाना-सा लग रहा था। कहाँ देखा होगा उसे ? लाख याद करने पर भी—जय कपीश तिहुँ लोक···दरवाजा खुला तो उसका दिल फिर उछलकर फड़फड़ाया। पर यह

मुन्ना था, पीछे-पीछे सुषमा, चुन्ना और नीलम और दोनों लड़कियाँ।

चुन्ना और बहू ने पैर छुए तो उसे फिर रोना आ गया—"ठीक तो हो ?" सबके सब चिंतातुर और सुस्त दीख रहे थे। उसके मन में दुःख हुआ, उसके पीछे क्या जाने टाइम पर खाना भी खाते होंगे या नहीं। इनको क्या ? सब भाई-बहन बहसों में डूब गये तो। वह दबे स्वर में लड़कियों से पूछने लगी कि सबने इत्ती सुबे नाश्ता-आश्ता तो क्या ही किया होगा ?

"हाँ-हाँ, सब ठीक है। तुम चिंता न करो," बढ़कियों ने कहा। सुषमा के माथे की नस फड़कने लगी थी। सास हमेशा लड़कियों से अलग से पूछती है, जैसे कि बहू सही-सही बात नहीं बतायेगी। क्रोध पर प्रकट में संयम रखते हुए उसने देवर से अंग्रेजी में बात करना चालू कर दिया। उसे खूब मालूम था कि उसे अंग्रेजी में बोलता सुन अम्मा जी हमेशा सहम जाती हैं, जाने क्या राज खोल दे रही हो उनके बिना जाने। चुन्ना की बहू सावित्री को बताने लगी थी कि नहीं, वह बच्चों को नहीं लायी, उनके इम्तहान होने को हैं। घर में वहाँ नौकर-चाकर तो हैं ही।

मुन्ना पास आया—"तुम्हारा नाम ऑपरेशन लिस्ट में सबसे ऊपर है," उसने बताया। बहू ने अंग्रेजी में बोलना छोड़कर तुरंत जोड़ा, कि उसके चाचाजी ने कह-सुनकर बड़ी मुश्किल से यह कराया है—"बात ये है कि उस वक्त डॉक्टर तो एकदम तरोताजा रहते ही हैं, ऑपरेशन थियेटर भी साफ-सुथरा रहता है। कल शाम से हम दोनों इसी भाग-दौड़ में लगे हैं," उसने आगे बताया।

सावित्री पूछना चाहती थी कि अरे, अपने माँ-बाप के लिए भी नहीं करोगे इतना तो फिर किसके लिए करोगे ? पर पूछ नहीं पाती। बहू के इन्हीं चोंचलों पर उसे खीझ छूटती है। लो, अपने माँ-बाप की देखभाल जैसे बड़े अजूबे की बात हो। कित्ता-कित्ता परिवार निभाते हैं लोग-बाग···और अपने को धन्न समझते हैं कि बड़ों की सेवा का ये मौका मिला, पर ये हैं कि अपने मूँ से अपने मरद की बड़ाई—क्या कहो, जमाने के रंग हैं और उनकी लायकी जो एक कान से सुना और दूसरे से···

"क्या है ?" मुक्ता उनसे कुछ कह रही थी। आत्मश्लाघा और आत्म-दया के कुनकुने वारिधि में तिरती सावित्री को खीझ छूटी। मुक्ता ने बताया कि डॉक्टर साहब देखने आये हैं खुद।

मुस्काता सुनहरी कमानी की ऐनक लगाये डॉक्टर सामने खड़ा था—पूछता हुआ कि वे डर-वर तो नहीं रहीं कहीं ? उनके सिवा सब हँस पड़े। फिर गंभीरता से उन्होंने नर्स से कुछ कहा और फिर बाहर चले गये। पीछे-पीछे बेटे भी—

"हाय बड़े हँसमुख हैं," मँझली ने कहा। सबको बताने लगी कि बड़ा नाम है उनका, और सबसे बड़ी बात ये कि देश-विदेश में नाम होने के बावजूद कोई

घमंड नहीं, उसके चाचा तो कई सालों से बहुत अच्छी तरह जानते…

नर्स भीतर आयी। "ये कपरा बदलना होगा, गहना भी हटाना होगा।"—उसकी आवाज तीखी और हठीली थी, जिससे कोई तकरार नहीं कर सकता। "बस पंद्रा मिंट और हैं…" उसने लड़कियों-बहुओं से कहा, यह जोड़ते हुए कि "डॉक्टर साब वक्त के बहुत पाबंद हैं," एक बेवजह मुस्कान सब पर डालकर वह हथेली पर एक शीशी से गोलियाँ डालकर गिनने लगी। लड़कियों ने सुषमा और चुन्ना की बहू को बाहर भेज दिया, और नर्स के साथ उनके कपड़े-जेवर उतारने लगीं। आठ सोने की चूड़ियाँ। एक चार तोले की चैन, सोने के बुंदे—एक बुंदे का पेंच तनिक फिसलना-सा था, नीचे गिर गया।

"हाय सोना खोना अच्छा नहीं होता।" सावित्री फिर रोने लगी। "मिल जायेगा अम्मा जी," नर्स ने कहा—"आपके बच्चे ढूँढ़ लेंगे।"

बड़ी ने उनके सामने एहतियात से सब चीजें रूमाल में बाँधकर अपने पर्स में डाल लीं और कहा कि घर जाते ही वह उन्हें माँ के ट्रंक में डाल देगी।

बहुएँ समझदारी से इस दौरान बाहर ही रहीं। अम्माजी की चाबियाँ बड़ी के पास हैं उन्हें मालूम था।

सिर के ऊपर बेहद तेज रोशनी थी। डॉक्टर की आँखें ही आँखें दीखती थीं। उसकी सुई की नोक से दवा उछली और उनकी नसों में बहने लगी—

वही भटियारिन फिर से चली आ रही थी, सावित्री ने उठकर बदन झाड़ना चाहा, यह तो सपना था न? भटियारिन पास आती गयी—"आ…" वह उसे बुला रही थी, उसकी लहसुनभरी साँसें—सावित्री को उबकाई आने लगी—"जा-जा।" वह औरत फिर हँसी, उसके पान खाये कल्ले चमके। फिर सब अँधेरे में डूब गया। कौन होगी वह?

होश कभी धीमे-धीमे पास आता और फिर धीमे-धीमे दूर चला जाता जैसे कोई झूले में बिठाकर हौले-हौले पींग दे रहा हो—आगे, फिर पीछे, फिर आगे। पेट में एक आरी घूम रही थी मानो, किर्र-किर्र निरंतर बेधती हुई। दर्द की लकीर गहरी, और गहरी होती हुई। क्या यह वही कराह रही थी? विवश गाय की-सी डकराहट। सावित्री के अपने ही कान उसे सुनकर भयार्त होते—

चारों तरफ आवाजें थीं, फुसफुसाती, धीमी, तेज। चलते हुए आकार थे। आवाज से कुछ बढ़ा। क्या? आवाजें? दर्द? दर्द, दर्द, थकान, दर्द—सावित्री के गालों पर बहता हुआ कुछ किसी ने पोंछा। उसके होंठों पर कोई बर्फ फिरा

रहा था। अचानक उसे बड़े जोरों की प्यास महसूस हुई। जीभ जैसे सूखकर पत्थर हो गयी हो। वह कहना चाहती थी—'पानी' पर मुँह से वही विवश डकराहट निकलती।

धीमे-धीमे शक्लें और आवाजें साफ होने लगीं, जैसे दूरबीन की ढिबरी घुमा दी गयी हो। यह तो एक और ही कमरा था।

"अम्मा ! अम्मा !" मुन्ना उससे कुछ कह रहा था—"आज बारह घंटे यहाँ। फिर ले जायेंगे···"

'ले जायेंगे।' शब्दों की मनहूस छाया—सोना खोया सो अलग—किसने कहा होगा ? कब ? वह औरत—कहाँ देखा था उसे ?

"रोओ मत अम्मा," यह छोटी थी। "सब ठीक हो जायेगा।" धीमे-धीमे पैरों के पास खड़े और आकार भी स्पष्ट हो रहे थे—दोनों बहुएँ—बेटे—

दवाओं की बास से कमरे की हवा घुट रही थी। जी मिचलाया और दर्द की लहर लपट की तरह—

"कैसा जी है ?" सुनहरी कमानी के चश्मेवाला कोई—विस्फारित नेत्रों से सावित्री ताकती रही, जैसे तमाचा खाने से पहले बच्चा, पीटने वाले को देखता है—"जी मचला रहा होगा, क्यों ?" उसी से पूछ रहा था न कोई ?

"जो बेहोशी की दवाएँ दी थीं, उन्हीं का असर है। थोड़ी देरी में चला जायेगा···"

फिर वह आदमी नर्स से कुछ कहने लगा, फिर सब चले गये। सफेद कपड़ों वाली नर्स-भर रह गयी—दीवार घड़ी टिकटिकाती थी। टिक टिक···टिक···टिक··· सावित्री की निगाह पहली बार अपने चारों ओर लगी नलकियों पर गयी—वे सब उसी के बदन में तो लगी थीं। नलकियों पर झूलता उसका बदन टिक···टिक··· टिक···टिक उसकी निगाह अपनी सूनी कलाइयों पर गयी···उसकी चूड़ियाँ ?··· सब सूना—खाली···टिक···टिक···टिक···टिक···नर्स आयी, उसने सब नलकियों को, बोतलों को छूकर देखा, घड़ी देखी, फिर ओझल हो गयी···शायद कुर्सी पर जा बैठी होगी···उनके पेट पर बड़ा भार था···बड़ा ही दर्द···टिक··· टिक···टिक···टिक धड़कता हुआ दर्द···सामने का दरवाजा खुला था। अचानक सावित्री ने देखा कि वही औरत फिर भीतर आ रही थी, मटकती हुई, ठीक उनकी आँखों के सामने। सावित्री की देह भय से काठ हो गयी। सिर का खून मानो बर्फ हो गया हो—वह चीखकर नर्स को आगाह करना चाहती थी, जिस कमरे में से उसके अपने बच्चों तक को बाहर भेज दिया गया था, वहाँ यह कैसे ? पर दर्द और भय उन्हें गोफन में रखे पत्थर-सा घुमा रहा था, तेजी से, और तेजी से। वह औरत अब उनके ऐन सिराहने खड़ी थी, अपनी व्यंग्य-भरी हँसी के साथ। उसके पान सने दाँतों-में सोने की कीलें ठुकी थीं और उसके बालों में ठोंका

गया तेल माथे तक चुहचुहा आया था। उसके भरे-भरे बेशर्म कूल्हे जैसे न्योतते थे—वह नहीं जानती क्या इन कमजातों को? क्रोध से वह हाँफने लगी—छि: छि: इसी वक्त कहीं लड़के-लड़कियाँ—बहुएँ आ गये तो?

"वे क्योंकर आयेंगे अब?" औरत हँस पड़ी—"अब तो बिन्नो तुम्हारी हमाई पटैगी—" वह बुंदेलखंडी आवाज में गा-गाकर-सा बोलती थी—उसने फिर सावित्री की बाँह पर चिकोटी भर ली और ठठाकर हँस पड़ी—फिर वह जाने कहाँ चली गयी?—सावित्री के मुँह से अचानक इतनी देर से जमी हुई चीखें फट पड़ी—यह चिल्लाये जा रही थी—नर्स हड़बड़ाकर उठी, उसकी सफेद पोशाक पास आयी—अचानक नर्स से भी लहसुन की गंध फूटने लगी थी—या क्या पता, नर्स के पीछे वहीं कहीं छुपी—फिर सब गड्डमड्ड हो गया। अँधेरा, फिर सब अँधेरा।

सावित्री की आँख खुली तो सबसे पहले मुन्ना का चेहरा दिखाई पड़ा। वह कुछ कह रहा था। ग्लूकोज की नयी बोतल लगी थी, उसी से—"ठीक हो? ठीक हो?" वह बहुत पास से पूछ रहा था—एक क्षण सावित्री की भयार्त आँखें उसके इधर-उधर किसी को ढूँढ़ती रहीं—फिर वह रो पड़ी। मुन्ना सिर सहलाने लगा—सुषमा भी थी। पास में मुक्ता और छोटी ही थे ना? वे भी रो रही थीं। "मत रोओ," वह कहना चाहती थी। पर मुँह से बोल ही नहीं फूटे··· नर्स अपनी तीखी आवाज में कुछ कह रही थी फिर मुक्ता की आवाज कहने लगी कि उन्हें जाना है, कुछ समय तक उसे मतलब ही समझ नहीं आया, जाना है, किसे? फिर उसने देखा कि कमरा फिर खाली हो गया है। सिर्फ नर्स है और घड़ी की टिक··· टिक!

"मत जाओ। मुझे अकेली छोड़कर मत जाओ," वह चीखकर कहना चाहती थी। कमरा जैसे एक कटघरा था, उसे पक्का मालूम था कि सबके ओझल होते ही धीमे से वही औरत भीतर दाखिल हो जायेगी और दर्द का हिंडोला उन्हें लिये-दिये ऊपर उठने लगेगा—"आओ, आओ, आओ।"

"तुम डरती बहुत हो"—उसकी केहुनी के पास से लहसुन और तेल की गंध फूट रही थी—"क्या तुमीं अकेली हो?" सावित्री भयार्त खरहे की तरह पड़ी रही।

"बोल, डरती हो या नईं?"

उससे पूछा जा रहा है? हाँ, वह अपने को कहता सुनती है—"किससे?"

"जाने से—"

जाने से कि, जहाँ जाना है उसे?

"जाना क्यों है ? हूँ ? जाना ही क्यों है ? मुझे क्यों जाना है ?"

अचानक सावित्री पाती है कि उसके भीतर का जमा हुआ एक अंबार पिघल कर उस औरत की ओर बह रहा है—जाने क्यों उसे पक्का यकीन है कि सिर्फ वही उससे झूठ नहीं बोलेगी—"हूँ ? बोलो ?"

"तुम अनूठी हो क्या ?"

"पर मेरे बच्चे ? घर ? मेरे सारे गहने ? अरे अभी अपने हाथ से उन्हें बाँटा भी नहीं—"

"कब तक रोके रक्खेगी ?" भटियारिन हँसी सी। कौन हंसता था ऐसे, हूँ ? कोमा के आखिरी छोर पर झूलती सावित्री को अचानक समझ आता है, कि वह भटियारिन अब तक इतनी जानी-पहचानी क्योंकर लगती रही ? वह हू-ब-हू उस दाई की शक्ल की थी, जिसने उनके पहले बच्चे के जापे पर चौबीस घंटे उसकी बगल में डेरा किया था। दर्द की धार में बहती हुई वह चालीस साल पीछे चली आयी थी, दर्द के सोते तक। दर्द से उस दम बड़ा वह भय था, जिससे उसकी पूरी देह उछल-उछल पड़ती थी—"कब तक चीख-चीखकर उसे रोके रक्खेगी। अपने भीतर ?" एक दमघोंट दबाव से उस वक्त उसकी कमर सहलाती दाई ने कहा था।

आज दर्द में डूबते हुए उसे वह अँधेरा फिर याद आया, वे पान खाये कल्ले।

"बाहर जाव।" कमरे से उसकी महतारी को भी दाई ने भगा दिया था—"महतारी के देखे से दरद जियादे उठे हैं।"

वह डूब रही थी और अब अपने कमरे में अँधेरा था, कड़वे तेल, अजवाइन और एक अजीब बकबकी-सी बास थी। और वह थी, और सख्त हाथों वाली डरावनी दाई। आमने-सामने। माँ का सहलाता नरम हाथ कहीं नहीं था।

वह डूब रही थी, और उसने डर से इधर-उधर ताका था। दाई उसकी टाँगें गेंठकर अपनी लहसुन-भरी साँसें उसके चेहरे पर छोड़ रही थी।

"लगा जोर हरामजादी, मैं कहती हूँ उसे भीतर रोक मती।"

वह डूब रही थी और उसके कमर के नीचे मानो एक आग का भँवर घूम रहा था। उसे लगता था, अब वह सहार नहीं पायेगी, वह फट रही है, वह फट—उसके चेहरे पर लहसुन-भरी साँसें छोड़ते पान खाये जबड़े की बकबकी-सी वह बास "माई री, मैं मरी !" वह जोर से चिल्ला रही थी। अँधेरा-अँधेरा—लाली अँधेरा—

वह डूब रही थी और—"लगा जोर !" लाल-लाल जबड़ों से फूटा था—"मैं कहती हूँ रोक मती, आ रहा है वह, आने दे उसे !"

डूबते-डूबते साँस रोककर जाने कैसे उसने जोर लगा ही दिया था। आखिरी बार। एक दिल दहलाने वाली चीख और अचानक वह आजाद थी…झलमल

उसकी टाँगों के बीच से एक सोता-सा बह रहा था, मानो। और बदन जैसे फूल हो गया हो।

दर्द की नदी उसके ऊपर कहीं दूर बह रही थी, और वह ठंडी नर्म तलहटी में पड़ी थी—थकान और नींद से चूर, 'के हाँ, के हाँ, के हाँ,' एक अजीब आवाज आ रही थी दूर से—"अहा हा, क्या दन्न से बेटा जनमा हैगा।"

पैरों से उल्टा लटकाये एक बिलखते लोथड़े को दाई धीमे-धीमे उसके आगे हिला रही थी, जैसे बंद जेबघड़ी हो। फिर वह ऐसे सो गयी थी, जैसे कुछ हुआ ही न हो।

आज फिर सावित्री की पीठ के नीचे नदी की तलहटी की चिकनी नर्माई थी। वह अब डूब नहीं रही थी, हालाँकि अभी भी चारों ओर खून-पसीने, लहसुन की गंध फैली थी।

सावित्री ने धीमे-धीमे आखिरी बार पैर सीधे किये, बिना डरे। उसके अपने भीतर से जो अब सामने आ गया था, वह हर सत्कर्म से बड़ा था, हर दुष्कर्म से भी।

उसने रही-सही ताकत समेटकर दूसरी बार साँस छोड़ दी···दर्द अब ऊपर कहीं दूर बह रहा था। उसकी आँखों के आगे कुछ भी नहीं था। पूरे बदन में थी ठंडक और नींद। गहरी नींद।

कमरे में रुलाई उभरने लगी।

कुनू

आसमान वहाँ पर आकर टूटता था, जहाँ ऊँची-लंबी पर्वत चोटी घोड़े की काठी-सी समतल होकर फैल गयी थी। एक छोटा सफेद मंदिर दीखने से पहले अपनी घंटियों में टुनटन सुनाई पड़ता। धूप, हवा और पानी से चिंदी-चिंदी, हल्की जोगिया पताकाओं वाला मंदिर।

हर इतवार के दिन कुनू सिर धोती थी, और सिर धोकर यहाँ आ चढ़ती थी। मंदिर के पिछवाड़े, जमीन से कई मील ऊपर, एक जीभ की तरह निकली उस चट्टान पर बाल सुखाती, वह सोचती थी, क्या वह इस चट्टान से गिर सकेगी?··· सोचती-सोचती कुनू अपने आपको खूब दुष्ट और खुला-खुला अनुभव करती।

यहाँ, इस घातक सलेटी चट्टान पर लेटी वह हरी-भरी जमीन से भी मीलों दूर थी, और खुशनुमा नीले आसमान से भी। तब वह जानती न थी कि इसी को खुशी कहते हैं।

कभी-कभी कुनू ऐसा भी करती थी कि अपनी चप्पलें चट्टान के पीछे छुपाकर नंगे पैरों मंदिर की ओर से ढलवान पर ऊपर-नीचे भागती। ढलवान चीड़ की नुकीली पत्तियों से कतई चिकना था, रुकते-रुकते भी ढाल पर पैर फिसलते जाते, और कुछ दूर फिसलने के बाद ढाल से उसका घर दीखने लगता था, लाल टीन की ढलवाँ छतोंवाला बड़ा-सा घर, झबरे कुत्ते-सा धूप में ऊँघता हुआ! छत पर बड़ी-मुँगौड़ियाँ सूखती रहतीं, सफेद और पीली। कभी-कभी उनकी तली पर छत का लाल रोगन भी भीतर चला आता था। जाड़ों-भर घर में बड़ी-मुँगौड़ी पकतीं। वे कुछ-कुछ मछलियों-सी गँधाती थीं।

"समुद्र कैसा होता है?" कुनू ने एक बार बड़ी-भात खाते-खाते पिता से पूछा था।

माँ ने टोका था—"मुँह में खाना भरकर नहीं बोलते।"

समुद्र तुरंत कुनू के गले में फंदे की तरह ऐसा लग गया कि उसका चेहरा लाल पड़ गया था—खाँसते-खाँसते।

"इस वक्त समुद्र क्या याद आया तुझे ?" पिता ने हल्के विस्मय से पूछा था, फिर उसकी पीठ पर धौल देते, उसकी खाँसी सहलाते वे बात भूल गए थे। समुद्र देर तक अटका रहा कुनू के हलक में।

समुद्र कैसा होता होगा भला ! अक्सर जब-जब कुनू अपनी चट्टान पर अकेली होती, आँखें बंद करके वह अपने-आपको अपने गिर्द उमड़ती हवाओं के हवाले कर देती···और देर तक हवा का समुद्र उसको हरी घास की तरह लहराता, ऊभचूभ करता रहता। उसे लगता वह कुनू नहीं मिस्र की रानी क्लियोपेट्रा है—सुनहरे सर्प का मुकुट लगाये, बजरे में पसरी हुई ! वह एक नाजुक हिना लगा हाथ उठाती है, तो हजार-हजार चप्पुओं में हरकत होती है, और उसका बजरा पनियल साँप की तेजी से समुद्र का सीना चीरता चल निकलता है ! वह दोबारा हाथ उठाती है, तो हवा की गीली अयाल में से भाप की तरह हिनहिनाहटें उठने लगती हैं, समुद्र के उत्तर पर एक जहाजी सैन्य-दल छा जाता है, देखते-देखते। कुनू का बजरा धूप में आग की लकीर-सा चमकता है, दप ! दप ! मूँगे के रंग की धूप माणिक के तहखानों वाले सूर्यास्त। हवा, पानी, आग, कुनू !

कुनू आवाजों से अपने लिए लेटे-लेटे कुछ भी गढ़ सकती थी, समुद्र, जंगल, शेर की माँद, घोड़ों की टापों का धमाकेदार हजूम। अपनी जादुई चट्टान पर खड़ी होकर वह अपनी बाँहें ऊपर करती, तो उसका फ्राक पंखों की तरह उसके गिर्द फटफटा उठता और उस क्षण कुनू को लगता कि वह तो उड़ भी सकती है !

रात को बिछौने पर लेटी, छोटे भाई के लिए कहानी गढ़ती हुई कुनू कहती कि जब बड़ी होकर वह महारानी बनेगी, तो इस पूरी पहाड़ी पर पत्थरों की एक मजबूत दीवार चिनवा देगी, ताकि घाटी से या मोटर-सड़क से उसकी चट्टान को कोई नहीं देख सके। ऊपर मंदिर में घंटी बजाकर हर हफ्ते वह प्रार्थना करती कि जब-जब वह अपनी चट्टान पर लेटने आये, तो आसमान ऐसा ही खुला-खुला हो, ढलवान पर भाई के तीखी-पतली आवाजों वाले चिबिल्ले दोस्त पेड़ों पर ढेले फेंकने का अभ्यास न करते हों, और माँ बड़ी-मुँगौड़ी पकाना कतई बंद कर दे।

"मुझे तो समझ में नहीं आता, इसका क्या होगा !" माँ अपनी सुंदर भूरी आँखों में विस्मय और विषाद भरकर कहती। दाल के बड़े तलती हुई माँ कुहनी से बाल पीछे करती तो पिसी दाल का एक चकत्ता उसके कपोल पर चिपक जाता। माँ 'हाँ-हाँ' करती रह जाती और सीधे कढ़ाव से गर्म-गर्म बड़ा 'हा-हा-हू-हू' करती खाती हुई कुनू ऊपर भाग जाती।

कुनू के कई मित्र थे। सबसे पक्की दोस्त थी, लाल-लाल सीने वाली वह चिड़िया, जो घिंगारू के लाल-लाल फलों को उसके साथ कुतरकर खाती थी। पंख उठाकर चोंच से सीना खुजाती हुई चिड़िया, गर्दन तनिक टेढ़ी कर गौर से देखती, और कहती—क्यों-क्यों-क्यों ? कम-से-कम कुनू को तो ऐसा ही सुनायी पड़ता था।

एक बार ऊपर मंदिर में किसी ने एक के बाद एक पीतल की घंटियों को छेड़ दिया था···टुन-टुन-टुन ! धूप इतनी तेज थी कि चट्टान पर लेटी कुनू को बंद आँखों के भीतर नारंगी चकत्ते नजर आते थे। मंदिर की सीढ़ियों पर खुदा था—'यह पं० मनीराम मनकोटी ने पुज्य पिताजी की स्मिर्ती में बनवाया।' मंदिर की तमाम ढलवान पर जंगली नरगिस के पौधे थे—धूप से नीम बेहोश होती तितलियाँ उन पर पंखड़ियों-सी चकराती थीं। हवा में तेल की, कपूर की, चीड़ की गंध थी···टुन-टुन-टुन !···क्यों, क्यों, क्यों !

चिड़िया के नर्म पंखों की फड़फड़ाहट चेहरे पर महसूस करती, चट्टान पर लेटी कुनू को क्षण-भर को लगा था कि प्यार और ताकत से वह टुकड़े-टुकड़े हो जायेगी।

कुनू की एक और दोस्ती थी, सरूली की माँ, परू घसियारिन, जो चट्टान पर थूक से अपनी दराँती तेज करती हुई उसे बताती थी कि उसकी सरू को आँतें उतरने की बीमारी लग गयी है। तेल-ह्ेल सबसे मालिश करके देख लिया। अब बैदजी ने कहा कि उसे चूहे का मांस भूनकर खिलाव। परू घसियारिन आगे बताती कि चूहे का मांस बिचित्तर होता है, कि इतना, ई—ये देखो मेरे अंगूठे के नंग (नाखून) जितना टुकड़ा, तेल में छोड़ो तो फूल के हथेली जित्ता हो जाता है।

रात को खाना खाते-खाते उसने माँ से पूछा था—"क्या तले जाने से कभी दाल की बड़ी फूलकर हथेली जितनी हो सकती है ?"

माँ ने कहा था कि नहीं, फिर कुछ सोचकर कहा था कि हाँ, भाबर में पंजाबी दूकानदार बेचते हैं हथेली जितनी बड़ियाँ···खूब ही लाल-काली मिर्च वाली, पर वो तोड़ के बनायी जाती हैं। तू खा नहीं सकेगी, बड़ी मिर्च डालते हैं···पंजाबी उसमें···फिर वह पिता को पंजाबी दूकानदारों की बेईमानी के बारे में बताने लगी थी, कुनू उनसे बिछड़ गयी थी।

एक और दोस्त थी कुनू की—हसीना भंगिन, उसकी आँखें सलेटी थीं। कुनू को हसीना दुनिया की सबसे खूबसूरत भंगिन लगती थी। उसका भूरे बालों वाला लड़का भुर्रे जब-जब बीमार पड़ता था, वह लड़की को पाँच पैसे देती थी, मंदिर में चढ़ाने को। उसकी नौ लड़कियों के बाद भुर्रे पैदा हुआ था, और उसके जनम पे उनके पाँच सूअर कटे थे और पचास बोतल कच्ची आयी थी। माल्टे की खट्टी-

मिट्टी होती है कच्ची और क्या ? एक ही बोतल में तीन लोग टुन्न खेंच जाते हैं। भाबर से आती है ट्रकों पे।

कुनू ने जब रात को बताया था कि कच्ची पीने से एक बार में तीन लोग टुन्न हो सकते हैं, तो माँ के होंठ बड़ियों की तरह सिकुड़ गये थे, और उन्होंने कहा था कि अब वह सयानी हो रही है, और उटंग फ्रॉक पहनकर अकेले इधर-उधर डोलते फिरने की उसे कोई जरूरत नहीं। अगले दिनों में दर्जी को बुलाकर उसके लिए सलवार-कमीज की नाप दे दी गयी थी, और पापलीन की चार बास्कट जैसी तंग बंडियाँ, कुर्ते के भीतर पहनने का उसे आदेश हुआ था। बंडी पहनकर उसे लगता कि उसके सीने पर किसी ने रस्सियाँ बाँध दी हैं···और वह साँस नहीं ले पायेगी!

कुनू सपने में एक लड़की को देखती, जो लाल सीने वाली चिड़िया के साथ टूटे आसमान में मँडरा-मँडराकर पूछती रहती—'क्यों-क्यों-क्यों ?' पर उसके सपनों में किसी को रुचि न थी। पिता खोये-खोये खाना खाते या रेडियो सुनते रहते, भाई रामपुरी चाकू की किस्मों, छर्रे वाली बंदूकों और क्रिकेट में डूबा रहता, माँ बड़ी-मुँगोड़ी और अचार या तो बनाती रहती या उन्हें बचाने का जतन करती रहती। घर में हर मर्तबान, हर कनस्तर का मुँह कसकर बँधा रहता। नमी के विरुद्ध, हवा के विरुद्ध, समय के विरुद्ध, उसके विरुद्ध ! उससे कहा गया कि वह अचार न छुआ करे, क्योंकि अब उसके समय-बेसमय छूने से अचार बिगड़ सकता है। वह बड़ी-मुँगौड़ी के डिब्बे न खोले, क्योंकि वह उन्हें वापस कसकर बंद नहीं करती।

अचार, बड़ी-मुँगौड़ी, क्रिकेट, चाकू, छुरों और रेडियो के परे कुनू जंगली बिल्ली-सी खूँखार और उग्र होने लगी थी। शाम को साढ़े छह बजे पंचायती कार्यक्रम में एक आवाज कहती—"हाँ तो पंचो !"···और पिता स्वयं को मक्की की किस्मों, बैंगन की निराई के तरीकों और परिवार नियोजन की नकियाती वार्ताओं के सुपुर्द कर देते, भाई कमेंट्री वाले की अंग्रेजी की नकल करता कागज की गेंदें इधर-उधर फेंकता रहता, कभी गुगली, कभी स्पिन। माँ चुपचाप बैठी बुनती रहती या पिता से लड़ती रहती।

कुनू को लगता, वह उकताहट से मर जायेगी।

कुनू बेहद चिड़चिड़ी हो गयी थी। पतझड़ के बाद अचानक बढ़ता जाड़ा। पहाड़ का गीला जाड़ा, सख्त-दिल शामें। हवाओं में हरदम भरी रहती जलती पत्तियों की कड़वी बास। माली सूखी घास से पाइपें लपेटने लगे थे। पानी बर्फ बन जाये तो, लोहे के पाइप फाड़ देता है। कुनू को लगता, वह भी बर्फ से जमे

पाइपों की तरह फट जायेगी कभी।

रात को कुनू की नींद खुलती, तो बाहर छत के साथ-साथ चलती नालियों से टपकता पानी पतली-लंबी सलाखों की तरह बर्फ बन चमकता। चाँद भूतहा लगने लगा था। और हवा जो कभी उसकी दोस्त थी, अब कमरे में क्रुद्ध आक्रोश से घुसकर उसकी दरी को छाते-सा फुला देती। पतले रात के कपड़ों में सिहरती कुनू अपनी खिड़की पर खड़ी देर तक अँधेरे में वह पगडंडी खोजती, जो मंदिर के पिछवाड़े की उस चट्टान तक जाती थी।

जुकाम से जमी छाती पर विक्स मलते-मलते माँ ने उससे कहा था कि ऐसी जानलेवा सर्दी में खिड़की को शिव मंदिर के पट की तरह 'चौधाण' खुली रखना कतई जरूरी नहीं। वैसे भी वह सयानी हो गयी है··· और सयानी लड़कियों की खिड़कियाँ रात को बंद ही भली!

कुनू की बंद खिड़की के नीचे उन्हीं दिनों रात-गये एक नामहीन जानवर आकर सहरा-सहराकर डराने स्वर से रोने लगा था—'हू-हू-हू'···रात-दर-रात। चौकीदार का कहना था कि उसके रहते परिंदा पर नहीं मार सकता बंगले में, जानवर की तो बात ही क्या? फिर माँ-पिता-भाई सभी तो भर नींद सोये चले जा रहे थे। तब वह नामहीन जानवर सिर्फ उसीकी खिड़की तले रातों में क्यों रोता था? कुनू को लगने लगा कि वह कहीं धीमे-धीमे पगला तो नहीं रही?

कुंनू ने खिड़कियाँ कसकर बंद कर लीं, दरवाजा बंद कर लिया, दरी हटवा दी, जो हवा को शरण देती थी। फिर उसने खिड़की के काँचों पर भी मोटे रंगीन कागज चिपका दिये। दुछत्ती का उसका कमरा अब एक मजबूत किला था, धूसर परछाइयों से भरा हुआ, आभरणहीन। नंगे फर्श, नंगी दीवारों वाला था।

कुनू घंटों अपनी चारपाई पर दीवार की ओर मुँह किये लकड़ी के कुंदे-सी पड़ी रहती। "पर्दों की भी क्या जरूरत है?" उसने माँ से कहा था—"जबकि न खिड़की खुली रहती है, न दरवाजा?"

खुशनुमा पर्दे घर में कहीं और टाँग दिये गये थे।

कुनू कल्पना करती कि उसकी चारपाई उसका ताबूत है और यह ध्वनिहीन ठंडा हरा कमरा उसका मकबरा, तो उसे लगता, उसके बदन में एक हल्की सीलन-भरी गंध फूटने लगी है, नोना झिरती दीवालों की-सी गंध। वह देर तक रगड़-रगड़कर नहाती रहती। दीवार के भीतर रहनेवाली छिपकलियों की तरह उसकी रंगत पीली पड़ गयी थी।

चिंता-भरी आँखों से उसे देखकर माँ कहती—"न कहीं आना, न जाना, न रिश्तेदारों, मेहमानों के आगे निकलना, इतना भी पढ़ता है भला कोई? बीमार पड़ जायेगी तू!" कुनू ने उत्तर में सख्ती से बाम और च्यवनप्राश उठाकर फेंक देने को कहा था। माँ को पूरा यकीन बना रहा कि उसके गुस्से की जड़ एनीमिया

है। इस उम्र में लड़कियों को अक्सर हो जाता है, माँ जैसे अपने-आपको समझाती।

लंबे लड़के की आँखें शहद के रंग की थीं···धूप में गौर से देखा तो पुतलियों के गिर्द हरे छींटे से भी नजर आते थे। एक लंबी धूल-भरी किताबों की नसेनी थी, जिस पर चढ़कर झिझकता हुआ वह कुनू के किले तक आया था। कुनू ने उस रोज बाल धोये थे, लंबे-घुंघराले, गाँठदार बाल। वह बेतरह बिगड़ पड़ी थी, उन्हें सुलझाते हुए—"देखते नहीं, कितनी किताबें हैं यहाँ, और किताबें क्या अपने सिर पर रखूंगी मैं ?" लड़का गौरैया की तरह टेढ़ी गर्दन किये उसे तनिक विस्मय से ताकता रहा—"तुम्हारा दिमाग ज्यादा पढ़ने से खराब हो गया।" मुस्कराते हुए उसने कहा था। कुनू अप्रतिभ हुई। औसतन वह गुस्से से गुर्राती थी तो लोग इधर-उधर हो जाते थे। पर लड़का उसी के पलंग पर बैठा मुस्कराता रहा—"चलो भाई, बहुत हुआ।" उसने कुनू की बेढंगी कफ़नी-जैसी पोशाक का छोर छुआ। उसके हाथों में आवेग या उत्तेजना नहीं थी। वह तो उसे ऐसे थप-थपा रहा था, जैसे चतुर साईस बिदकती घोड़ी को सहलाता है। उसकी पलकें हल्की रोशनी में सुनहरी लगती थीं। पलकों के नीचे उसकी आँखों में हँसी थी—"चलो भाई, बहुत हुआ।" फिर हँसते-हँसते उसने सालों से बंद एक खिड़की खोली, फिर दूसरी।

जकड़ी हुई, जमी हुई खिड़कियाँ तनिक कठिनाई से खुलीं। लड़के के हाथ धूल से अँट गये थे। गाल पर धूल का स्याह डिठौना हो मानो। सालों से बाहर छटपटाती हवा कमरे में आ घुसी थी। पतझड़ के पत्तों की तरह कमरे-भर में उड़ते रह गये उसके कागज। लड़का उससे कोई आठ इंच बड़ा था। शहद के रंग की उसकी आँखें।

"चलो, बाहर चलते हैं।"

सालों बाद कुनू किले से निकलकर मंदिर की चढ़ाई चढ़ रही थी। अनभ्यस्त पैर, लगता था मन-मन भर के हो आये हों। पीछे कमरे-भर में उड़ते रह गये उसके कागज।

सलेटी चट्टान पर लेटकर उसने देखा कि आसमान अब भी वहाँ पर आकर टूटता था, हवा अब भी समंदर बन सकती थी। पर तभी लड़का उस पर हँस पड़ा···और कुनू का ध्यान समंदर से बिछल गया था। लड़के का बिचला होंठ भरा-भरा और रसीला था, अंगूर के दाने की तरह। हँसे जाने पर रुआँसी और चिड़चिड़ी होती कुनू को अचानक लगा, कि लड़के की हँसी रिहर्सल की हुई है, नाटकों की तरह—सुरों का एकदम सही-सधा उतार-चढ़ाव, न कम न ज्यादा।

पर लड़का 'स' और 'श' पर तनिक तुतलाता था। उसने कहा "त्सुनो !" तो कुनू को लगा कि उसके होंठों पर चीड़ की खट-मिट्ठी सुइयाँ चिपक गयी हों, और चिड़चिड़ाहट घटने लगी। वह हवा को नहीं लड़के को सुनने लगी। उसकी कोमल तुतलाहट को, जो उसकी इस्पाती ताकत को छुपाती थी।

रात को लेटे-लेटे कुनू ने साफ महसूस किया कि लड़का भी सपने में उसे देख रहा होगा। वह सोयी नहीं, लेटे-लेटे छोटे शीशे में उसने अपने चेहरे का दायाँ प्रोफाइल देखा, फिर बायाँ। जब वह चट्टान पर लेटी थी, तो लड़का उसकी किस तरफ बैठा था भला ? उसने नाखून न कुतरने का भी प्रण किया। सुबह माँ ने अचरज से कहा कि आज तू दिन चढ़े तक कैसे सोती रही, तू तो···

पहाड़ों के पीछे सूरज डूब रहा था। पहाड़ों की लाल-लाल चोटियाँ मानो सन्निपात में तप रही हों। चट्टान की सलेटी छाती पर आज फिर लाल-लाल सीनेवाली उसकी वह चिड़िया बैठी थी। ढलते सूरज की ईर्ष्यालु, चिंतातुर और नर्मदिल किरणों का एक आखिरी गर्म, लाल स्पर्श। फिर सब गाढ़ा सलेटी होता चला गया।

"गाओ, तुम्हारी आवाज कितनी मीठी है," लड़का कह रहा था—"गाओ न !"

···क्यों-क्यों-क्यों ?

"हिश्ट !" लड़के ने चिड़िया को ढेला मारकर उड़ा दिया। चिड़िया जो कुनू के बीते दिनों की इकलौती चश्मदीद गवाह थी।

लौटने पर आज कुनू को लगा कि उसका कमरा घर के और कमरों की ही तरह हो गया था, साफ, हवादार, उजला। उसमें लड़के की महक थी—गर्म सोंधी रोटी की-सी महक, सिकती हुई, ताजा और तंदुरुस्त। कमरे के झक्क उजास में घुसकर लड़के ने फिर कहा, "गाओ न ! गाओ, आओ, यहाँ पर बैठो।"

कुनू के पिता भी खूब उजले कलफदार कपड़ों में बैठे थे। उनके बगल में बैठा लड़का पिता का जुड़वाँ भाई लग रहा था। कुनू को लगा कि उसकी छाती में घुमड़ता संगीत पत्थर हो गया है।

कमरे में लेटी कुनू के सीने में अथाह शांति थी, अथाह अंधकार। जहाँ वह लेटी थी, वहाँ से कमरे की खिड़की के परे मंदिर का ढलवान साफ-साफ दीखता था। ढलवान, जिस पर लड़के का हाथ थामकर वह ऊपर-नीचे भागी थी, तो आग और बर्फ के दो दरिया उसके माथे के भीतर भी बहने लगे थे। फिर लड़के ने

उसकी चिड़िया को परे उड़ाकर उससे कहा था। "गाओ।"

पिता तनिक हँसे थे।

कुनू के कमरे के बाहर बर्फ गिर रही है। प्यार-भरी बर्फ। नन्हे-नन्हे पतिंगों से गाले रोशनी में हीरो की-सी आग छोड़ते हैं। बर्फ की आग। एक नर्मदिल सफेदी के तले सब ढक गया है। वे पदचापें, जो अधजागी रातों में कमरे से खिड़की तक फुसफुसाती थीं; वे कलम की खरोंचें, जो रात देर गये तक सफेद कागजों के सीनों पर पड़ती थीं।

क्या लूटने आया था दुश्मन? कुनू समझ नहीं पाती। शायद जब बर्फ की आग छत से फर्श तक कमरे को भर देगी, तभी पता चलेगा कि क्या चोरी गया है।

नींद की गहराइयों में डूबती कुनू ने देखा, खिड़की के द्वितीया का चाँद हँसिये-सा तीखा था···और उतना ही धारदार। उसका कमरा, खिड़की खुली होने के बावजूद गर्म था, और उसका धड़कता दिल भोर के तारे की तरह धीमे-धीमे डूब रहा था।

नींद और जागने के बीच साँस से नाजुक उस आखिरी क्षण में कुनू ने जाना कि दुश्मन उसके किले का चप्पा-चप्पा जान गया है। और अब उसे कुनू से कुछ नहीं चाहिए···!

कुनू ने तभी यह भी जाना कि अब वह खुद दुश्मन को कभी भी, कुछ भी देने से इंकार नहीं कर सकेगी। उल्टे एक बाहरी मेहमान की तरह उसे उस सबके लिए शुक्रगुजार होना होगा, जो मिल रहा है।

फिर कुनू सो गयी।

प्रेमचंद : जैसा कि मैंने उन्हें देखा

प्रदर्शनी बहुत बड़ी और गंभीर थी। विराटता से छल-छल छलकती हुई। कई लोग थे—देखते हुए, छलकते हुए, गंभीरता और विराटता से। भीगे-भीगे खुशनुमा वाष्पोद्‌गार थे। लोगबाग बार-बार गले और नाक साफ कर रहे थे। ऐसी विराटता के आगे आप और कर भी क्या सकते हैं। यानी मौजूदा हालात को देखते हुए।

एक जमाना था जब विराट लोग होते थे। युग पुरुष। सन के-से सफेद बालों वाला सिर कहता है—'ये बाल धूप में सफेद नहीं हुए।' वे शायद कभी काले रहे ही न हों। कुछ लोग पैदायशी बुजुर्ग होते हैं। बुजुर्ग और महान। हम सब उनकी उस महानता से आँखें चुराते हैं, जिसने सन सैंतालीस में बरतानवी सरकार के डंडे खाये। धरने दिये, पिकेटिंग की, नारे लगाये, झंडे उठाये। हाय कहाँ गया वह जमाना, जब झंडे उड़ते थे और समवेत कंठों से देशभक्ति के ललकार-भरे गाने गाये जाते थे? प्रेमचंद आओ और पर्दा उठाओ! मैं आर्तभाव से पुकारती हूँ, जैसे द्रोपदी ने चीरहरण के समय श्रीकृष्ण को पुकारा था, पर प्रेमचंद नंगे पाँव आने के बजाय अपनी घनी मूँछों के परे मंद-मंद मुस्कराते हैं। मुझ पर, हम सब पर। कोई मजाक है, जो हम समझ नहीं पा रहे हैं। एक परिधि है, जिसको हम सब फलाँग नहीं पा रहे हैं, अंधों के हाथों की तरह उसे हमारे हाथ टटोलते हैं तो सिर्फ एक घुमाव हाथ आता है, बस।

बाहर खूब गर्मी है। भीतर छाँव भी कम नहीं, हवा में पसीने और हजारों देहों की बास है। मेरी कोल्हापुरी चप्पल का एक फीता टूट गया है। किसी का पैर पड़ गया था। गनीमत है कि दो-तीन फीते अभी साबुत हैं और मेरे खुरदरे पैर को थामे हुए हैं। हम जैसों के पैर भी महान नहीं होते। कमल तो वे हो ही नहीं सकते। मैं कुत्ते की तरह बदन झाड़कर अभिनयशीलता पर सिर झुकाती हूँ। तीन मिनट का मौन, सामने स्टेज पर विनयशील प्रकाशकीय हाथ विमोचन कराते हैं, राजकीय हाथ विमोचन करते हैं, हमारे हाथ मुस्तैदी से ताली पीटते हैं—तड़-

तेंड़। सामने की कतार में बैठे लोगों को ठंडा पानी पेश होता है, स्टेज के वक्ताओं क़ो भी, वे एक घूंट लेकर दहाड़ते हैं—"प्रेमचंद दलितों के मसीहा थे···" उनकी नाक विराट है और उसके भीतर घने काले बाल उत्तेजना से फर्न की तरह लह-लहाते हैं, एक चौकोर हाथ एक चौकोर मुट्ठी बनाता है, हम सँब एँक बौने युंग के शँहरी लोग हैं, प्रेमचंद सँच्चे खेतिहर थे·· !

अपने वामन डग भरती खिसियायी हुई मैं उस गैलरी का रुख करती हूँ, जहाँ नाना तस्वीरों में प्रेमचंद झांक रहे हैं। प्रेमचंद हँसते हुए, प्रेमचंद बोलते हुए, प्रेमचंद देखते हुए, प्रेमचंद बैठे हुए, प्रेमचंद उठे हुए। तस्वीरें काफी ऊँची टँगी हैं, हमारे पसीजते हाथों की धब्बेदार पकड़ के परे। जहाँ एक भव्य क्षितिज शुरू होता है। तस्वीरों के नीचे हमारी ऊँचाई पर मात्र परिचयात्मक सूचनाएँ टँगी हैं। प्रेमचंद का असली नाम धनपतराय था, उनके चाचा उन्हें प्यार से नवाब कहते थे। यूँ नवाब और धनपत दोनों ही नामों से समृद्धि की ध्वनि आती है, पर प्रेमचन्द सामंती धनाढ्य वर्ग के नहीं, कोटि-कोटि दलितों के प्रतिनिधि ही रहे आये।

मेरे पास हलचल होती है। एक जोड़ा प्रसिद्ध सफल हाथ कालेज की साहि-त्यिक छोकरियों को हस्ताक्षर दे रहे हैं। छोकरियाँ टिटिहरी-सी टिटिहा रही हैं—'एक और सर, बस एक और।' सफल हाथ मुस्कराकर एक और सही बनाते हैं। उनका नाम सुकुमार है, उनकी भंगिमाएँ कमनीय। अभी कुछ समय पूर्व उन्होंने स्टेज पर कहा था कि प्रेमचंद की विराटता उनके साहित्य की नैतिकता का संबल बनी है। वे साहित्य के माध्यम से आत्मा को खोजते हैं। आत्मा, जो आज के युग में खोई हुई जिनिस है, पर बेतरह बिकाऊ होती जा रही है, वैसे ही जैसे कि मर्यादा, या सत्य या त्याग। 'इनसे नर्म सोफे पर बैठकर गपशप भली हो सकती है।' मेरा नीच हृदय मुझे कहता है। जिंदगी ऐसी ही है, सुनो कुछ, सोचो कुछ। आँखें मींचने पर भी दुनिया ओझल नहीं होती। कहाँ है प्रेमचंद की कहानियों की वे बड़े घर की बेटियाँ, जो खड़ाऊँ फेंककर मारने वाले उद्धत देवरों को भी क्षमादान देकर एक विराट छद्म पर टिके परिवारों को टूटने से उबार ले जाती हैं? वे स्वामीभक्त नमक के दारोगा, वे-वे-वे···

उधर चार छोटे लेखकों में प्रेमचंद की छाया तले ठन गयी है। ठीक कहा गया है कि चिराग तले अंधेरा। बात गहमा-गहमी से उठकर हाथापाई पर उतर आयी है, और आनंदित भीड़ का एक बड़ा अंश मेरे साथ बेशर्मी से तमाशबीनी कर रहा है। दो-तीन लोग बीच-बीच में शांति-जल छिड़क रहे हैं, हा-हा-हें-हें करते हुए। देर से हमें पता चलता है कि मुद्दा यह है कि प्रेमचंद मानवतावादी थे कि मार्क्सवादी? खबर पहुँचने पर भीड़ मधुमक्खी के छत्ते की तरह कई भनभनाते कोष्ठकों में बँट जाती है। पुराने मुर्दे उखाड़े जा रहे हैं, पुराने राज़

पर्दाफाश हो रहे हैं, प्रेमचन्द आओ और पर्दा गिराओ। मेरा हृदय चीखता है। प्रेमचंद जी एक साथ कई तस्वीरों में से हँस रहे हैं, मुझे भी हँसी आ जाती है।

आखिर यह प्रदर्शनी भी तो कई स्थलों पर देखी जा सकती है। मेरे बगल में दो खादी के नये-नये नर-मादा झोले खड़े हैं—अमरीकी जीन्स, कोल्हापुरी चप्पलों और सायास ओढ़ी गयी ऐसी गरीबी के साथ, जो स्वयं उन्हें भी न छलती हो शायद। नर-झोला, मादा झोले को प्रेमचंद का परिचय अंग्रेजी में देता है। वे भारतीय साहित्य के तोल्सतोय थे और उन्हें कई स्तरों पर पढ़ा जा सकता है। साहित्यिक स्तर पर, राजनीतिक स्तर पर, समाजशास्त्रीय···मादा झोला होंठों से सिगरेट के तंबाकू का कतरा छिटकारकर अश-अश करता है, उसने इसी वर्ष कैंब्रिज विश्वविद्यालय से लौटकर हिंदी लिट्रेचर को टटोलना शुरू किया है—वह भारत आयी है अपनी जड़ों की तलाश में, और तलाश पूरी कर वह कई नामों और मिथकों से लैस हो वापस उसी विदेशी मुल्क को लौट जायेगी, जिसकी भाषा उसकी एक मात्र पूंजी है। "आय फाइंड इट सो हार्ड टु रीड हिंडी," वह खेद-पूर्वक कहती है। नर झोला उसे कई अनूदित संग्रहों के नाम थमाता है, जिन्हें पढ़कर वह मूल का मजा लूट सकती है। "लेकिन मैं तो मूल की तलाश में इतनी दूर आयी हूँ," वह कहती है। नर झोला प्रेमपूर्वक उसकी पीठ पर हाथ रखकर उसे समझाता है कि मुन्नी, शुरू में ऐसा ही होता है, पर धीमे-धीमे आदत पड़ जाने से आसान हो जायेगा। फिर वह वाष्पारुद्ध आवाज में उसे बताता है कि उसके एक आर्किटेक्ट मित्र ने प्रेमचंद स्मारक संग्रहालय के लिए शानदार खाका बनाया है, जो तीन स्तरों पर होगा।—हर मंजिल प्रेमचंद के महान बहु-आयामी व्यक्तित्व के स्तर का प्रतीक होगी, बाहर से सजावट होगी एकदम फोक, यानी लोककलात्मक। कांच के टुकड़ों, मनकों, कौड़ियों और गोबर से। और दीवारें भीतर से होंगी ग्रेनाइट की। प्रेमचंद के चट्टानी व्यक्तित्व के अनुरूप और उसके बीचोबीच सहन में एक तरल तरंगित फौहारा होगा जो एक ताल में पानी बिखेरेगा, जहाँ रुपहली-सुनहरी मछलियाँ तिरती होंगी। कवि के हृदय में स्वप्नों की तरह।

हर प्रदर्शनी में कुछ मुस्तैद चौकीदार होते हैं। यहाँ भी हैं। हर प्रदर्शनी में उन्हें काम रहता है। यहाँ भी है। बीचों-बीच में वे जांघ या कान खुजाते हुए यूँ ही किसी तस्वीर को देखने लग पड़ते हैं, फिर भीड़ की किसी सुंदर महिला को देखते हुए देर तक दाढ़ में फँसा कुछ निकालते हुए बेवजह किसी को टोक देते हैं। वे किसी भी उत्सव में आये खास महत्वपूर्ण अभ्यागतों की दिशा ढूंढ़ने में कुतुबनुमा की डिबिया से काम आते हैं। इस वक्त भी मैं तीन-चार चौकीदार को एक साथ जनता

को डाँटते-डपटते, जगह बनाते देखकर उसी ओर फूट लेती हूँ। सच में मुख्य अतिथि हॉल से निकलकर उधर ही आन पहुँचे हैं। बाजे-गाजे और दूरदर्शी कैमरों समेत, मैं भी उलझाकर उसी दिशा में बेशर्मी से मुस्कराती हूँ, जिधर कैमरों की आँखें हैं। क्या पता कल किसी अखबार में छप भी जाये ? यानी कि मैं एक बात कह रही हूँ भाई साहिब ! अब मान्य अथिति महोदय तस्वीरों का झटपट भद्र मुआयना कर रहे हैं,—एकाध तस्वीरों के आगे वे ठिठकते हैं, भीड़ ठिठकती है, समय ठिठकता है—दो बहुमूल्य क्षण, चार बहुमूल्य शब्द।

अब मुख्य अतिथि जा चुके हैं। उनके उपग्रह तथा नक्षत्र गण भी। वातावरण यकायक तनावहीन हो गया है। हम सब आरामदेह कुर्सियों, कोनों को ढूँढते हैं। चौकीदार हमारी आपाधापी पर वात्सल्यपूर्ण ढंग से मुस्कराते हैं, किसी-किसी से तो मजाक भी कर लेते हैं। कैसे सुंदर सहज ढंग से प्रेमचंद यही बात कह ले जाते, नहीं ? मैं किसी से कहना चाहती हूँ। मुझ पर उनकी 'दो बैलों की कथा' पढ़कर देर तक घोर डिप्रेसन रहा। हमारे वक्त में उसकी चटक सुंदरता, उसकी असंभाव्यता, उनकी भावनाओं की हमसे दूरी, प्यार, स्वामिभक्ति, सौहार्द, दया—कहाँ गये ये सब ? जिंदगी ऐसी ही है शायद ! विद्वान वक्ताओं की तहरीरें मुझे और उदास करती जाती हैं। शायद वे ही सही हैं, और हम सब कतई गलत, बमय अपने इस समय के। इस समय का हम क्या करें प्रेमचंद जी ? ज्ञान की यह घनघोर उदासी कैसी भयानक होती है।

बाहर चिलकती धूप में मुँह खोले एक गौरैया गटर पर हाँफ रही है। नल सूखे पड़े हैं, कूड़े की गाड़ी न आने से कुत्ते-बिल्लियाँ बहुत खुश हैं, भिखारियों के बच्चे भी, कौवे भी। लूटपाट का एक हँसमुख महोत्सव उनमें चल रहा है। कॉर्नफ्लेक्स के पिचके खाली डिब्बे को ताज की तरह सिर पर धरे एक काला अधनंगा बच्चा मलवे के ढेर पर खड़ा जोरों से रेंट सुड़ककर अपने साथियों से कहता है—"देखो बे, मैं राजा हूँ। खी-खी-खी।" प्रजा राजा पर कचड़े की वर्षा करती है, फिर राजा और प्रजा पेट बजाकर लव-स्टोरी के गाने गाने लगते हैं। धूप हम सब पर आशीर्वाद-सी बरसती है। लगातार। मैंने प्रेमचंद जी को पा लिया है। अपने समय के ऐन बीचोंबीच।

जगह मिलने पर साइड दी जायेगी उर्फ तीसरी दुनिया की एक प्रेम-कथा

वे सब सूखे फौवारे के इर्द-गिर्द बैठे थे, एक गुच्छे में। दिन खुशनुमा हो चले थे, सिर्फ खाल पर धूल किरकिराती थी, जैसे गुड़ की रेवड़ी में मिट्टी के कण किरकिराते हैं, मिठास से कुछ-कुछ ध्यान बँटाते हुए। मैं भी जाकर बैठ गया। वे सब बहस में मुब्तिला थे। मैं भी बहस सुनने लगा। मुझे बोलने को किसी ने नहीं कहा था, और शायद अगर मैं बोलता भी, तो वे सब सुनते नहीं। शब्दों के अर्थ एक होते हुए भी उच्चारण-भेद से हमारी भाषाएँ अलग थीं। वे बोलते रहे, मैं उनकी भाषा में भीगता रहा। दिन खुशनुमा हो चले थे। लड़कियों ने हल्की शालें ओढ़ना शुरू कर दिया था। वे बोलते रहे, मैं उनकी भाषा में भीगता रहा। दिन खुशनुमा हो चले थे।

वे छह थे। वे कभी सात या आठ भी हो जाते थे या कभी घटकर चार या पाँच रह जाते, पर जब वे इकट्ठे रहते, तो साथ-साथ डोलते थे, चिड़ियों के झुंड की तरह। श्याम उनका अगुवा था। उसकी देह लंबी-पूरी थी, और आवाज गरगराती हुई। उसके चेहरे पर घनी दाढ़ी थी। उसका माथा ऊँचा था और आत्मविश्वास से दमकता हुआ भी। अकसर अपने डेरे लौटकर मैं उसकी ही तरह आँखें अधमुँदी कर सिगरेट का दम लगाने की कोशिश करता था, हालाँकि मुझे मालूम था कि मैं इस भंगिमा में वह बात पैदा नहीं कर सकता जो श्याम की सहज अदा में है। दरअसल उसकी हर अदा के पीछे ताकत और धौंस का एक पुश्तैनी विस्तार था, जो छींकने जैसी प्रक्रिया को भी एक सहज आभिजात्य बख्श देता है। उसकी मुलायमियत मेरी तरह घिघियाई हुई नहीं, बल्कि अधिकारपूर्ण थी, उसकी गंभीरता विशद और भव्य प्रतीत होती थी। पूरा दल उसके आगे-पीछे डोलता था।

इसके ठीक विपरीत विपिन था, विपिन यानी बैप्सी। उसका वजूद हरदम एक फुर्तीली चुहलबाजी से जेली की तरह तरंगित होता रहता, जैसे अच्छी नस्ल

के छोटे झबरे टैरियर कुत्तों में होता है। वह हरदम फुदकता फिरता। उसके झप्पर-से बिखरे बाल, रंग उड़ी पतलूनें, और महँगे, पर गंदे और सलवटदार कुर्तों में एक ऐसी मजेदार लापरवाही झलकती थी, जो विरासत में मिलती है, पायी नहीं जा सकती। वह अपने पिता को बाप कहता था, और माँ को ओल्ड· लेडी, और चरस से दमकती लाल आँखें चमकाता परिवार के गड़े मुर्दे उखाड़ने लगता।

झुंड के बीच उसके जाने-माने परिवार की यह छीछालेदर उसकी शहादत को पुख्ता करती थी। अपने बाप के आठ शयनकक्षों वाले घर में वह बाहर गैराज के ऊपर बने एक फ्लैट में रहता था और घरवालों से उसका औपचारिक ताल्लुक भी शायद न रहा था। वैसे घरवालों की बातें वे लोग करते भी नहीं थे।

दल में कई लड़कियाँ भी आती-जाती रहती थीं। वे सब-की-सब कद्दावर जिस्म की थीं, और सोने के बजाय चाँदी के निहायत मोटे और अजीबोगरीब जेवरात पहनती थीं, और उनके साथ मोटे छींटदार सूती सलूके और हथकरघों की मुसी हुई धोतियाँ। धौल-धप्पेबाजी में वे लड़कों से बीस ही पड़ती थीं और लड़कों के सामने अपने अंतःवस्त्र सँभालने, या गला, पीठ वगैरा खुजाने में उन्हें कोई संकोच नहीं होता था। बड़े हक भरे भाव से वे लड़कों की जेबों या झोलों में हाथ डालकर सिगरेटें निकाल लेती थीं, और फिर सिगरेट सुलगाकर कुछ देर तंद्रिल आँखों से क्षितिज को ताकती बैठी रहती थीं। तो पाठको, यह तो हुआ पात्र परिचय, अब इसी पृष्ठभूमि में से कहानी फूटेगी हमारी। सो ठहर ऐ दिले-नेक, दुई को छोड़ यकरंग हो जा।

सोमवार: स्थान—फौवारा, **समय**—दोपहर: सैगोन, मोजांबिक, भागलपुर और खेसरी दाल (उनका उच्चारण खेइसाड़ी डाल) से गुजरते हुए हम कला की ओर मुड़े ही थे, कि सड़क पार बत्ती का रंग बदलने के इंतजार में खड़ी निहायत मुनहने-से जिस्म की वह भोली हिरनी लड़की मुझे दीखी। बत्ती का रंग बदल जाने के बाद भी शहर की धौंसभरी परंपरानुसार अकड़बाज ट्रक और क्रूर-कर्कश टेंपो पारपथ से गुजरे चले जा रहे थे। लगातार, यह ऐलान करते हुए, कि 'जगह मिलने पर ही साइड दी जायगी,' और यह भी कि 'फिर मिलेंगे।' वह बार-बार सड़क पार करने को कदम उठाती, फिर भयभीत मृगशावक-सी ठिठक-ठिठक जाती। पल-भर को हमारी आँखें मिलीं। फिर उसने आँखें फिरा लीं। बत्ती फिर से बदल गयी थी। मैंने उसे फिर देखा। मुझे पता था, कि उसे पता था, कि मैं उसे देख रहा हूँ। सड़क पार करते उसने फिर मुझे देखा, मेरी दाहिनी आँख के करीब अठारह से० मी० परे दायीं ओर। 'फरकहिं सुभग अंग सुनु भ्राता।" मैं

पुलक से फटा पड़ता था। एक गूढ़-सी स्मिति देने की सोची। होंठ भींचकर मैं मुस्कुराया, पर फिर लगा कि इसमें व्यंग्य का पुट कुछ ज्यादा हो गया था। मैं उसमें करुणा का 'टच' भी देना चाहता था। फिर एक टेंपो सामने आ गया।

श्याम सवाल उठा रहा था कि क्या उपन्यास मर चुका है? यानी कि एक बुनियादी सवाल, अचानक कोई बहुत बड़ा झूठा किस्सा गढ़ने की उतावली मेरे भीतर एक धूल-भरे बवंडर की तरह उठी और छा गयी। मैं श्याम की ओर मुड़कर उसे अपनी एक कजन मैत्रेयी के बारे में बताने लगा जो पिछले पंद्रह सालों से मैनहट्टन के कंक्रीट के जंगलों में रह रही थी, और जो कि एक बार अपने उस समय के 'लिव-इन' उपन्यास लेखक दोस्त मार्को के साथ (जब कि वे दोनों यों ही लातीनी अमरीका के जंगलों में घूमने जा निकले थे) चे ग्वेवारा से मिली थी। 'चे', उसने 'चे' से कहा था—"उपन्यास के क्षेत्र में अब क्रांति के नये केंद्र ताकतवर पूंजीवादी देशों में नहीं हो सकते। अब वे होंगे सैगोन में, मोजांबिक में, भारत में।" और चे ने कहा था कि बात आश्चर्यजनक रूप से गहरी थी। फिर कुछ देर हम सब एक प्यारी-सी नीम-उदासी में घिरे बैठे रहे। चे की याद में, मैत्रेयी जैसों की याद में, जो पंद्रह साल मैनहट्टन के कंक्रीट के जंगलों में बिताने के बाद भी भारतवर्ष में उपन्यास के भविष्य के प्रति ऐसी 'पैशनेट' प्रतिबद्धता रखती थी, और उस दिन के इंतजार में थी जबकि तीसरी दुनिया में चेतना की सुनहरी भी जागेगी, और फिर वह अपने मुल्क लौट सकेगी।

जो लोग कहते हैं कि सच और केवल सच ही बोलना चाहिए, तो वे सब-के-सब न केवल क्रूर हैं, बल्कि मनुष्य स्वभाव से कतई नावाकिफ भी। और अगर आप उन्हीं की सुनकर अनुसरण करते रहे, तो हो चुका। कम-से-कम इस शहर में कला-वार्ता के क्षेत्र में, या सड़क के आर-पार होते हुए। सच, इस शहर में सिर्फ ट्रकें बोलती हैं, जो गलत बत्ती पर सड़क क्रॉस करते हुए साफ कहे जाती हैं कि 'जगह मिलने पर ही साइड दी जायेगी···'

"क्या बात हो रही थी? इतने चुपचाप—क्यों हैं आप सब?" एक अपरिचित आवाज ने मेरे ऐन बगल में पूछा, और झप्प से बैठ गयी। मैं चौंककर लगभग गिरने को हो आया था। बूटा-से कद की सड़क पार की वही अधगोरी मृग-छौना लड़की मेरी ओर ताकती मुस्कुरा रही थी। उसकी शरारती हँसी में व्यंग्य भी नहीं था, करुणा भी नहीं थी, एक भरपूर उत्सुकता थी, जैसी नयी चाबी वाली मोटर के कलपुर्जे उखाड़ते बच्चे की आँखों में होती है।

श्याम ने उसका उड़ता-सा परिचय दिया—"मेरी कजन-सुमित्रा-इम्तहान-खत्म-कर-के-कुछ-दिन-एडमिशन-का-इंतजार-भाषा - में-कोई-डिप्लोमा-कोर्स-भी कर रही।" बैप्सी फुरफुराया, बिज्जू ने अपनी पतली जीभ लपलपाकर कोई व्यंग्यात्मक प्रेम-वाक्य कहा, लड़कियाँ हँसीं। बैठते-बैठते सुमित्रा ने भलमनसाहत

से मुझे देखकर चुपचाप अपनी दायीं आँख दबा दी और होंठ भींचकर ढिठाई से मुस्कुराने लगी। उसकी हँसी मुझसे फुसफुसाकर कह रही थी कि सब बकवास है सब बकवास। "चाय कौन-कौन पियेगा ? चलो, श्याम।" हम सब उठ पड़े। इच्छा हो, न हो।

यह शहर करुणाहीन है, उनके प्रति, जिनकी आवाज में अधिकार की खनक नहीं। सबके साथ पास के कलाकार-कैंटीन की ओर जाते-जाते मैंने बेवजह क्रिकेट के बारे में सोचा। जो गेंद को बल्ले से पीटता है, तालियाँ उसी के लिए क्यों बजती हैं ? गेंद के लिए क्यों नहीं, जो पिटती है, उड़ती है। आदमी तो नहीं उड़ता। आदमी कभी नहीं उड़ सकता क्या ?

सुमित्रा के आने से अचानक सबका मूड हल्का-फुल्का कमसिन-सा हो आया था। उम्र उसकी सत्रह से अधिक नहीं होगी और कलाजगत के सितारों के सामीप्य से उसकी निहाल खिलखिलाहटों से हम सब अपने कलाकारपने पर नये सिरे से निहाल हुए जाते थे। वह श्याम से मिलने आयी थी और उसके अदब-भरे अंदाज से साफ जाहिर होता था कि श्याम उसका हीरो है। इस वक्त सड़क पार करते भी श्याम मेरे और उसके बीच चल रहा था। धूप और उससे भी बढ़कर इस टोली के साथ होने का उत्साह सुमित्रा के चेहरे को ललछौंहा बना रहा था। श्याम बीच में चल रहा था। श्याम उस सबका प्रतिनिधित्व करता था जो व्यवस्था के बाहर स्थायी है, हीरोइक है, समय की माँगों और खिसियाहट से कतई महफूज। उसकी नाक खड़ी थी और ठोड़ी का मोड़ गर्व-भरा और हठीला। मोजांबिक, सैगोन, भागलपुर और खेसरी दाल के बीच—या उसके बावजूद। तभी एक कार अचानक बहुत करीब से गुजरी। सुमित्रा, वह छौनी चकित हिरनी सी ठिठकी। मुझे लगा, मेरे भीतर एक हाथ कुलबुला रहा है, उसकी पीठ पर आश्वस्त थपथपी देने को। श्याम भी चिहुँक गया। मैं भीतर-ही-भीतर उस पर हँसा—'पूरी सुरक्षा इस शहर में तुम्हारे लिए भी नहीं मौजूद भ्राता, बावजूद तुम्हारी नाक और ठोड़ी के; हा-हा-हा-हा ! जगह मिलने पर ही साइड दी जायेगी।' पों ! पों ! पों !

पर शायद एकदम इस तरीके से मैंने सोचा नहीं। यानी ठीक इसी क्रम में शायद मैं कोशिश कर रहा था कि मेरा मतलब क्या है ? एक टेंपो से लगभग टकराते-बचते, उझककर सड़क की पटरी पर चढ़ते मैंने पाया कि अब वे सब मुझे देखकर हँस रहे हैं, हा-हा-हा ! हा-हा-हा-हा तुम्हारा बाप सालो ! मेरे भीतर एक हाथ एक भद्दा संकेत उनकी ओर करता है, फिर एक मृदु स्वर भीतर कुछ रुककर उसकी ओर मुखातिब हो दोहराता है, बस सिर्फ तेरे अलावा, सिर्फ तेरे अलावा सिर्फ···उसके करीब दोबारा खड़ा, कच्चे नींबू, हल्के पसीने और टैक्सी स्टैंड के पेट्रोल की गंध सूँघता मैं पाता हूँ कि वह वैसे ही होंठ भींचे दुष्टता से मुस्कुरा

रही है। फिर मैं पाता हूँ कि मैं भी हँस रहा हूँ और जोर से। इस बार कलौंस से नहीं, अचानक अपने मूर्खपने पर खुल कर। वे सब भी हँस रहे हैं। इस वक्त मैं उन्हें बेतरह प्यार करता हूँ। जैसे कि सब-के-सब मेरे अपने माँ-जाये हों : हँसते-हँसते हम कैंटीन में दाखिल होते हैं।

मंगल : समय—शाम। **स्थान**—वही कैंटीन। बहस चालू है। आज सुमित्रा ने एक लाल-हरा चोगेनुमा कुछ पहना है। नन्हीं ललमुनिया लगती है। मुन्नी बेटी, एकदम। श्याम कह रहा है कि अमुक उपन्यास अपने मूल ढांचे में काव्यमय है और इसीलिए ऐतिहासिक सच्चाई के परे है। और इसलिए हालांकि उसकी काव्यमय खूबसूरती की दाद देनी ही होगी पर यह बात भुलायी नहीं जा सकती कि वह अपने उपन्यास की वास्तविकता को ऐतिहासिक वास्तविकता के पर्याय की तरह रखता है और इसलिए वह ऐतिहासिक सच्चाई के उस दर्द को झुठलाता है जो दलितवर्ग वगैरह···मैं श्याम की बात काट रहा हूं; ताकि इस धर्मयुद्ध में अपने ज्ञान-आयुधों समेत मैं इस दम उसको गर्वभरी नापसंदगी के रू-ब-रू हो पाऊँ; वीरता से। एक जुझारू शूर, सुमित्रा, जरा असली रंगों में देख तो···

हां तो मैं कहता हूँ कि मुझे लगता है कि वह यहाँ गलती पर है—अमुक उपन्यास का वास्तविकता से संबंध नहीं, जो श्याम सोचता है कि है—पर जो तर्क मैं दे रहा हूँ वे उतने रोचक और चालू मुहावरों से लैस नहीं बन पाते जितने कि उसके हैं। फिर आते-जाते कई परिचित, नीम-परिचित अपनी चेंपियाँ भी देते जा रहे हैं। बाहर ये, और भीतर मेरे कुछ और ही खिचड़ी पक रही है।

प्रश्न—वह क्या कर रही है?

उत्तर—चुपचाप, सोचती-सी बैठी है।

प्रश्न—यह भी कोई बात हुई भला? सोचती-सी साफ मुहावरा क्यों नहीं देते बात को?

उत्तर—(नदारद)

प्रश्न—क्या उसकी आँखें बंद हैं?

उत्तर—नहीं, खुली हैं, वह ताक रही है।

प्रश्न—किसे?

उत्तर—जो भी बोल रहा है।

बोलते-बोलते दम खुश्क हो गया है। मैं अपने पैसों से तीसरी बार चाय मँगवाता हूँ, बावजूद इसके कि पैसा देने के बाद मेरी जेब में कुल एक दस और एक पांच का सिक्का बच रहेगा जो बस के टिकट के लिए भी नाकाफी है।

बुधवार : स्थान—फौवारा । **समय**—ढलती दोपहर । पात्र वही ।

कल रात देर तक सो नहीं पाया । सुबह आँख लगी तो सपने में बाबू जी को अम्मा को डाँटते सुना कि जब राशन लाने जाने का टाइम आता है तभी कार्ड की ढूंढ़ पड़ती है इस घर में । यह नहीं कि किसी नियत जगह पर रखा मिले, कभी भी । हर चीज के लिए एक जगह होनी चाहिए और हर जगह के लिए एक चीज वगैरह । हम सब घबराये-से कार्ड ढूंढ़ रहे हैं ।

मेरी आँखों में अधूरी नींद की कड़वाहट है । मुंह का स्वाद पितलाया-सा है । गौरीशंकर बाबू से जेब कटने का बहाना कर जो रुपये उधार लिये थे उसकी खिसियाहट भी । वैसे भले आदमी हैं । रुपये बंडी या अंडरवीयर के नेफे में उड़स रखने की सलाह देते हुए बीस रुपये थमा ही गये । मनीऑर्डर आते ही पहले इन्हें लौटाना होगा ।

आज वह तकिये के गिलाफनुमा कोई चीज पहने थी । त्रूफो की नायिका-सी निष्पाण-बेदाग, पर पापमय संभावनाओं से भरपूर । "आज मुझे जल्दी जाना है," उसने कहा था । उसके ऊपर का एक दाँत कोने से थोड़ा टूटा था । इससे हँसी और भी नटखट बनती थी । मैं उठने को हुआ । श्याम ने कहा, ठहरो, वह मो' बाइक पर छोड़ देगा, उसे आंटी से काम भी था । उसकी धूल उड़ती मो' बाइक के पीछे मेरे कलपते गुप्त कोसने देर तक पतझर की पत्तियों से झरते रहे । 'जगह मिलने पर साइड दी जायेगी ।' 'जगह मिलने···'

बृहस्पति : बुखार । घर । मैं श्याम के घर नहीं गया हूँ कभी । वह एक कीमती इलाके में रहता है और घर के बारे में कम ही बात करता है । क्या खाते होंगे ये लोग ? पोलिश लोगों की कहावत है कि मच्छी के अच्छा पकने के लिए उसका तीन चीजों में तैरना जरूरी है । पहले पानी में, फिर मक्खन में, और फिर वाइन में । तेज बुखार ही नीम बेहोशी में मैं श्याम के घर को देखता हूँ । भव्य महलनुमा घर के भीतर मक्खन और वाइन के दरिया बह रहे हैं—उनमें वे नायाब दुर्लभ खाद्यपदार्थ तैर रहे हैं जिनमें से कइयों के मैंने सिर्फ नाम-भर पढ़े हैं—स्मोक्ड सामन, ब्रॉकोली, ब्रसेल्स स्प्राउट्स, गिनी फाउल, गेम हैन, मक्खन के दरिया में अचानक क्या देखता हूँ कि लिरिल की सुंदरी की तरह नहाती हुई वह खड़ी है । एकदम आदमजाद नंगी, फिर दरिया ललछौंहीं वाइन में बदल जाता है और मैं भी उसमें डुबकी मारता पूछता हूँ—'तेरी कुड़माई हो गयी ?'

'कैसा जी है लल्ला ? साबूदाना खाओगे ?" गौरीशंकर जी नेकनीयत से पूछ रहे हैं । धत् ! मैं कहता हूँ कि नहीं, जी नहीं है । और आँखें मूंदकर सोने का

नाट्य करता हूँ। नींद नहीं आती। अगर सूखी आँखों रोया जा सकता है, तो मैं रोता हूँ।

शुक्रवार : स्थान—फौवारा। **स्थान**—कैंटीन। **स्थान**—सड़क। कोई नहीं आता, मैं भटकता हूँ कोई पैंतालीस मिनट तक। फिर कोई बताता है—वे सब बंबई से आयी किसी हैरतअंग्रेज पब्लिसिटीवाली संस्था का अंग्रेजी नाटक देखने गये हैं, जिसके अस्सी-बाई-अस्सी के बार्डों ने सारे शहर को हफ्तों से पगला रखा है। कैंटीन की एक हिलती मेज पर, जो चाय के अधगीले-सूखे बेशुमार दागों से भरी है, मैं अकेला चाय पीता हुआ बेतरह लानतें भेजता हूँ। इस हृदयहीन शहर पर। बंबई से आयी इस हैरतअंगेज पार्टी पर। अंग्रेजी पर। अपने पर।

धिक् तां च तां च, मदनं च, इमां च,···वैसे मैं जानता हूँ, उन सबको वह नाटक कतई पसंद नहीं आयेगा, पर मुझसे भी तो पूछ सकते थे न!

उठते-उठते मैं पाता हूँ, बुखार फिर चढ़ रहा है 'जगह मिलने पर ही तो··· धत्-धत्-धत् धत्-धत्!

शनिवार : स्थान—फौवारा। **समय**—झुटपुटा। आसमान में रह-रहकर बिजली कौंधती है। क्या अपने रचे घृणा के संसार के बीचोंबीच अपने-आपको धुरी की तरह स्थापित करने का किसी आदमी को हक है?

एसिड की तरह काटता कुछ। अजीब मौसम है, कोई कहता है, न ठंडा, न गर्म। कुछ समझ नहीं आता।

सुमित्रा पेरिस जा रही है। उसे सॉरबौन में दाखिला मिल गया है, श्याम कहता है। अलग-अलग ध्वनियाँ उसके नसीब पर अश-अश करती हैं। क्यों है यह मेरा दोस्त? ये साला, ये—मैं खयाल तहाता हूँ, पर मेरी आँखों में बिजलियाँ कौंधती हैं।

वे सब बोल-बतिया कर चले गये हैं। पानी आने को है। मुझे भी जाना चाहिए। मौसम की स्वाभाविक गर्मी को झुठलाती ठंडी हवाएँ चल रही हैं। बादल हल्के घुमड़कर चेतावनी देते हैं। "बीमार थे क्या बाबू?" नुक्कड़ का पान वाला पूछता है। मैं सिगरेट जलाते तनिक ठिठककर अचरज से उसे देखता हूँ। आज तक हममें कोई निजी बात नहीं हुई थी। मैं कहता कुछ नहीं। वह भी काम में ऐसा व्यस्त हो जाता है, ज्यों उसने कुछ कहा ही न हो।

परियों का नाच ऐसा!

अब ऐसा हुआ कि जहाँ बीस-बाइसेक का हो गया लौंडा, और नौकरी-हौकरी पा गया कायदे-ठिकाने से, माँ-बाप को चिंता जैसी हो ही जानेवाली हुई, कि अब गृहस्थी जमा के ठौर-ठिकाने से और लग जाये वह, तो उनकी जुम्मेवरी पूरी हुई। हाँ-हाँ सुक्ख की गारंटी जो क्या हुई यह भी, पर ऐसा ठहरा कि गृहस्थ में प्रवेश करने से दो टैम रोटी का पक्का बंदोबस्त जैसा हो जानेवाला हुआ, ऊपर से सालेक में गोदी में बालक आ गया, तो ऊपर पितर-पुरखों की ओर से भी बेफिक्री जैसी हो जानेवाली हुई। फिर ब्याह-काज हुए, नौरात्र, होली-दिवाली हुए, उसमें भी पहनी-ओढ़ी घर की बहुओं से घर की शोभा जैसी होनेवाली हुई। किसी ने ब्याह-काज में या बज़ार में पूछलिया कि—"हहो, ये दिये की जोत जैसी सुलच्छनी बहू, जिसकी गोद में उजला-गोरा भौ (बच्चा) है, किसकी बहू हुई?" तो सास-ससुर की छाती फूल जैसी जानेवाली हुई। जोगी-जती इसे माया-हाया जो कहें, साधारण गिरस्थियों के लिए तो यह सुक्ख संसार में सबसे बड़े ठहरे। हुआ कि नहीं?

तो अहा, वो कैसी झंडी-हंडी लगाके छजा दी थी बस, हरिया के दोस्तों ने! बस जो क्या पालकी लग रही ठहरी वह उस बखत, जब घुर्र करके रवाना हुई बरात समेत! मोड़ तक लौंडे हाथ हलकाने में, सीटी-हीटी पाड़ने में ही थे। बुजुर्गों को आगे बिठा दिया ठहरा। उन्ने कहना क्या, रोज की तरह अपनी-अपनी नौकरी-चाकरी, खाँसी-बवासीर, वगैरा की चर्चा छेड़ दी होगी। लौंडे तो करने ही वाले हुए हल्ला, फिर शादी की मस्ती का क्या जो कहो? कान उधर से बंद कर लेना ही बुजुर्गियत ठहरी ऐसे मौकों पर!

अहा, असल खुशी फूट जैसी रही थी उस वक्त किसी पर, तो हमारी कंतू बुआ पर। कान से कान तक होंठ फैले ठहरे। भाई के जेठे लड़के की शादी हुई, और भाई भी कैसा, जिसकी छाया तले पूरा रंडापा गुजार दिया बहन ने। होने ही वाली खुशी, क्यों नहीं होगी? मरदों की पीठ फिरे से एक तो वैसे ही औरतों

की रौनक लग जाने वाली हुई, फिर आज तो बरात में घर-पड़ोस के सारे बड़े मरद-मानुस बिदा हो गये ठहरे यहाँ से। आज का बाकी का दिन, आज की रात बस औरतों का ही ठहरा यह मोहल्ला। रोज की थोड़ी ठहरी ये बात, कभी-कभी ही होनेवाला हुआ ऐसा।

पिच्च पान थूककर मोहल्ले की बड़ी-बूढ़ी पिद्दा की घरवाली ने हरिया की इजा (माँ)-बुआ को बधाई दे डाली—"हवे (अरी), जैसे नमो-नमो करके गये हैं, बैसेई आ जायें ये बराती तेरी बहू ले के; रत्याली (रतजगा) हम औरतें भी गा-मना लेंगी आज रात, क्यों?" पान चबाती चनिका की दुलहिन ने चिकोटी भरी—"अरी सास, तू क्यूँ मटकावे कूल्हे, डोली पर से जब उतरूँगी अलग करूँगी चूल्हे!" अहा, दुखी पराणी ठहरीं, लड़का-बहू दूध की मक्खी-सा बुड्ढे-बुड्ढी को यहाँ छोड़-छाड़कर बंबई वाले बन गये ठहरे, उनकी बात का बुरा क्या मानना?

"चलो हो, एक-एक गरम चाय का रौंड हो जाये," हरिया की कंतू बुआ ने सब जनियों को न्यूता। अहा, बुआ बिचारी का चारेक-बरस की उमर में ही सुहाग बिगड़ गया ठहरा, तब से हरिया हौरों के ही घर रही ठहरीं वे। हरिया की बरेलीवाली ताई चुन्नी पैसेवाली हुई, पर चंट जैसी भी ठहरीं। उनसे पटी नहीं जीभ की तेज कंतू बुआ की। उधर हरिया की माँ गरीब-फूहड़ जैसी भी हुई, दिल की अहा भली ही हुई। नंद-भौजाई का जोड़ा जैसा ठहरा। मजाक करनेवाले हुए हरिया हौर बुआ से, कि बुआ तू 'चि' कहती है तो इजा चिमटा ले के रसोई में कूद पड़ती है—सर्कस की भालू जैसी। हरिया जेठा बेटा हुआ, बुआ की ही गोद में पला ठहरा, मुँह लगा उनका हुआ—अत्ति! तभी बुआ का दिल आज सागर जैसा छलक रहा ठहरा!

बहुतै शौक ठहरा कंतू बुआ को, कि हरिया का ब्याह देख जाऊँ करके। सोने की चार तोले की चेन छुपायी ठहरी सालों से उन्होंने उसकी बहू के हेतु, कैसे-कैसे कष्ट के दिन निकाल दिये पर छूने जो क्या दी किसी को उन्ने वह? दो चेहरा-शाही की अशर्फियाँ हुईं, यह एक चेन हुई, लेमन ड्रॉप के पुराने डब्बे में च्याप्प के धरी ठहरीं उन्ने। अशर्फियाँ उनकी क्रिया को हुईं, चेन हरिया की घरवाली को। कैसे-कैसे पाले-बरफ के दिन निकाल दिये सूती धोती और पुराने गरम सलूके में बुआ ने। न कमाऊ भतीजों ने कहा ले बुआ, न बुआ ने कहा दे मुझे करके। क्याऽ, आजकल के जमाने में दुनियादार हो गये ठहरे। भाई-भौजाई सब!

"आओ हो, चाय पी लो!" बुआ ने गरम-गरम चाय गिलासों में छानते हुए हाँक

लगायी। पिटे पीतल का डेग खूब भारी, पुराना और बड़ा हुआ। बुआ के बचपन में इस हिरुआ दूधिये का बाप खिमुआ रोज पाँच सेर घर की गौ का दूध निकाल जानेवाला हुआ इसमें। वैसा निरंग पानी जैसा दूध नहीं, जैसा आजकल दस गुना दाम देकर नकचढ़े दूधियों से चाय भर को मोलाते हैं। तब दो थान गायें बँधाने वाली हुई गोठ (गोशाला) में। ऐसा गाढ़ा दूध होनेवाला हुआ कि चक्कू से मलाई काट लो उसकी। तब गोठ भी तो हरिया हौरों (वगैरा) के घरवालों का ही हुआ। बाद के बँटवारे में गोठ हरिया के ताऊजी हौरों को चला गया। वे लोग इधर रहने-रहानेवाले ठहरे नहीं। बिचौलिये की मार्फत इसे साल डोटी गाँव से बोझा-मजूरी को आये डोटियालों को किराये पर चढ़ा देते हैं। चीकट पोशाक और पीले दाँत वाले डोटियालों ने पिरुल (चीड़) की पत्तियों और बोरे की गुदड़ियों से गोठ को ऐसा पाट दिया है कि वहाँ से जाओ तो सिर फट जाये।

घर का संडास बँटवारे में हरिया हौरों को मिला ठहरा। तीन खुमानी, एक नाशपाती और दो आलूबुखारे के पेड़ भी ठहरे उसके बगल के गाड़ों (सीढ़ीनुमा खेत) में। वे भी उन्हीं के ठहरे। टीन का डब्बा जैसा हुआ संडास भी, नाममात्र की ओट ठहरी उसकी, पर ओट जैसी कहने को ठहरी ही। डोटियालों को कोई फरक नहीं पड़नेवाला हुआ इससे। अपनी मोटी-झोटी खाकर वहीं गाड़े के अगल-बगल ही फारिग हो लेने वाले हुए वे। बैठनेवाले को शरम नहीं हुई, नईं तो जात-कुजात के आगे बेपर्दगी होने में कसर जो क्या रखी ठहरी उसके ताऊ हौरों ने।

आज बुआ के दस हाथ, दस कान, दस आँख जैसे उग गये ठहरे। चाय-हाय का निबटा कर बाहर आयीं बुआ। जीरा-मेथी फटकनेवालों के बीच बैठी हरिया की माँ को उन्होंने फिर याद दिलायी, कि रात रतजगे के बख्त और घरों की लुगाइयाँ भी उधर फारिग होने को जायेंगी, उस बखत किसी की पक्की डूटी लगानी होगी, कि संडास का ताला खुला देख के डोटियाल उसमें न घुस जायें। और दिन सडांस की चाभी बुआ अपने सिरहाने लटका रखनेवाली हुईं, पर शादी-ब्याह के दिन तो ताला खुला रखना ही हुआ—चाय के गिलास के गिलास पी के औरतें घड़ी-घड़ी निबरित होने को जानेवाली हुईं वहाँ। "कम आफत जो क्या लगा गये हमारी जान को लोग-बाग? कहने को घर के बड़े हुए।" बुबू ने बड़ी बोज्यू (भाभी) को बोली मारी, और सरला लली को याद दिलाने लगी कि अपनी बरेलीवाली खड़ताल जरूर ले आये शाम को; और हाँ, कोई जनी ढोलक को ज़रा धूप दिखा देना, तब टनक आयेगी ज़रा उसमें, नहीं तो ढपली जैसी ढप्प-ढप्प करेगी। हाँ, इन लौडे-बच्चों से बचना होगा ढोलक को, बंदर जैसे पिल पड़ते हैं, नहीं तो, फाड़ के रख देंगे कहीं तो एक आफत और।

तभी भीतर से घबरायी हुई कोई खबर ले आती है कि दूध फट जैसा रहा हैं ही, चाय का। गर्मी के दिन हुए, खट्टे-हट्टे का हाथ लगा दिया होगा किसी ने। हरिया की इजा के आँसू बह गये धार-धारी। इस आग लगे शहर में गर्मियों में दूध की वैसे ही मुश्किल ठहरी। अब?

बुआ खबरिये को धमकाती हैं, कि आज के दिन कहाँ से हाथ जो बँटाओगी, पर नहीं, उल्टे जीरे-मिर्ची की जैसीं छौंक लगा जाओगी, हैं? अरे फट गया तो तीन लीटर दूध ही तो, आसमान जो क्या फटा है? सारे शहर के क्या नाम, होटलिये जो क्या मर गये? नई होगा तो क्या नाम रतीराम की दुकान से पौडर दूध का डब्बा लाकर छोले लेंगे! क्यों नहीं, क्यों नहीं? गाँठ से चाभी खोलकर बुआ की गलकटुवा (अंतरंग) जनकू की इजा तुरंत जनकू को पदाती हैं, कि रसोई में इलमारी के पीछे दूध का बरतन टँगा है, उसे ले के ग्रीन होटल के···ठैर ज़रा— "हरदत्त के पास नहीं, वह तो जनम का नकचढ़ा हुआ, कह देगा ज्यादे एश्ट्रा दूध नहीं है करके, सीधे जाना खीमसिंह के लंगड़े के पास—कहना कि हरिया का हौरों के घर रत्याली (रतजगे) के लिए चाहिए करके—वैसे नहीं जो क्या पता होगा खिमुआ को, बर के मामा के ले जाने को शकुनिया दही की ढेकी (काठ की कठौती) उसी के यहाँ से तो आयी थीं—हाँ तो कहना उससे, कि कका, दूध फट गया है—जितना दे सके, सेर चारेक करीबन दे दो!" हरिया की माँ लेमनचूस खाने को पच्चीस पैसा अलग देती है जनकू को—"आहा नहीं जो हुई ऐसी सुलच्छनी मेरे पेट से, आहा कार्तिकेय जैसा दूल्हा मिले तुझे चेली।" नाक सुड़कती जनकू ख्योंतार (गोफन से फेंका गया ढेला) बन के लपकती है, बजार को। पंख हैं लड़की के पैर में, पंख! मन आ गयी तो! मन नहीं आयी तो अजगर करै न चाकरी वाली ठहरी।

दिन छिपने से पहले औरतों की दाँग-की-दाँग उतरने लगती है, हरिया के घर का ढाल। अगर तुम औरतजात नहीं हो, तो वैसी रौनक समझ ही नहीं सकते जी, जैसी घर के मर्द-मानुसों के जाने के बाद लुगाइयों के बीच होती है। झूठ नहीं कहती हैं कंतू बुआ, कि हँसती भी हैं, ऐसे में लुगाइयाँ तो जैसे भ्योल उधड़ गया हो (कगार टूट पड़ा हो)। बुड्ढी-ठुड्ढी भी ऐसा मटक देती हैं ऐसे में, कि क्या जो कहो! कहाँ की चिड़-चिड़, कहाँ का गुस्सा? सोडा-लेमन की बोतल पटाक्क खोलो तो भल-भल करके जैसे गाज-ही-गाज फूट पड़नेवाला हुआ, वैसे ही हुआ रत्याली में लुगाइयों का हँसी-ठट्ठा। मर्दों के रहे में गुम्म हो रहनेवाली हुई वे बिचारियाँ।

पीरू धुनकिया जिस तरह क्वार के महीने में 'रुई धुना लो' करके अपनी तांत टनकारता है, वैसे ही भीतर ढोलक पर कोई हाथ मारता है—टाँय ! औरतें और जल्दी-जल्दी उतरती हैं ढाल, चलो हो चलो, रौनक लगने को है, रसोई में से धुआँ उठ रहा है। घी की, मसालों की छ्याँ-छ्याँ आ रही है। चढ़ती उमर की छोकरियाँ बरड़ी (आविष्ट) जैसी रही है, खी-खी करके-कोई छींक भी दे तो हँसी का दौरा पड़ जानेवाला हुआ उन्हें। काम में कम बात-हात में ही ध्यान ठहरा उनका ! वैसे काम रत्याली का मस्ती में ही होनेवाला हुआ। घर में जिस बखत मर्द लोग हुए, तो ज़रा ज्यादे विचार करना हुआ। दफ्तर, स्कूल का टैम-बेटैम न हो जाये करके, थाली के कोने में राख न लगी रह जाये, दाल गरम और भात ठीक से गला हो करके, ज़रा बिगड़ा तो खैर नहीं, औरी घर सिर पर उठा लेने वाले हुए मर्द लोग। पर ये तो अपना ही कारबार हुआ, औरतों का। हँसते-हँसाते निबट जानेवाला हुआ। जो गजब होगा हो, एक और स्वाद होनेवाला हुआ पूरी-साग में, उल्टे हाथ से भी पकाया हो, तब भी !

"हाँ तो डीयर, करें सुरू ?" जित्तू की चाची कंतू बुआ को गजब आँख मारती हैं। बुआ भी कम जो क्या हुई ? गरम चाय छानते-छानते वहीं से फुलझड़ी चला दी उनने, कि अभी सुरग से जो क्या उतरेगा मेरा खसम तुझे परमिट देने सुरुआती का ? कर सुरु।

गजब-रे-गजब, इन बुड्ढी-ठुड्डियों की खाप (मुँह) जो खुल गयी तो ज्वान-ज्वान बहू-बेटियों को शर्मिंदा कर देने वाली हुईं वे। ये हुई असिल रौनक रत्याली की !

"अरे हर्मुनिया सँभाल के बजइयो," कंतुली काकी कहती है—"हरी मास्टर ने सौ नखरे करके तो भेजा है। कह रहा था, कलकत्ता भेजना पड़ता है चाभी सुधारने को इसे—हल्द्वानी-बरेली में ठीक नहीं हो सकता है ये करके—"ला छोड़, मुझे दे, मैं बजाती हूँ।" लहीम-शहीम चुन्नी ताई ने हरमुनिया सँभाल लिया है। चिपटी नाक हुई ताई की, रंग भी साँवला जैसा ठहरा, पर ऐसे ही हरमुनिया पर 'तुमने मुझको प्रेम सिखाया' गाना गाकर हरिया के ताऊ जी, को मुग्ध कर दिया ठहरा इन्ने। नहीं तो कहाँ कार्तिकेय जैसे हरिया के ताऊजी कहाँ लम्याणियों (तिब्बती स्त्रियों) जैसी चिपटी नाकवाली चुन्नी ताई ?

"हहो, परमोद की इजा, कहाँ से उठायें ?" ताई जी परमोद की इजा से पूछती हैं। सफेद घर की धुली धोती में थैली जैसी हर रत्याली में सबसे आगे बैठनेवाली हुई परमोद की इजा। बाल एक-एक अंगुल के ठहरे सिर पर, आँखें निरंतर टमकारते रहनेवाली हुईं, दाँत-हाँत भी आधे ठहरे, आधे नहीं जैसे ठहरे, पर

होली रत्याली में स्वाँग रचने में पूरे शहर-भर में उनका जैसा ठहरा ही नहीं कोई। पलक टमकारते में मालिन, कुँजड़िन, रंडी, सिपाही कुच्छ भी बन जाने वाली हुई। रत्याली का समाँ उनके ही हाथ में ठहरा। तभी तो सबसे पहले खोये की बर्फी और फलारी नमकीन की तश्तरी और मसाले की चाय उनके आगे रखी जानेवाली हुई, और असिल बाबा छाप का बीड़ा। बीड़ा गाल में दबाकर परमोद की इजा खड़ी हुई तो भूचाल समझ लो, भूचाल।

—"काखी (चाची), सात परदों का नाच !"

—"दिदी, सात परदों का नाच !"

—"आमा (नानी), सात परदों का नाच !"

—"सात परदों का नाच ! सात परदों का नाच !"

"हाय, तुम जनियों के सिर दही-चूड़ा ! नीयत नहीं भरती तुम्हारी कभी उस नाच से ?" परमोद की इजा धोती का पल्ला सिर पर लपेटकर पूछती हैं।

"नहीं भरती, नहीं भरती।"

"अच्छा, तुम शकुनांखर (शकुन के गीत) उठाओ। मैं तब लौं तैयार होके आती हूँ। आओ डियर पोसाखें निकालो।" परमोद की इजा बुआ को लेकर भीतर जाती हैं।

हाय, हँसाते-हँसाते बुआ ने अंतड़िया दुखा दी थीं पिछली बार खजांची मोहल्ले के बिरजू की शादी वाली रत्याली में। बिरजू की बहू कोने में सास के सँग बैठी है, जनियाँ उसे बताती हैं; अहा नहीं देखे तूने इनके वे स्वाँग। बिरजू की महतारी आरती बंदन उठाती हैं—साँझ आ गयी है सँझवाली, लक्ष्मी-सुरसती सुरग से उतर रही हैं—अगल-बगल, मोतियों के हार पहने, उनके बीच में है गंगा। लक्ष्मी पूछती हैं, अपने स्वामी नारायण से, कि किसके घर आनंद बधाई बज रही है ? कि किसके घर आज रात-भर दिया जलने वाला है ? टिन्न-टिन्नक-टिन्न-टिन्न-धिन्न-धिन्नक-धिन्न-धिन्न—कि किसके घर है यह सुलक्षणी रात ? जहाँ अगर चंदन का दियड़ा है, कपूर की है बाती, जाग रे जाग दियरा इनके घर—सारी राती। रत्याली उतर रही है, रे हरिया हौरौ के घर। सच्ची, सच्ची।

चलो, संध्या बंदन हो गया, फिर पाँच सुहाग के भी हो गये। अब कहाँ हैं हो परमोद की इजा ? इतनी देर जो क्या लगा रही हैं वे ? हैं हो कंतू बुआ, बुलाओ हो उनको। कंतू बुआ चुपचाप आँख मटकाकर, होंठ पर उँगली रखकर भीतर को सिर हिलाती जैसा हैं, मने आ रही है, चुप्प ही रहो—ऐसे ही जो क्या आ जाते हैं लोग-बाग नाचने को ? हैं ? हुआ कि नहीं ? फिर जनकू और फ्रिरेमा को

झूठ-मूठ धमकाती हैं, कि ऐसे खड़ी-खड़ी होंठ चौड़ा रही हो, इतना ही नहीं होता कि अगल-बगल परदा थाम के दरवाजे पर खड़ी हो जाओ? पोशाक भारी जैसी हुई इस नाच की। धीमे-धीमे ही चलना पड़नेवाला हुआ लोगों को। हाँ, फिर क्या?

धिन्न-ताक धिन-ताक धिन-तक्के तकनक धिनधिन धिन्नतनाक्का।

हमारी मोहनिया की माँ का हाथ गजब का है जो ढोलक पर। गाने जैसा लगती है ढोलक उसके घुटने के नीचे दब के। संग में हुईं ताई—जोड़ी पक्की जमी ये कहो। तो चुन्नी ताई हरमुनिया की चाबी दबाती है और सुर उठाती है पहला—

"ऐसा ऐसा ऐसा री, परियों का नाच ऐसा!
धगिन तिनक धिन धगिन तितक धिन
झम चक झम चक झम चक झम झम
ऐसा ऐसा ऐसा री, परियों का नाच ऐसा।"

बाबू, इस छन परमोद की इजा को देखो तो पहचान नहीं सको। ये भीमाकार बनाया ठहरा शरीर को एक के ऊपर एक पोशाक डाँट के। ऐसे ही थोड़ी कहनेवाले हुए इसे सात परदोंवाला नाच? एक के ऊपर एक सात पोशाक पहनना पड़नेवाला हुआ इसके लिए। एक-एक पोशाक एक-एक स्वाँग—एक उतारी तो दूसरी, दूसरी उतारी तो तीसरी।

"ऐसा ऐसा ऐसा री, परियों का नाच ऐसा!"

पहला स्वाँग शुरू होता है। क्या होगा हो ये? अहा पहचाना नहीं क्या? फौजी जवान का स्वाँग ठहरा ये, लाम-पलटन के फौजी का।

"ऐसी ऐसी ऐसी री, मलेटरी चाल ऐसी
सीना ताने मुट्ठी भीचे, रंगत कैसी-कैसी···"

बबू, चड़म्म-मड़म्म करके पाल (कच्ची लिपाई) का फर्श हिला जैसा दे रहा है फौजी जवान। साथ में वैसी ही ढोलक ठहरी, फौजी बैंड जैसी।

हाय, "ए यू मैन बिल्डी बाश्टड" करके बिरजू की नयी बहू का चुम्मा जैसा ले लिया फौजी ने। द हो, नयी बहू ऐसी दोहरी हो गयी कि क्या जो कहो! सुनो, सुनो, कह रहा है उससे फौजी, कि पहाड़ की औरतों को ही अपने घर बिलैत ले जाऊँगा उठा करके और भी जाने क्या-क्या, हाय पसलियाँ दुख गयीं जो, हँसते-हँसते। औरी आँख-आँख मटका के जाँघ में बेंत मार के उड़द का दाना जैसा थिरक गया रत्याली के कमरे में फौजी। गजब की रौनक लगा गया।

देखो, देखो; फिर चक्कर ले रही हैं परमोद की इजा।

"ऐसा ऐसा ऐसा री, परियों का नाच ऐसा!"

ये क्या होगा रे? देखो तो जरा गौर से? हाँ-हाँ, साफ़ पहचान लिया हो,

खालिस मीम (अंग्रेजी मेम साहब) है ये मीम।

"ऐसा ऐसा ऐसा री, मीमों का ठाठ ऐसा!"

येल्लो, लाल पेटीकोट को घुटनों तक करे ऐन मैन मीम जैसी थिरक रही है आँखों के आगे। अहा गजब की बेशरम ठहरी मीम कूल्हे मटका के, टँगड़ी दिखा के अंग्रेजी में कह रही जनियों से, युअर खसम माई यार करके। गजब हो, औरी कागज की चुरुट जैसी सिगड़ी से सुलगा के औरी धुएँ के छल्ले जैसे भी उड़ा देने वाली ठहरी। अंग्रेजों के जमाने में सचमुच दर्जनों देखी ठहरीं बड़े लोगों ने ऐसी मीमें। जिस क्लबघर में सैप लोग मीम लोग एक-दूसरे को गलबहियाँ डाल के पुतली जैसे नाचनेवाले हुए, उसे अभी तक पुतलीघर ही तो कहते हैं।

गजब की याद दिला दी मीम ने पिछले दिनों की—अहा अब दाँत-हाँत झड़-झड़ा के बाल पक-पका गये होंगे उनके भी, वहाँ बिलैत में···

"ऐसा ऐसा ऐसा री, परियों का नाच ऐसा!"

ले, मीम की घघरी भी खोल के दे फेंकी है परमोद की इजा ने। अब क्या है जो उसके नीचे? हाँ, हाँ, चौखाने की लुंगी जैसी तो है—दाढ़ी जैसी भी चिपका ली है, जने कहाँ से निकाल के। हू-ब-हू खुदाबक्स सुरमेवाला। वो ही, मुसलिया मौलाना जो गर्मियों में बरेली का सुरमा, काँच की चूड़ी-हूड़ी बेचता था। हाँ-हाँ, हमने भी सुना है कि कोई एक बिष्ट खानदान था, जिसकी बहू के संग···हाँ-हाँ, सुना बाद को घरवालों ने उड़ा दिया कि जल मरी करके, पर कहनेवालों ने कहा ही, कि बुर्का पहन के बरेली, मौलाना के घर जा बैठी करके। दऽऽ, सुना और रँगीला था खुदाबक्स चूड़ी वाला। मेंहदी से दाढ़ी रँगनेवाला हुआ, नीली-सलेटी जैसी आँखें ठहरीं उसकी। ये देखो तो कैसे चूड़ी-चूड़ी की हाँक लगा रहा है। हाय, मैं बारी जाऊँ। हू-ब-हू खुदाबक्स आन के खड़ा हो गया है कमरे में जैसे। ऐसे ही नयी बहुओं के गोरे हाथ दबा-दबा के चूड़ी पहनानेवाला हुआ उनको, अकसर चारेक चूड़ी सुहाग की मुफ्त भी दे जानेवाला हुआ। दिल का अच्छा ही ठहरा जो, अब जवानी का क्या कहो, जोगी-जती तक बिचलित हो ही जानेवाले ठहरे कभी इसकी मोहिनी से।

ले, खुदाबक्स भी गया। लुंगी-कुर्ते के नीचे क्या है हो अहा खूब पहचाना। चमड़े का थैला टाँगे ये तो पोस्टमैन बाबू है—डाक का हरकारा। हाई, कान में पेंसिल जैसी भी खोंस रखी है इसने। कैसी बेशर्मी से मनीऑर्डर पर बगशीश ले रहा है? ले, कंतू बुआ ने चवन्नी टेक भी दी उसके। अब देखो तो पेंसिल में थूक लगा

के बहू के कहे से सास की बुराईवाला पोसकार्ट लिख रहा है, परदेसिया को—

स्वस्ती सिरी सरूली बबा, परूली कका,
याँ की कुसल भली हैं, ताँ की कुसल चाहनूं,
अस्सी रूपै तनखा मिली, नब्बै रूपै खानू।

अहा, घर-घर की बात ठहरी यह। वाह खूब डाकिया सैप। काम बगशीश पाने का ही किया है तुमने, घूस-हूस ज़रा समझ के लेना। क्या कहा? बबू, हाई, जीभ पर इसकी कंटोल जो क्या है। खी-खी-खी। तिन-तिन-तिन। ढोलकिया की उँगलियाँ भी मारे हँसी के सीधी नहीं पड़ रही हैं—"ऐसा ऐसा ऐसा री, परियों का नाच ऐसा!"

ले, खाली बोतल में पानी भर लायी जनकू, परमोद की इजा को पकड़ा रही है। एक घूंट लेके और पयांच्य करके कुल्ला जैसा करती है वो, फिर नशेबाज हो जाती है—

बबू, पैर सीधे जो क्या पड़ रहे हैं शराबी के। इधर बोतल, उधर हिचकी। लो, अब कंतू बुआ के गले में हाथ डाल के उसे पिला रहा है—"पी ले जानी, क्यों शरमाये; पी लो बोतल पहनो माला!"

हा-हा, कंतू बुआ ने कैसा खाली बोतल जैसा लुढ़का दिया नशेबाज को? देख-देख, अब कैसा रो रहा है वो—है देवी भवानी, सगी घरवाली धक्का दे रही है मुझे, कहाँ से जो दो रोटी देती—कह रही है मिट्टी खा, करके। अहा, इसे दंड देना कुकरमों का!

हहो, ऐन मैन परमोद के कका को लदे खड़ा कर दिया जैसे। अहा पी पी के ही भगवान को प्यारे हुए, शादी-हादी कहाँ की उन्ने? अहा, ऐसे ही हुआ उनका अंत भी। राम! राम!

धाधीन, धाधातीन, तातीन धागेतीन!

ले, अब कमर पर खाकी पट्टा छजा के हरिया के बाबू की खाकी टोपी जैसी लगा के मिनटों में जंगलात महकमे का पतरौल बन गयी हैं परमोद की इजा। देख-देख, कैसा पटापटी बैंत मार रही है अपनी जाँघ पर। जंगल के रौंड पर निकला है जालिम पतरौल, घस्यारियों की खैर नहीं।

धाँय-धाँय तक धिन्ना, तकनक, तकनक, तिन्न तिरकिट धिन्न···

पार के भीड़े पर घास का पूला बाँधती ओरी कौन घस्यारी है तू? बोल कहाँ गये तेरे कागजात? तेरी दातुली का छुड़का बजता सुन लिया था मैंने

बैठे-बैठे।

सरररर, फरररर, हिरिरिरिरि करके पतरौल के छूटने की खबर पाते ही संगी घस्यारियाँ भग ली हैं, कुल्ल बच रही है, विचारी परू घस्यारी। हाथ जोड़ती है परू अहा, कि कसम ले लो पतरौल ज्यू, बोज्यू (पिता) की, बुबोज्यू (श्वसुर) की मेरे मैंके की भगवती, भैरव थान के कालू (विष्ट) की, जंगलात का कानून मैंने जो क्या तोड़ा, जंगलात के पार से आ रही हूँ मैं, यह करमफुट्टी रस्सी जो टूट गयी अधबीच में।

अच्छा? पतरौल ज्यू को परतीत जो क्या होती है ऐसे में? ढोलकिये की अगाड़ी से पल्ला खींच के देख-देख रहा। "माल छिपा रखा है इधर, वह किसका है? दिखा! दिखा!"

बबू, भूचाल हो-भूचाल! गजब ऐसी नकल खेंचती हैं परमोद की इजा, इन नहीं खाये जैसे मरभुक्खे मरदों की, कि क्या जो कहो। हँसते-हँसते पराणी लोट हो जायें!

"ऐसी ऐसी ऐसी री, बन्ने की चाल ऐसी!" अहाहा खाकी वर्दी क्या उतरी कि कमर में पीला पटका और अचकन धारे साच्छात बन्ना खड़ा हो गया।

गले में मोहनमाला, जरूर कंतू बुआ ने डाल दी होगी। देख-देख, चाय के डिब्बे की पन्नी का मुकुट भी बना लायी हैं बुआ। ब्योली (बहू) कहाँ गयी रे तेरी बन्ने? इजू? हायवारी जाऊँ, ये तो हरिया की माँ ही पकड़ जैसा ला रहा है ऽऽ। ऐसा शरमा रही है, वह, जैसे हरिया के बाबू ने ही भर महफिल में अंकवाल डाल दी हो गले में!

"तेरी मोटर कार मेरी सैकल चलेगी
आगे न पीछे, बरोबर चलेगी
देख हमारा जलवा जानी दुनियालेजगी
अरे तेरी मोटर कार मेरी..."

कंतू बुआ आधी रो रही हैं, आधी हँस रही हैं, लाल मिर्च, नमक और सवा रुपये का परछना करते हुए—जोड़ी का।जीवें, सौ साल जीवें हमारे बन्ना-बन्नी।

अहा रत्याली जैसी रत्याली छजा दी परमोद की इजा ने, सुरग जैसा उतरा दिया आज की रात यहीं पर—

"ऐसा ऐसा ऐसा री, परियों का नाच ऐसा!"

हँसाते-हँसाते आँख में पानी ला दिया सबके। अहा, मरद लोग जो क्या देख सकनेवाले हुए ये सब? बरात लेके उनके वापस आने तक खतम हो जानेवाला हुआ यह!

खेल ठहरे यह भी, खेल ठहरे वह भी।

लक्का-सुन्नी

दोपहर के तीन बजे फरवरी का आसमान हल्का नीला और ऊँचा था। राजपथ पर रंग-बिरंगे झंडे फहरा रहे थे। साइकिल के कैरियर पर प्लास्टिक के टिफिन बॉक्स दबाये कतार के कतार बाबू और चपरासी झंडों के बीच सर्र-सर्र निकल जाते। वे सिर उठाकर कभी झंडों को देखते भी नहीं। रंग-बिरंगे झंडे उनसे बहुत ऊपर हैं। झक्क उजला आसमान उससे भी ऊपर। जन्नाटे से कोई सी० डी० की तख्ती लगाये कार राजहंसिनी-सी गुजरती तो सड़क पर क्षणभर को विस्मय-सा कुछ कौंधकर बुझ जाता।

स्वागत और उदासी, टैक्सी और झंडे। यह दिल्ली है। बुलबुलों की तरह इस शहर की धमनियों से हम गुजरते हैं।

बहन के घर के हाते में फाटक झूल आया है—जंग खाया हुआ, धूल-भरा हाता। उड़ती सूखी पत्तियाँ, पुराने अखबारों के चीथड़े। अगल-बगल के तमाम घर उधड़े ऊन की ढेरियों-से खुले-टूटे पड़े हैं। शहर उधड़ रहा है, मोहल्ले उधड़ रहे हैं, घर भी। नया काम चल रहा है, लगातार हमारे चारों ओर।

ठेकेदार की सीटी धूल में सूराख बनाती है, फिर कहीं एक सीमेंट मिक्सर कुछ खाँसकर चालू हो जाता है। बड़ी-बड़ी पीली मशीनों के तले फागुन की दोपहरी काँप रही है। कंक्रीट पिसता हुआ। कड़ियों-कड़ियों उतरती, चीखती बालटी। लाल-लाल धूल। धूल और उदासी।

स्वागत। वेलकम होम।

बहन के घर का दरवाजा पालिश से चमक रहा है। दरवाजे के भीतर नर्म गलीचेवाला परिचित कारीडोर है, जिसमें दिन में तीन बार पोंछा लगता है। हरे पुराने काँचों की छनी हुई मृदुल रोशनी में घर की चीज हमेशा से नर्म, छनी-छनाई और महफूज है। कमरों में फर्नीचर-पालिश की नर्म मोमिया गंध है। बाथरूम में लेवेंडर सोप की। भीतर कोई किवाड़ भिड़ता है, नल चालू होता।

हरा अँधेरा । अँधेरा, और बहन की कातर तकलीफ । जानेवाला पीछे कुछ नहीं छोड़ जाता, अपने न होने की असह्य शब्दहीन वेदना के सिवा । बहन निःशब्द रो रही है । उसके गोरे चेहरे पर लकीरें ज्यों खुब गयी हैं ।

"इतने दिन बीमार रही, एक चिट्ठी, एक कार्ड नहीं डाला मनु ने उसे । उसके लिए तो वह पहले ही···"

" 'ता' कहाँ है···?" मेरी आवाज मुझे ही भद्दी लगती है । सोफे के पीछे पतली टाँगें झाँकती हैं—सफेद धारियोंवाले पीले मोजे । यह ता है; अमृता । "इधर आओ ता," मैं नर्मी से कहता हूँ—"मैं मामू हूँ ।"

बच्ची का चेहरा सोफे के पीछे से झाँकता है । साँवली रंगत, चपटी-सी नाक, लगातार अँगूठा चूसने से कुछ ऊँचे हो गये दाँत ।

"शश," वह कहती है,—"लक्का-सुन्नी जाग जायेंगे ।" सिर सोफे के पीछे वापस छिप जाता है ।

"लक्का-सुन्नी···?"

"दो साथी बना लिये हैं इसने अपने, अपने ही मन में । कितना दिल फिराने की कोशिश की, पर उन्हीं से दिन भर खेलती रहती है—ओने-कोने में । जैसे सचमुच के हों । क्या जाने ?—"

बहन के हाथों की मुट्ठियाँ गोद में पड़ी हैं । मुझे याद आता है कहीं पढ़ा था, कि जो लोग मुट्ठियों में हाथ के अँगूठे छुपाये रहते हैं, उनके भीतर बहुत सारा क्रोध छुपा होता है। बहन के शांत-अंतर्मुखी चेहरे पर विकार का कोई निशान नहीं है ।

"अब तू निकल वहाँ से, और जाकर बाहर खेल," वह बच्ची से नमाई से कहती है । सोफे के पीछे कोई हरकत नहीं होती ।

बहन कातर नेत्रों से मुझे देखती है ।

"मैं कभी पूछती हूँ ईश्वर से, हमने किसी का क्या बिगाड़ा था ? और इस बच्चे ने ?" बहन की आवाज थरथराने लगी है—"तू सोच नहीं सकता, यह कितनी सहमी हुई थी, जब दोनों माँ-बेटी वापस आयी थीं ।" बहन फिर रोने लगी है ।

सोफे के पीछे लक्का-सुन्नी सो रहे हैं, निःशब्द अँगूठा चूसती अमृता, यानी ता, उनके जागने पर पहरा दे रही है । बहन की भिंची मुट्ठियाँ—"इस उम्र में यह भी देखना था मुझे !"

सुबह मैं न जाने क्यों ठिठुरता हुआ उठा । खुली खिड़की से आती हवा बर्फ की किरच सरीखी काटती थी । लेटा-लेटा मैं छत से लटकते पंखे को देख रहा था, पंखे के हुक के चारों ओर प्लास्टर से बड़े जतन से गढ़ी गयी कमल की पंखुड़ियाँ

थीं। खिड़की के बाहर धीमे-धीमे उग रही सपाट कद्दावर बिल्डिंगों में ऐसी भोली मूर्खताओं की कोई गुंजाइश नहीं होगी। उनके पंखे कमरे के धूसर सपाट डीलक्स रंगों से मेल खायेंगे, या उनमें शायद सिर्फ एयरकंडीशनर फिट होंगे। सपाट दीवारों पर कुछ प्रिंट होंगे—अमूर्त तरह के। कोई भी जाले या ताख, धूल समेटने वाली कमल की पंखुड़ियाँ, तपभ्रष्ट यति-अप्सरा या बिगुल बजाते प्लास्टर के देवदूत उनमें यहाँ-वहाँ लटकते न होंगे।

ठेकेदार की मुस्तैद सीटी से काँच फिर काँपते हैं। एक कॉकरोच की अंधी सूंड़ दीवार पर टँगे पुराने आईने के पीछे फिर छुप जाती है। शहर मेरे इर्द-गिर्द कसता है, तब तक, जब तक कि मैं नकली सीटी बजाता, साफ तराशा चेहरा लिये मेज तक नहीं जा पहुँचता।

मैं हाथ बढ़ाकर जैम की शीशी उठाता हूँ। सामने की ऊँची कुर्सी पर ता बहन के पास बैठी है। उसकी प्लेट के दोनों ओर बराबर साइज के टोस्ट के टुकड़े हैं। अधउबले अंडे से भरा चम्मच बहन उसके मुँह के पास ले जाती है,—"आ··· करो!" अड़ियल टट्टू की तरह बच्ची सिर परे कर लेती है, कहती है, पहले लक्का-सुन्नी खायेंगे। फिर अपनी मोटी स्याह उँगली दूध के गिलास में डुबोकर वह दो-दो दूधिया लकीरें टोस्ट के कतरों की बगल में खींचती है। दूध की दो नहरें हैं, लक्का-सुन्नी के लिए फिर वह 'आ' करती है। बहन की आँखें कहती हैं मुझसे—यह भी देखना था, देखना था मुझे···

चिड़ियाघर के गेट पर एक आदमी पिपनियों में फूंक मारकर चिड़ियों की नकली चहक फैला रहा है, दूसरा आदमी एक नन्हीं मुड़ी नलकी में फूंक मारता है तो फेन के जादुई बुलबुलों का एक सतरंगा गुच्छा उसके चारों ओर फैल जाता है। ता बड़े एहतियात से लक्का-सुन्नी को सड़क पार कराती है। उसकी मोटी भँवें एकाग्रता से एक-दूसरे से गुँथ गयी हैं। नन्हें होंठ एक लकीर में सिमट आये हैं।

हवा फिर ठंडी हो चली है। रोशनी ठंडी और धूसर है। लिली ऐसी झीसी बदली को कहती थी, मलाईवाले बादल। मलाई बर्फ को मचलती थी वह, जब भी हम दोनों अकेले घूमने जाते। बिगड़ैल लिली, इकलौती, सुंदर राजकुमारी। मनुष्य का रूप अंत तक कैसा छलता है! बहन ने लिखा था, आखिरी दिनों में लिली ढाँचा-भर रह गयी थी। मीटर-मीटर भर लंबे उसके वे तमाम घुंघराले बाल, रेडियेशन थैरेपी निगल गयी थी।

"लक्का, अब पिटोगे तुम!" ता लक्का से कह रही है। हमारे सामने बतखें तैर रही हैं। ऊभ-चूभ होती बतखें। एक बतख सिहरकर अपने कंधे झटकारती है। "सुन्नी को बतखों से डर लगता है।" उसका चेहरा गंभीर है। हम चारों

चुपचाप आगे बढ़ जाते हैं। ता, मैं, लक्का और सुन्नी। ता छींकती है। हम एक ठोंगे से पिंजरों के भीतर मूँगफलियाँ फेंकते हैं, जहाँ एक मोटा बंदर दो छोटे बच्चे बंदरों को दाँत दिखाकर तमाम फलियाँ बटोर ले जाता है। उसके दाँत पीले-पीले हैं। दो पंजों पर खड़ा वह अपनी खौंखियाती प्रतिहिंसा में लगभग आदमी-सा लग रहा है। तकलीफ भीतर टीसती है, हम कारण बाहर ढूँढ़ते हैं।

"लक्का-सुन्नी के डैडी कंक्रीट मिक्सर में पिच्च गये थे," ता पेड़ के नीचे कोला पीती हुई मुझसे कहती है—"पिच्च से, च्युंइगम की तरह।" वह मुँह से च्युंइगम का लंबा तार निकालती है, फिर गंदी उँगलियों से उसे समेटकर वापस मुँह में डालती है। हमारे पास एक युवा माँ-बाप अपने बेटे के साथ आइसक्रीम खा रहे हैं। बच्चा चकरघिन्नी की तरह ऊपर-नीचे कूद रहा है। ता कुछ पल उसे निर्निमेष ताकती है—"जिसके माँ-बाप नहीं होते, उनको जानते हो, क्या कहते हैं?"

"नहीं," मैं कहता हूँ। मेरी आँखों में धूल किरकिराती है।

"अन्नाथ! लक्का-सुन्नी भी अन्नाथ हैं।" वह अपनी फैली-फैली नाक में भीतर उँगली दे देती है। मैं उसे धीमे से बरजता हूँ। कहता हूँ कि लक्का-सुन्नी भी गंदी आदत सीख जायेंगे ऐसे।

"लक्का की एक आँख हरी है, और एक आँख लाल," ता मुझे गंभीरता से बताती है। "हरी आँख से उसे सब हरा दिखता है, और लाल आँख से लाल"—अपनी जीभ बहुत नफासत से आइसक्रीम पर छुआती हुई वह जोड़ती है—"तभी तो उसे सड़क पार करनी नहीं आती—उसे लाल, हरी बत्ती होने का पत्ता ई नहीं चलता।"

ता खाँसने लगी है। मैं उसकी पीठ सहलाता कहता हूँ कि खाते-खाते बोलना नहीं चाहिए। वह एक आँख बंद करके मुझे देखती है—"तुम लाल-लाल हो," फिर वह दूसरी आँख बंद करती है—"और अब हरे-हरे!" हम दोनों जोरों से हँस पड़ते हैं। मैं बतख की तरह बदन झटकाकर उठता हूँ—"चलो घर चलें अब, नहीं तो नानी फिकर करेगी।"

"अँह! नानी!" वह कहती है, और कार्डिगन पहनने लगती है, जो अब तक कमर पर बँधा था। हम कुछ शरमाते से सड़क पार करते हैं। अपनी नयी दोस्ती की कोमल उँगलियाँ सिर्फ पोरों से छूते, झिझकते, एक-दूसरे को पाकर फिर खो देने की आशंका में।

टैक्सी की खिड़की से निकले ता के चेहरे पर खुशी एक मास्क की तरह चिपकी है।

"नहीं, मैं तो एक बात कह रही हूँ," बहन मेरे चाय के प्याले में अनमने हाथों से चीनी घोल रही है। "रज्जू और सुषमा क्या कर सकते थे इसमें? यह तो हम माँ-बापों को ही झेलना होता है न!" बेटे-बहू के लिए बहन की पुरानी विरक्ति उसकी नर्माई के बीच भोथरे काँटे-सी चमकती है इस 'हम' में।

"लोग कहते हैं। इस उम्र में तुम बच्ची को क्या पालोगी? उसके मामा-मामी के पास क्यों नहीं भेज देतीं इसे? अब जब तक मैं हूँ, तब तक तो देख-भाल कर ही लूंगी—फिर चाहे···" बहन अप्रिय बात अधूरी चबाकर छोड़ देती है। "नहीं, मैं तो एक बात कह रही हूँ," वह कुछ रुककर जोड़ती है।

रात सपने में मैंने लिली को देखा, खिड़की के सामने मेरे खूब पास खड़ी। उसकी आँखें अनबहे आँसुओं से चमकती थीं। मैंने उसके कंधे थाम लिये, उसे रोकने को। फिर वह चली गयी थी। गुजरती ट्रेन की तरह। फिर आखिरी लाल बत्ती भी नहीं।

अँधेरा, सिर्फ अँधेरा।

मेरे गालों पर ठंडे आँसू थे, जब मैं जागा।

"कौन है? भीतर आओ।"

पर्दा हिलता रहा, जैसे उसके पीछे सिर्फ हवा हो। बगैर करवट बदले मैंने कहना चालू किया कि जो छोटी-छोटी लड़कियाँ दबे पैर अपने घर के मेहमानों के कमरे में घुसती हैं, बिना पूछे उनकी कलम से खेलती हैं, और झाड़ू की सींक से कानी कुतिया के कान में गुदगुदी मचाती हैं, उनको यह नहीं समझना चाहिए कि लोग उनको देख नहीं सकते। शायद उनको पता नहीं, कि कुछ लोगों के पास जादू का ऐसा ताबीज होता है कि वे सब कुछ, सब जगह देख सकते हैं।

कमरे में थोड़ी देर एक भारी चुप्पी पानी के गुब्बारे की तरह फदर-फदर मचमचाती रहती है, फिर टप्प से एक रबर की गेंद मेरे पास गिरती है और साथ में तीखी हँसी। एक फुलझड़ी की तरह। छोटे बिल्ली के बच्चे-सा एक कोमल हाथ मेरे चेहरे के पास पड़ी गेंद को टोहने आता है। मैं फुर्ती से पलटता हूँ, और अब वह मेरी गोद में है। हँसी और उत्तेजना की हिचकियों में हँसती, लट्टू की तरह चकरघिन्नी खाती। उसे गोद में थामे मैंने पाया, वह कितनी दुबली थी। हलके-झिर्रे कागज की पतंग की तरह नाजुक, तनिक झोंका खाकर जो फट जाये।

"ताबीज दिखाओ," उसकी भूरी अनझिप आँखों में एक ढीठ चमक थी। मैंने बड़ी व्यस्तता से जेबें टटोलीं—"अंतर-मंतर कुदई का जंतर, न्योला काटे, बिल्ली भागे कुत-कुत-कुत"···गुदगुदी तले साँस रोकते, हिचकी-सी लेती महीन आवाज आयी—"ताबीज़, मामू ताबीज।"

"चल, बाहर चलते हैं," मैंने स्थगन-प्रस्ताव रखा।

"बाहर कहाँ ?" दूसरा पक्ष बिना सवाल पूछे किसी तरह का समझौता नहीं करना चाहता था।

"उड़नतश्तरी में।"

"उड़न क्या ? हूँ ? उड़न क्या ?" मेरा भटकता ध्यान उसे रुँआसा बना जा रहा था शायद। मैं उसे उड़नतश्तरी के बारे में बताने लगा, जिसमें बैठकर दूर स्पेस से—अचानक वह कंधे से पंखों की तरह फैली हथेलियाँ सटाये कमरे में दौड़ने लगी—जूँ···जूँ···! वह स्पेस में थी। लक्का-सुन्नी के साथ। उड़ती-उड़ती।

सिर्फ ठोस यथार्थ ही दु:स्वप्नों के इतने करीब हो सकता है। मुझे लगता है एक अनंत थकान मेरी छाती के भीतर एक काली चट्टान की तरह जमी हुई है। न वह कभी सरकेगी, न ही मैं कभी भर नींद सो पाऊँगा।

चोरों की तरह दबे-पाँव सोती ता को लिये मैं घर में घुसा। बहन के चेहरे पर एक सख्ती-सी कौंधी, फिर बिला गयी। ता के चारों ओर कंबल दबाती वह फिर रोने लगी थी। "इसकी हँसी की आवाज तो मैं भूल ही गयी थी !"

बहन एक अंग्रेजी रिसाला पढ़ रही थी।

"चाय मँगाऊँ ?" उसने चश्मा उतारकर गोद में रख लिया और पपोटों को मलने लगी।

क्षण-भर मैं उसके अधमुँदे चेहरे को ताकता रहा। उम्र की झाईं के बावजूद वह एक थके आभिजात्य से भरा सहृदय चेहरा था। क्षण-भर को मेरा मन किया कि उसके पास बैठकर उसके कंधे से गाल टिका दूँ, ऐसे, कि हमारे भुरभुरे उजाड़ मरम फरफराकर एक पुरानी किताब के सफों की तरह एक-दूसरे के चारों ओर खील-खील होकर फैल जायें। अपनी तमाम थकन, अपनी अनिद्रा, अपनी सारी शब्दहीन तकलीफ हम एक-दूसरे की गोद में डाल दें, और खुद हलके हो जायें, फूल से।

पर इच्छा भंगुर होती है, और यह भी आकार लेने से पहले ही बिलाने लगी थी।

कुछ था इस घर की दीवारों में, हमेशा से, जो इस तरह की हरकतों को असंभव बना देता था। हम सबके बीच जो क्षीण-सा पुल बच रहा था, उसे एक ओर थका जर्जर प्यार थामे था, और दूसरी ओर एक उदास इच्छा, या उसे कर्तव्यभावना कहूँ ?

क्षण गुजर गया, अब सिर्फ सन्नाटा था।

"कितनी शांति है यहाँ," मैंने आखिर कुछ कहने-भर को कहा।

"और कितना सुनसान," बहन जोड़ती है।

"हर साल एक-एक पुराने घर बिकते जा रहे हैं नये लोगों के हाथ। मैं भी जब तक हूँ तभी तक—रज्जू को तो बड़े घरों से चिढ़ है—लिली ही थी जो हमेशा यहीं रहना चाहती थी।" बहन रोने लगी है—"कहती थी, जैसे जानवर चोट खाकर अपना कोना ढूँढ़ते हैं, वैसे ही मैं भी···इतना कहती थी, मामा अब मैंने कहीं नहीं जाना, बस ता और मैं दोबारा सब शुरू करेंगे। मैं नर्सरी खोल लूँगी।"

कमरे की दीवारें जैसे छाती कस रही हों मेरी। सचमुच का दुख हम सबको अचानक कितना भंगुर, कितना छोटा करता जाता है।

लिली प्रौढ़ मातृत्व की गोद में खेले बच्चों की तरह किसी कदर एकलखोरी और हठीली थी। जिद कर-करके पढ़ने बाहर गयी, और वहीं बिना किसी को बताये एक नाकारा बंगाली छोकरे से ब्याह कर लिया। लड़का नशे का लती था, सुइयाँ लेता था।

पति की मौत के बाद सब बहन पर ही था। मुझे उसका लंबा भावुक पत्र आया था, सालों बाद, कि जो भी हो, मैं इकलौती भांजी का मामा हूँ, मुझे अमरीका में होने के नाते वहाँ जाकर उन्हें आशीर्वाद देकर ननिहाल का रिश्ता निभाना चाहिए, वगैरह।

मुझे हलका अचरज हुआ था अम्मा-बाबू के रहते भर तक ही जीजी का हल्का परिचय तंतु-भर मुझ तक पहुँचता रहा था, उसके बाद सालों तक कुछ नहीं, और अब अचानक यह सब? फिर उनका दूसरा पत्र आया, फिर तीसरा। फिर अपरिचित भारतीय आवाजों के फोन आने लगे—आपकी बहन ने पार्सल भेजा है—कृपया फलाँ पते से ले लें।

जाना ही पड़ा अंततः। वीक-एण्ड पर सूटकेस-भर बहन के भेजे तोहफों की ढेरी लेकर पहुँचा, तो एयरपोर्ट पर आँखें लिली और उसके अनदेखे शौहर को देर तक ढूँढती रहीं। वे लोग नहीं आये थे। खैर, पता मेरे पास था। वे कैंपस के पास ही कहीं रहते थे, और यह छोटा-सा शहर था जिसका धड़कता हृदय थी यह युनिवर्सिटी। यहाँ गलत जगह पहुँचना कठिन था।

मुझे अचानक आया देखकर लिली की भूरी आँखों में विस्मय-सा कुछ काँपा। "अंदर आने को नहीं कहोगी क्या?" मैंने हँसने की कोशिश की। "हाँ-हाँ, आय एम सॉरी।" उसने मेरे हाथ से सूटकेस ले लिया। उसके चेहरे का अचरज तब भी पुँछा न था। सस्ते इलाके में उनका घर बहुत छोटा और बहुत अस्तव्यस्त था। फर्श पर उतारे हुए मैले कपड़ों का ढेर था, खाने की मेज पर सुबह नाश्ते के बर्तन। गैस के ताप के आगे गुड़ी-मुड़ी एक पुरुष आकृति सो रही थी, शायद गहरी नींद

में। घंटे-भर बाद जब मैं कॉफी पी रहा था, तब उस आकृति में कुछ हरकत-सी हुई। यह लिली का बंगाली शौहर था, मेरा दामाद।

"मामा।" लिली ने परिचय दिया।

"ओह !" अभद्रता से सिर से पैर तक दो जवाफूल-सी सुर्ख आँखों ने मेरा मुआयना किया। मैंने कमरे में भरी चरस की तीखी गंध अचानक महसूस की। "मैं ज़रा बाहर घूम आता हूँ," मैंने कहा। उन लोगों ने कोई प्रतिवाद नहीं किया। लौटकर मैंने कहा, "मैं रात की फ्लाइट से निकल जाऊँगा।" मैं कुछ रुका, पर उनकी सहज स्वीकृति से मुझे कारण बताने की जरूरत भी न रही थी।

शाम की फ्लाइट से ही मैं शहर लौट आया था। मेरे आने तक बहन के भेजे पार्सल मेज पर अनखुले ही पड़े थे। चाँदी का टी-सेट, रेशमी साड़ियाँ, चाँदी की करधनी, सोने के कनफूल। शायद खोले भी न हों, या शायद पहुँच गये हों गिरवी रखने वालों की दुकान पर। हाथ दोनों का खुला था।

कुछ महीने बाद बहन के कातर पत्र आने लगे थे, कि दोनों को समझाऊँ कि इस तरह अचानक सब तोड़कर अलग न हों। आनेवाले की तो सोचें। उसका क्या कुसूर है? मतभेद तो सबके शुरू में होते ही हैं। पर अलग वे हो गए थे। ता के जन्म पर लिली के न कहने के बावजूद बहन वहाँ आयी थी, और गुस्से से सूजा मुख लिये बच्ची को साथ लेकर तीन महीने बाद लौट गयी थी। एयरपोर्ट पर छोड़ने मैं ही गया था। ता खूब रोती रही थी। पता नहीं पेट दुखता था, या क्या? लिली तब नहीं आयी थी। बाद को आयी थी, सब गँवाकर। तन और मन दोनों से खोखली। मुझे लगता है, उसका कैंसर दुखों का ही घनीभूत रूप था। डॉक्टर चाहे जो कहें।

बस फिर सब खत्म। ता बहन के पास दिल्ली में ही पलती रही थी तब से।

"ये क्या कर रही है?" बहन ने तनिक खिन्नता से ता को झिड़का, जो बिल्ली की तरह अपने-आपको मुझसे रगड़ती नाक में उँगली घुसेड़े जा रही थी। उसके पपोटे सूजे हुए थे। मेरी चाय तनिक छलकी। ता को घूरती बहन की आँखों में बेपनाह हताशा थी—"नाक में उँगली नहीं देते!" बहन ने फिर डपटा। ता ने अब अँगूठा मुँह में दे लिया था। "जाओ, अंदर क्यों नहीं खेलती?" बहन ने उसे धमकाया।

"लक्का-सुन्नी बाहर खेल रहे हैं," अँगूठा मुँह से निकालकर उसने जवाब दिया। बहन हताशा से कुछ देर उसे देखती रही।

ता को माँ-बाप, दोनों के चेहरों के कमजोर नकूश विरासत में मिले थे। पिता

का साँवला रंग, माँ की तनिक चपटी नाक, और सूखी घास से पतले बाल। निरंतर अँगूठा चूसने से दाँत कुछ ऊँचे हो गये थे। बहन की झिड़की के बावजूद उसने अँगूठा चूसना बंद नहीं किया। सर्चलाइट की तरह ढिठाई से उसकी आँखें हम दोनों के चेहरों पर फिरती रहीं। एक चुनौती के साथ।

"तुम मानो, न मानो, जीन्स होते हैं जरूर कुछ," बहन कह रही थी—"मछली के बिना यह खाती नहीं, लिली मछली छूती नहीं थी। लिली को जिद करके भी चावल नहीं खिला पायी मैं। यह रोटी एकदम नहीं खाती। दुनिया-भर के खिलौने हैं, मजाल जो आँख उठाकर देख ले—अपने उन्हीं काल्पनिक दोस्तों के साथ···" अंतिम वाक्य बहन ने अंग्रेजी में कहा, और ट्रे लेकर उठ गयी।

"तुम्हारे मामा-पापा हैं?" नाक में उँगली डाले ता मेरे पास खड़ी थी।

"नहीं, नाक में उँगली नहीं डालते न! नानी ने क्या कहा था अभी?" उसने नाक से उँगली हटा ली और बाँह खुजाने लगी।

"नहीं मेरे मामा-पापा नहीं हैं। लक्का-सुन्नी के हैं क्या?" मैंने नर्माई से उसका हाथ थामा।

"नहीं, उनके भी नहीं हैं। आया ने बताया था, उनके मामा-पापा कंक्रीट मिक्सर में पिच गये हैं।"

"ओह!" आया की शिकायत करनी होगी बहन से, मैंने असहज होकर सोचा।

"तुमको मालूम है, जिनके मामा-पापा नहीं होते, वे लोग क्या होते हैं?"

"नहीं। क्या?"

"अन्ना···थ! आया कहती थी।" वह पैर से जमीन पर लकीरें डाल रही थी। "मैं अन्नाथ नहीं हूँ," उसने कुछ रुककर जोड़ा।

"मुझे मालूम है।"

"मेरे मामा अमेरिक्का में हैं। लक्का कहता था अमेरिक्का में आसमान नहीं होता।"

"तब क्या होता है?"

"कुछ भी नहीं बुद्धूराम!" वह कूद-कूदकर गलीचे पर लँगड़ी टाँग खेल रही थी।

"लक्का सिर्फ अंग्रेजी बोलता है," उनने मुझे सूचित किया।

"और सुन्नी?"

"सुन्नी बोल नहीं सकती। वह सिर्फ देख सकती है। जानते हो, क्यों नहीं बोलती वो?"

"नहीं, तुम बताओ!"

"कुछ भी नहीं जानते तुम!" ता ने अपनी उँगली से बाल आँखों से हटाये—

"अरे भाई, वो बोलना ही नहीं चाहती। उसने अपने मुँह में इसीलिए तो अँगूठा डाल रखा है, बुद्धू जी !"

"अच्छा !"

अब लक्का की बारी थी। उसने ठीक से कूद नहीं लगायी, सो उसे हटा दिया गया। अब सुन्नी कूद रही थी।

"सुन्नी लक्का से ज्यादा अच्छा खेलती है। मालूम है क्यों?" उसने मुझसे पूछा।

"मालूम नहीं।"

"क्योंकि सुन्नी-सुन्नी है, सिली !" वह फिर कूदने लगी थी।

टैक्सी आ गयी थी। ता ऊपर की खिड़की से सामान रखा जाता देख रही थी। कल से वह मुझसे बोल नहीं रही थी। मैं कोशिश करता, तो जीभ चिढ़ाकर या विकराल आकृति बनाकर भाग जाती। मैं आखिरी शांति-प्रस्ताव लिये ऊपर गया—

"ता, मामू जा रहा है।"

चुप्पी।

"बाय-बाय लक्का, बाय-बाय सुन्नी, ता को बता देना कि मामू जा रहा है।"

चुप्पी। आया के साथ ता कोने में सिर झुकाये मेरी ओर पीठ किये ऐसे बैठी थी, जैसे छोटा-सा मूढ़ा हो।

"बाय-बाय कहो बेबी, सा···ब जाता ऐ"—मद्रासी आया ने सोना लगे दाँत चमकाये।

"बाय लक्का-सुन्नी !"

नीचे टैक्सी ने हार्न दिया। "बाय !"

"बेबी"···इससे पहले वह कुछ कहे, आया को हिंस्र-भाव से धक्का देकर ता फिर स्थिर बुद्ध प्रतिमा-सी जा बैठी।

मैं पहली बार सीढ़ी पर था, तो भीतर से आवाज आयी—"लक्का-सुन्नी मर गये।"

"अँय ?" मेरा चेहरा शायद बेवकूफी-भरे अचरज से पुत गया था।

"हाँ जी, लक्का ने सुन्नी को कंक्रीट मिक्सर में फेंक दिया, और लक्का को एक टैक्सी ने पिच्चा दिया !"

"पर क्यों ?"

इसका कोई उत्तर नहीं था। बाहर एक चीखती हुई बाल्टी फिर नीचे आने लगी थी, कड़ी-दर-कड़ी।

दूरियाँ

"तिरलोक जो घर गया तो छह महीने से लौटने का नाम नहीं, कहीं बाप तो नहीं मर गया उसका ? या क्या पता, खुद ही मरणांत बीमार न पड़ा हो ? चेचक हो या हैजा ? गाँव जाकर तो इन लोगों का भगवान ही मालिक है ।···माँ बाबूजी के कुरते में बटन टाँकती हुई कहती हैं ।

"मैं कहती हूँ कि क्या अच्छी बातें नहीं सूझतीं तुम्हें ? हर चीज में मौत और बीमारी ही क्यों नजर आती है ? यह भी तो हो सकता है कि पास के गाँवों में ब्याही उसकी बहनें उससे मिलने को आ गयी हों ? या फिर वह अपनी बीबी को भेंटने ससुराल गया हो ? सास-बहू की नहीं पटती तो क्या, उसकी तो औरत ही ठहरी···"

"उहुँक् !" माँ कोने के दाँतों से धागा काटती हुई कहती हैं—"बीबी से मिलने जाता तो इतनी देरी थोड़े लगती ? तू नहीं जानती, जमाना बड़ा खराब है, वे जोड़ती हैं, और कुरते को नाराजगी से झटकारती हुई तहाने लगती हैं । सड़ाप्-- कुरता पलंग पर औंधा बिछता है । "हारी-बीमारी तो जैसे कोने-कोने में बिछी है आजकल ।" कुरते की एक बाँह कंधे से मोड़कर माँ उसे पीठ के समांतर रखती जाती हैं । "पड़ोस के हरनंदन की माँ को ही देखो—पूर्णिमा के दिन एक चम्मच चरणामृत मुँह में डालकर भगवान के सामने पूजा को बैठी, तो बैठे-बैठे ही ढेर !" मेरी हँसी छूट जाती है—हरनंदन की भीमकाय माँ की यूँ अचानक मौत, दुखद होते हुए भी···मौत की यह मुद्रा—जैसे कोई विराट गावतकिया लद्द से···

"तू हँसती क्या है ?" माँ कुरते को कमर के बीच से दोहरा मोड़ती है, "सच्ची कहती हूँ मैं, अब मनुष्य-जीवन का कोई ठिकाना नहीं । अभी हम हैं, बस अभी नहीं ।"

खुली आलमारी के भीतर मेरी आँखें कपड़ों की छोटी-छोटी ढेरियाँ देखती हैं । उन दोनों के कपड़े थोड़े-से हैं और अक्सर अब घर में ही धुल जाते हैं । सिर्फ कभी कोई गर्म पतलून या बंद गले का कोट लेकर बाबूजी जाड़ा आने पर बड़े

समारोह से स्थानीय लांड्री में जाते हैं। कपड़ों से पुराने अखबारों और पीली तसवीरों की भुरभुरी महक आती है, और जब बाबूजी ड्राईक्लीनर को सन् पैंतीस के सिले कोट की मजबूती सगर्व दिखाते होते हैं, तो अक्सर नैप्थलीन की एक खूब घिसी गोली उससे निकलकर काउंटर के नीचे कहीं दूर छिटक जाती है।

"हैलो!" बाहर बाबूजी जोरों से फोन के चोंगे में कह रहे हैं—"हैलो! क्या फाइव टू सिक्स नाइन सेवेन? नहीं, यह फाइव वन सिक्स नाइन सेवेन है। हाँ-हाँ, जी हाँ, गलती हो ही जाती है। ऐसा है कि आजकल फोन एक्सचेंज तो··· हैलो? दूसरी ओर से फोन रख दिया गया है। बाबूजी धीरे से फोन रखते हैं, और भीतर की ओर मुँह करके कहते हैं कि रांग नंबर था।

अलमारी का पल्ला भिड़ाती हुई माँ दीवार से कहती हैं कि न कहीं आयेंगे, न जायेंगे; दिन-भर फोन को गोद में बच्चे जैसा रखे-रखे वही रांग नंबर, सही नंबर मिलाया करेंगे। पचपन भी कोई उम्र होती है रिटायर होने की? आदमी करे भी तो क्या? सारी गलती सरकार की है।

मैं जब से घर आयी हूँ, रोज बाहर बरामदे की कुर्सी पर बैठी-बैठी पूरी दोपहर ट्रांजिस्टर सुनती हूँ—कृषि-दर्शन, पंचायती कार्यक्रम, बच्चों की फुलवारी, महिला-मंगल, पत्रोत्तर सब कुछ। हर घंटे एक सिगनल होता है, पिप-पिप-पिप—अब आप समाचार सुनिए। बैठे-बैठे पिंडलियाँ सुन्न पड़ जाती हैं, पर उबाऊ कार्यक्रमों का भी अपना एक खास उबान भरा नशा होता है। हर तीन घंटे में हम लोग चाय पीते हैं—जीभ पर दिन-भर चाय का कसैला-फुरसती स्वाद ऐंठता रहता है।

चाय का वक्त शायद फिर हो गया है। "चाय मिलेगी क्या?" बाबूजी की आवाज में बेवजह की खुशी है—जिस दिन रिजल्ट निकलने वाला होता था, भैया भी सीटी बजाता हुआ सीढ़ियाँ उतरता था।

"अरे सुना भगवान—चाय···"

"लाती हूँ!" माँ की आवाज थपेड़ों-जैसी है।

किरासिन की गंध से महकती रसोई में माँ को अनाड़ी हाथों से स्टोव जलाते देखती हूँ। गैस एक बार चुक गयी तो यहाँ पंद्रह दिन से पहले नया सिलिंडर नहीं आता। दूसरा सिलिंडर? पाँच सौ रुपये एक-मुश्त जमा कराने होते हैं। "बत्तियाँ नीचे खिसक गयी हैं, उन्हें उकसा तो लो," मैं कहती हूँ। माँ के पोरों पर खुरदरे निशान बन गये हैं, जिनमें बत्तियों की कालिख भर गयी है। "दिन-भर घर के भीतर रहनेवाली कोई नौकरानी नहीं मिलती क्या यहाँ?" मैं तल्खी से पूछती हूँ, यह जानते हुए कि जितना काम है, उसे देखते हुए तो एक भी बहुत···

ऊपर बाबूजी फोन लगाकर फिर पूछ रहे हैं—"हैलो ? हैलो ?" शायद समय, शायद शिकायत—क्या पता ? मुझे लगता है, मैं यहाँ का कुछ नहीं जानती अब।

"ले, दे आ उनको चाय," माँ गँदले झाड़न में हाथ पोंछती हैं—"औरतें क्या, यही छोकरे भर मिलते हैं; उनका भी ठिकाना नहीं। अब तो क्या ही लौटेगा तिरलोक ? पहले ही कहता रहता था, बाप बीमार पड़ा है, खेती बिगड़ रही है, क्या पता कैंसर ही हो ! रोग भी तो कैसे-कैसे चले हैं आजकल। सनीचर का दान देनेवाले भट्ट जी को भी सुना, बस खाट पर बैठे-बैठे खाँसी आयी, और एक खून की उलटी। महीने-भर में सब खतम। अभी पर के महीने दान ले गये थे। कह रहे थे कि कड़वा तेल बड़ा महँगा हो गया है।"

माँ के कमरे में सालों से टँगी तसवीर में एक कोमल चेहरेवाला नवयुवक अपने ऑफिस की विशाल मेज के पीछे सतर बैठा, गंभीर खरी, सीधी निगाहों से कमरे को देख रहा है। उसके आगे तीन फोन रखे हैं, और दो ट्रे, जिनमें फाइलों के दो दुर्लंध्य और महत्त्वपूर्ण पहाड़ हैं। एक ट्रे पर लिखा है—इन, दूसरी पर—आउट।

"जरूर तिरलोक के बाप को कैंसर होगा," माँ घुटनों पर हाथ रखकर बैठती हुई बाबूजी से कहती हैं। माँ के उठने-बैठने और बोलने के ढंग में एक कलहप्रिय ऊब भरा कटाव आता जा रहा है। वे अक्सर काम खतम करके हाथों को धोती से ही पोंछ लेती हैं, और सुबह-शाम देर तक पूजा के कमरे में बैठी भगवान की प्रतिमा को चंदन-अक्षत और रंग-बिरंगे झालरों से सजाती रहती हैं। इस कमरे में और भंडार में बाबूजी का आना नहीं होता। माँ पूजाघर में जा बैठीं, तो बाबूजी को जबरन छड़ी लेकर टहलने निकलना ही पड़ता है। माँ को खयाल ही नहीं आता, कितनी-कितनी देर···वैसे आजकल बाबूजी को भी खयाल नहीं रहता कि वे राह चलते परिचितों के अभिवादन का जवाब देने को हाथ उठाते हैं, तो उनकी छड़ी भी हवा में उठ जाती है। अभिवादकों के चेहरे पर एक क्षणिक भय और विस्मय बिजली-सा कौंधता है, फिर प्रायः वे जल्दी से जा निकलते हैं। सब्जीवाले के पास से गुजरते हुए बाबूजी खूब देर तक उससे और तिरलोक से मौसम, दाम और सब्जियों के गुण-दोषों की चर्चा करते हैं, उन्हें पता ही नहीं चलता और इसी बीच सब्जीवाला तिरलोक की टोकरी में अच्छे टमाटरों के बीच कुछ गले टमाटर भी सरका देता है। बेचारा तिरलोक टोकरी घर ले जाता है, तो माँ से डाँट खाता है। माँ उसे डाँटती भी हैं, तो ऐसे सुर में कि रसोई ही नहीं, घर के ऊपरी तल्ले में भी आवाज पहुँच जाये, जहाँ बैठे बाबूजी फोन के बजने का इंतजार करते होते हैं, "तू ही बक-बक में लग गया होगा उसके साथ, देखा नहीं होगा कि उसने टोकरी में क्या डाल दिया, अब कौन खायेगा इसे ? हुए

न पैसे बरबाद मेरे ?" शायद इसीलिए तिरलोक गाँव गया तो लौटा नहीं, हालाँकि माँ को पूरा यकीन है कि इसका सबब उसके बाप का कैंसर है ।

"तुम्हारा फोन है।" बाबूजी मुझसे कहते हैं। मेरे पति का फोन है। वे मुझसे पूछ रहे हैं—"कब लौटोगी ?..."

लाइन बहुत-सी खड़खड़ाहटों से भरी है, जैसे हम दोनों अंतरिक्ष के दो छोरों से बोल रहे हों। "हैलो—कब लौटोगी ? कब ? कब ?" कहीं अनंत छुट्टियों के परे कोलाहलभरा एक संसार है, जहाँ हर मेज पर तीन फोन रखे हैं—और दो ट्रे—इन और आउट।

"मुझे लौटने का रिजर्वेशन कराना होगा—कम-से-कम पंद्रह दिन पहले।" दूर बहुत दूर मेरे पति हाथ में कलम लिये फोन के सामने टँगे कैलेंडर को ताक रहे हैं कि मैं तिथि उचारूँ और वे चुस्त गोला खींच दें उसके गिर्द। बचपन में बाबू जी की तस्वीर को देखकर मैं अकसर सोचती थी कि कभी उनकी मेज पर रखे तीनों फोन अगर एक साथ बज उठें तो वे उनसे कैसे निबटते होंगे भला ?

रात को इस शहर की वोल्टेज बहुत कम हो जाती है। दो-दो बल्बों के बावजूद लगता है कि मोमबत्तियों की उजास में बैठे हैं। "तुम लोग लाइब्रेरी नहीं जाते क्या ?" मैं पूछती हूँ। बाबूजी कहते हैं कि हाँ-हाँ, वे तो हर हफ्ते जाते हैं। है बहुत पुरानी, अंग्रेजों के जमाने की, पर खोजने से अभी भी कुछ रोचक चीजें मिल जाती हैं। जैसे—एडमंडसन की दक्षिणी ध्रुव की यात्रा की डायरी।

माँ ने बुन-बुन कर घर भर डाला है। मैं कहती हूँ कि इस साल अब हमें और नहीं चाहिए, तो उनका चेहरा उतर जाता है। "जैसा तुम लोग चाहो।" वे बुदबुदाती हैं—"मैं किसी से कह ही क्या सकती हूँ ?" वे किसी पर जोर देकर कहती हैं। उस वक्त उनके पतले होंठ और भी पतले और उदास लगते हैं। माँ और बाबूजी अब हम भाई-बहनों के लिए प्रायः बहुवचन प्रयोग करते हैं—'तुम लोग।' हमारी उनकी हर बातचीत के बीच एक लंबी धूसर परछाईं की तरह यह शब्द अब आ पड़ता है, फिर दूर होते घोड़ों की टापों की तरह हर बार देर तक चुप्पी भरे कमरों में बजता रह जाता है—धीमा, क्रमशः और धीमा होता हुआ—तुम लोग...तुम लोग...तुम लोग...फिर हम सब थके पैरों से सोने चल देते हैं और सपनों में हमारा असहाय प्यार हमारे भीतर अगस्त की बौछार की तरह शीशों पर सिर पटकता है।

अकेले कमरों में टहलते हुए बचपन की यादें बार-बार हमारे भीतर अपने नर्म पोरों से टिके रहने का आधार खोजती रहती हैं—वे चपटे पत्थर जो हमने टॉफी के डिब्बों में जमा किये थे। बड़े-बड़े हरफों में लिखी वे पहली चिट्ठियाँ, मखमली

कपड़े के बने वे भालू और खरगोश, जिनकी बटनदार आँखें जाने कब खो चुकी हैं।

देर रात गये कल मैं उठी थी, और मैंने हवा के लिए अपने कमरे की खिड़की खोल दी। अचानक जाने कहाँ से आकर ढेरों पतंगे बल्ब पर मँडराने लगे, और मैंने खिड़की के चमकते काँच पर अपने चेहरे जैसे ही एक और चेहरे को झांकते पाया। एक सफ़ेद, दुःस्वप्नों से आतंकित चेहरा।

"कैंसर का भी कोई ठिकाना नहीं, कब किसे हो जाये?" माँ साँस लेकर कहती हैं, पहले ऐसा जोर नहीं था इस रोग का। क्या जाने क्या-क्या मिलावट रहती है इन दिनों खाने में, भीतर-ही-भीतर रोग पनपते जाते हैं, पता तभी चलता है जब कि···"

"तुम लोग छुट्टियों में भैया के पास क्यों नहीं हो आते इस साल? यानी उन लोगों के बच्चों की छुट्टियों के समय···" मैं और अधिक बेवकूफी से जोड़ती हूँ।

"इतना आसान नहीं, उतनी दूर दस हजार तो एक ही का टिकट···" माँ भिचे स्वर में बात आधी छोड़ देती हैं।

"इस साल मैंने इनकम टैक्स कितना दिया, जानती हो?" वे कुछ रुककर पूछती हैं। बाबूजी को रिटायर होने के बाद से माँ बाबूजी के सारे बिल उनके साथ बैठकर पढ़ती हैं।

"जमाना खराब है," वे अकसर कहती हैं—"कागजात देखना आना चाहिए, क्या पता, कब किसे अकेले ही सब···" माँ के पास अब एक बड़ा-सा रजिस्टर है, जिसमें वे तारीखवार पैसे-पैसे का हिसाब टाँकती रहती हैं। रजिस्टर के आधे हिस्से में नौकर, बरतनवाली और धोबी की हर माह की तनख्वाह की पावती है। "जमाना खराब है," वे लिखती हुई कहती हैं—"पीछे कहीं ये कहें कि दिया नहीं, तब? किसी का भरोसा नहीं करना चाहिए इन दिनों, नौकर हों या अपने लोग। अपना हिसाब साफ रखो और बस···"

रजिस्टर में किसी ने दस्तखत किये हैं, तो किसी ने अँगूठा लगाया है। तिरलोक ने टेढ़े हरफों में बार-बार अपना नाम लिखा है—तीरलोक सींग। पिछले छह महीने से उसका कॉलम खाली है। पिछली बार मैं वापस जा रही थी तो ट्रेन में मेरा सूटकेस चढ़ाते हुए उसने अपनी हलकी झिझकती बोली में कहा था कि अगर मेरे साहब उसे वहीं कहीं बुला देते, तो उमर-भर गुन मानता; यहाँ कमी तो कोई नहीं, लेकिन···

"लेकिन इतनी जल्दी क्या है?" माँ के हाथ तेजी से भाई के बच्चे के स्वेटर

पर नमूना उतार रहे हैं। बाबूजी चश्मा लगाये ईस्ट इंडिया कंपनी के किसी साहब की जीवनी पढ़ रहे हैं, जिसमें उसने बताया है कि हिंदुस्तान में उन दिनों कैसे पच्चीस रुपये महीने में नवाब की तरह रहा जा सकता था। "समझी?" बाबूजी चश्मा उतारकर कहते हैं। उनकी आँखें निरीह हैं, और होंठों के दोनों ओर दो गहरी लकीरें ठोड़ी तक बह आयी हैं। उनके सिर के ऊपर टँगी तस्वीर में युवक की नजर तीखी और धारदार है, और उसके कसकर भिचे होंठों को देखकर लगता नहीं कि वह कभी हँसता भी होगा।

क्षण-भर की चुप्पी। फिर बुनती हुई माँ मंद, पर काँपते स्वर में दोहराती हैं कि महीने-भर से भाभी की कोई चिट्ठी है न पत्री। कहीं कोई बीमार न हो—क्या पता? दोनों इतनी तेज कार चलाते हैं, कि रात-दिन···

"तुम कभी अच्छी बातें भी सोचती हो?" मैं पाती हूँ कि मेरी आवाज का सुर बेतरह चढ़ा हुआ है। मैं बाकी बात तंबाकू की पीक की तरह निगल लेती हूँ, तो छाती में आग धधक···मेरे हाथ काँप रहे हैं।

माँ बुनाई रोककर मुझे घूर रही हैं। बाबूजी ट्रांजिस्टर चला देते हैं—खबरों का टाइम हो गया? क्या पता, देश में इस बीच क्या हो गया है? जगह-जगह आंदोलन हैं, और मार-पीट, दंगा-फसाद···माँ उठकर बाथरूम में घुस गयी हैं। वहाँ उन्होंने नल खोल लिया है। मेरी आँखों में मिर्चें भर गयी हैं। छाती में ऐसी घुटन है कि साँस भी नहीं···

"बेटा ज़रा बत्ती जला दोगी," बाबूजी की आवाज बेहद मुलायम है। "हाँ-हाँ क्यों नहीं?" मैं कहती हूँ और इतनी तेजी से उठती हूँ कि अगर कुर्सी का हत्था सामने न होता तो शायद औंधे मुँह पड़ी नजर आती। एक भयावह भय मेरे भीतर घड़ी की तरह गजर बजाता है। मैं पानी पीने के बहाने कमरा छोड़ देती हूँ। माँ बाथरूम से निकलेंगी तो उनकी नाक लाल और पपोटे सूजे हुए।

इतवार के रोज माँ हमेशा सिर धोती हैं। माँ के सूखते बालों में सफेद तारों की संख्या इधर और बढ़ गयी है, हालाँकि बाल धोने से उनकी उँगलियों के पोर साफ हो गये हैं, और पहले की ही तरह नर्म और गुलाबी लगते हैं। तौलिये से बाल पोंछती माँ का चेहरा छोटा और निस्सहाय है। "लाओ, मैं तौलिया तार पर डाल दूँ," मैं कहती हूँ और इससे पहले कि वे कुछ कहें, मैं तौलिया लिये हुए बाहर भाग आती हूँ।

मेरे वापस लौटने में एक दिन बचा है। आज भाभी की चिट्ठी आयी है; साथ में बच्चों की, उनकी रंगीन तस्वीरें, मखमल-सी घास पर किलकते देवशिशुओं-से हृष्ट-पुष्ट बच्चे, जिनकी निष्पाप आँखें हीरों-सी चमकती हैं। तसवीरों के पीछे भाभी

ने बच्चों की ओर से लिखा है—"टू डियर ग्रैन्मा, ग्रैन्पा···

"गुड्डे-गुड़िया जैसे, नहीं ?" माँ पंद्रहवीं बार कहती हैं।

बाबूजी उपमा देना नहीं जानते, पर वे भी मूँछों-ही-मूँछों में हँसते हैं। फिर कुछ देर एकदम चुप्पी रहती है। वे दोनों चौकोर तसवीरें थामे हुए प्रतिमाओं-से बैठे हैं। मैं जैसे वहाँ हूँ ही नहीं। भय फिर उमड़ रहा है। मैं अपने हाथ अपने गिर्द लपेटती हूँ, वे फिर काँप रहे हैं। माँ तसवीरें मेज पर रखकर एहतियात से स्वेटर के अलग-अलग टुकड़े लपेटती हैं। स्वेटर पूरा हो गया है। बस सिलना बाकी है—आगे से पीछा, बगलों से बाँहें, कंधे से कंधे—अंत में गला। बस सब खत्म।

मैं माँ के कंधों को अपनी बाँहों से घेरकर उनकी पीठ पर गाल टिका देना चाहती हूँ। माँ से वैसी ही खुशबू आती होगी, जैसी कि तब आती थी, जब मैं छोटी थी, और रात को खौफनाक सपनों से जागकर चुपचाप उसकी बगल में घुसकर सो जाती थी—हर तरह के डर से कतई सुरक्षित।

ट्रांजिस्टर खबरों की पूर्व सूचना देता है—पिप-पिप-पिप। कुछ देर हम तीनों ऐसे बैठे रहते हैं, मानो कोई कैमरे का शटर दबाने ही वाला हो।

हमसफर

गाड़ी वहीं से लगती थी, तब भी निर्मला को बाऊजी ने आदतन घंटा-भर पहले स्टेशन भेज दिया। डब्बे अभी यार्ड में ही लगे थे और बत्ती चालू नहीं हुई थी। वह सहमी हुई-सी चढ़ी और डब्बे में बैठ गयी। सहमापन उसके व्यक्तित्व का स्थायी भाव था। न वह बाऊजी से कह सकी थी कि इतनी जल्दी जाकर क्या करेगी, न ही डब्बे में बिठा गये बड़े भाई से पूछ सकी थी कि एक बार उसका सीट नंबर फिर से मिला लेते तो···इधर कुछ सालों से भैया बदहजमी के शिकार थे। खट्टी डकार और निरंतर पेट में जलन और बेचैनी। इसी से हरदम तन्नाये-तन्नाये रहते। उसकी हिम्मत नहीं हुई कि पूछ ले। अरे, इत्ती पुरानी रेलवई की नौकरी थी तो फिर क्या इतना भी न समझेंगे, कि बहन को सही डब्बे में बिठा गये कि गलत में ? फिर जाते-जाते कह भी गये थे कि टी० टी० को बोल जायेंगे। पहचान का है। कहीं भूल न गये हों ? नहीं-नहीं, भूलेंगे क्योंकर, रेलवई की नौकरी है, क्या इतना भी याद नहीं रहेगा ? उसने धीरे-धीरे अपने को समझा लिया। उसे इसकी आदत थी। आधे अनुत्तरित प्रश्नों, अँधेरे भुतहा कमरों और गुट्ठल कठोर बेंचों पर अकेले छूट जाने की; और भय की गाँठ को धीमे-धीमे मुट्ठी की तरह छाती के भीतर दबा लेने की।

"ए-ए, क्या करता है ?" उसने धीमे स्वर में मुन्ना को धमकाया। वह खिड़की के बाहर हाथ निकाल रहा था। रुक गया। कुछ देर वह अपनी बड़ी-बड़ी उदास पीली आँखों से माँ को ताकता रहा। फिर बेंच के कोने में सिर डाले गंदे फर्श पर चुपचाप जूते से लकीरें खींचने लगा। निर्मला ने गहरी साँस ली और डब्बे के बाहर ताकने लगी। गाड़ी में अभी इंजन न लगने से डब्बे में बत्ती नहीं थी और सब कुछ साँवला, भुतैला और अजीब-सा लगता था। डब्बे में बैठे इक्के-दुक्के लोग, प्लेटफॉर्म पर अधटूटे घरौंदों की तरह उकड़ूँ बैठे लोग। वह, उसका लड़का—-सब कोई। एक चटक गुलाबी धोती पहने नयी बहू सिर झुकाये बाहर बड़े मनोयोग से कागज के दोने से भजिये खा रही थी। उसका पति नये-नये ट्रंक

पर बैठा बीड़ी फूंक रहा था। अधेड़ था—शायद दुहेजू हो। या शायद बाप हो, स्टेशन छोड़ने आया हो, क्या पता? उसके पति को भी तो कई मर्तबा लोग उसका बाप ही समझ बैठते थे। इसी से खिजलाकर वह और भी चुप्पा तल्ख होता गया था शायद। कुल तीन साल का साथ। अँधेरे से अँधेरे तक। साथ क्या, सपना कहो। अब तो रुलाई भी नहीं आती, सोचो तो। वैसे सोचकर रोने जैसा था भी क्या? ढिबरी से टिमटिमाते उजास की तरह वे साल। जिगर की खिंचती बीमारी का अछोर विस्तार। दर्द, कै, दवा। अंत समय लीवर शराब से जल-जलकर, सुना, लोहे की तरह पत्थर हो गया था। खैर, चलो, आखिरी घड़ी शांति से गये। बस इत्ती-सी ही बिरिया तनिक उठँग गये थे। तभी मुँह से खून का एक लोंदा गिरा और बस फिर राम-राम।

जेठ का परिवार और ससुर उसे लिवा लाये थे समय उसकी गिरस्ती के। फिर न जाने कब उसकी गिरस्ती अनायास ही जिठानी की गिरस्ती में बिला गयी थी। उसकी चीजें उनकी बन गयीं। भैया भी कहाँ से सँभालते—उन्होंने ब्याह दिया यही कम किया क्या? उसने साँस लेकर धोती तनिक और कसकर लपेट ली। उसकी रंगीन धोतियाँ, जम्पर, पैर के छड़े सब जिठानी की पेटी में चले गये। ठीक है, उन्हें लड़कियाँ ब्याहनी हैं। उसका क्या? एक ही बेटा है। चलो, ठीक है। जभी धधकोला-सा लगा। "इंजन लग गया," मुन्ना ने शायद अपने-आपसे कहा। निर्मला का दुख सीवान पर पड़ी काई की परत की तरह काँपा और थिरा गया। पुत्र का पीला-दुबला चेहरा नश्तर की तरह उसके भीतर के पथराये-पन में दूर तक धँस जाता है। हर बार दूसरों की कृपा पर पलता हुआ, सदा सहमा हुआ, सदा चुप्पा, बचपना तो मानो छू नहीं गया। न जिद, न झींकना। घुन्ना है, घुन्ना, उसकी जिठानी कहती है। ऐसे बच्चे भीतर-ही-भीतर बैर पोसते हैं। क्या सच होगा यह? पर यह मुन्ना न होता शायद, तो वह कुछ कर बैठती। कुछ खा लेती, या कहीं भी निकल जाती। पर कहाँ? किस ठौर? या शायद तब भी यहीं पड़ी रहती, क्या पता? उसे कुछ समझ नहीं आता। उसने उसाँस ली। डब्बे में एक कानी मनहूस रोशनी फैलने लगी थी।

"कुछ खाओगे मुन्ना, भूख लगी है?" उसने मृद स्वर में बच्चे से पूछा। "उहुँक," मुन्ना ने सिर हिला दिया। वह खाता बहुत कम है। खाये भी तो कैसे? पराये टुकड़ों पर पलते हुए अपने बच्चे से और खाने की मनुहार की जा सकती है क्या? श्वसुर रात को पूछते हैं, तो जिठानी उससे भी पहले बोल पड़ती है कि लीवर पहले ही नाजुक है, बाप की तरह; दूध पचेगा क्या? वृद्ध श्वसुर की दयार्द्र दृष्टि के आगे घोर अपराधी महसूस करती वह तेजी से सिर हिला देती है, नहीं-नहीं इसे दूध-मलाई तो रुचता ही नहीं। स्कूल से लौटने पर जब पीली, कम शक्कर की चाय का कटोरा वह उसे देती है तो गले में एक खुक धधक-सी

उठती है। पर···पर क्या ? यही साया है सिर पर, वही बहुत है। है कि नहीं ? कुछ के तो यह भी नहीं होता।

गाड़ी सरककर प्लेटफॉर्म पर आ लगी थी और डब्बों पर रिजर्वेशन की पर्चियां चिपकायी जा रही थीं। ऐड़े-बेड़े बिस्तरबंद और टोकरियाँ लिये बदहवास लोग हुजूमों से उसी ओर उमड़े पड़ रहे थे। डब्बा मिनटों में मानों किसी जादू से भर गया था। "भूख लगी है," मुन्ना बगल में सटकर फुसफुसाया। उसने डलिया से अखबार में लपेटी चार पूरियाँ उसे थमा दीं। पूरियाँ भी गिनकर धरी गयी थीं—कुल छह। सही है, अब इतना घी-तेल भी तो···"तुम खाओगी ?" मुन्ना पूछ रहा था। उसने सिर हिला दिया। पूरियाँ कुल छह थीं, और सुबह तक का सफर था। मुन्ना खाता रहा। वह स्निग्ध भाव से ताकती रही। सफर में वैसे भी कम खाना अच्छा होता है, है कि नहीं ? गाड़ी तो अब छूटती होगी। एक बार चली नहीं कि नींद आ ही जायेगी बस।

तभी ट्रेन चालू होने के कोई दो-एक मिनट पहले ही वे दोनों लपककर डब्बे में आ चढ़े थे। डब्बा रिजर्व्ड था और जहाँ सब यात्री चढ़ने के साथ ही अपनी बर्थ का नंबर गायत्री मंत्र की तरह जपते हुए जगह ढूँढ़ने लगते थे, इन दोनों ने ऐसा कुछ न किया। दोनों में से एक लंबा, काला और घोर बालदार शरीर वाला था, दूसरा गोरा, मोटा और कतई रोमहीन। लंबे की आवाज भारी और बैठी हुई थी। मोटे की आवाज चर्बी के कारण पतली और ऊँची थी। दोनों के कपड़े महँगे, भड़कीले और चुस्त काट के थे। फिर ऐन सामने की सीट पर बैठकर उन्होंने प्लास्टिक की कंघियों से बाल सँवारना और फिल्मी धुनें गुनगुनाना चालू कर दिया। अगली सीटों पर परीक्षा के बाद घर जा रही लड़कियों का एक चह-चहाता झुंड बैठा था। दोनों की नजरें उधर ही अटक रहीं—"गर्मी बहुत है," नाटे ने अर्थमय ढंग से आँखें मिचमिचाकर कहा।

"क्या ? हाँ, हाँ, गर्मी !" लंबा उठकर हँस पड़ा। वह धीरे-धीरे चबा-चबा कर बात कहता था। अपनी भारी और घरघराती हुई आवाज का सिक्का बिठाते हुए। उसकी तर्जनी में एक भड़कीली, भारी, जड़ाऊ अँगूठी थी, उसका चेहरा मुँहासे के दागों से छलनी बना हुआ था। फिर एक रंगीन रूमाल एहतियात से तहाकर कालर के भीतर रखने लगा—"पसीना बहुत है।"

"चवालीस···चवालीस ये रही।" महीन धोती और मलमल का कुर्ता पहने वे सज्जन हाथ में झोला और पनडब्बा थामे थे। "भाई साहब, ये शीट हमाड़ी है," उन्होंने पीक गुलगुलाते हुए अपना अधिकार स्पष्ट किया। निर्मला ने सिर का पल्ला आगे किया। टी० टी० ई० उसका टिकट देख चुका था। चलो, उसे तो कोई नहीं उठायेगा।

"ये सीट इनकी है दादा," नाटे ने कहा।

"क्या कहा ? ये सीट इनकी है ?" लंबे ने नकली आश्चर्य से दोहराया।

"कहते तो ऐसी ही हैं, क्यों भाई साहब ?" नाटे ने लंबे को आँख मारी।

डब्बा नाटक का सुराग पाकर अचानक सुन्न हो गया था। लड़कियों की चहचहाट भी खुसर-पुसर में तब्दील हो गयी थी।

"हाँ-हाँ, हमारी है, ये देखिए टिकट," धोतीवाले सज्जन ने टिकट लहराया। तभी कहीं से टिकटचेकर नमूदार हुआ। वह एक दुबला-पतला शख्स था, जिसके गले में एक विराट घेंघा कटहल की तरह ऐसा लटका था कि उसकी गर्दन एक ही तरफ जा मुड़ी थी। नाटा और लंबा फौरन बगलगीर हो गये।

"आदाब करते हैं भाईजान !" लंबे ने घरघराया।

"आदाब-आदाब !" टेढ़ी गर्दन से आवाज निकली—"आज बड़े दिनों में दर्शन दिये भाई साहब ? क्यों बई तलक का काट दूं ?"

"काट दे यार, तू कहे तो हम गला भी यहाँ से वहाँ तक कटवा लें, क्यों ?" नाटा लहक-लहककर हँसने लगा। उसे अपना रहनुमा मिल गया था। गाड़ी ने एक थरथराता लंबा निःश्वास लिया और सरकने लगी।

"सा'ब, ये देखिए, ये मेरी रिजर्व बर्थ पर बैठे हैं। उठने को कहने पर बेवजह मसखरी करते हैं," धोतीवाला लापरवाह मसखरी से जल रहा था।

टी० टी० ई० का हाथ जेब में घुसा, कुछ देर ठिठका रहा, फिर बाहर निकला तो मासूमियत से कागज़-पत्तर सँभालने लगा। धोतीवाले को हाथ से रुकने का इशारा कर उसने थूक से उँगली तर कर सड़ाप से लिस्ट से नंबर मिलान किया—"ठीक है भाई साब, सीट आपै की है—पर इन दो भाई लोगों को बस तीन इसटेसन आगे जाना है। अभी कुल सात बजे हैं। रात उतरते-उतरते उतर जायेंगे। जरा एडजस्टमेंट की ही बात है।"

"क्या बात कही है ! एडजस्टमेंट ! क्यों दादा ?" नाटा ठहाका मारकर हँसा। लंबा किंचित मुस्कुराया।

धोतीवाला और आगबबूला हुआ—"ये कोई मजाक है क्या ? रिजर्वेशन के लिए पंद्रह दिन पहले हम आपके चक्कर लगायें। रुपये भरे सो अलग। ऊपर से आप हमें कहते हो कि एडजस्ट करो। इनसे क्यों नहीं कहते कि जा उतरें—न टिकट लिया है, न रिजर्वेशन, ऊपर से सीट छोड़ते नहीं ?"

डब्बे की सहानुभूति अब धोतीवाले की तरफ मुड़ने लगी थी। "ज्यादती तो है," कई सीटों ने बुदबुदाया। टिकटचेकर ने यथासंभव सुर की नर्मी बरकरार रखते हुए दोहराया—"बस, तीनै इसटेसन की बात है भाई सा'ब। उसके बाद सीट आपै की है।"

"बिलकुल आपकी दादाजी," लंबा गरगराया—"हम किसी को कष्ट नईं देना चाहते—क्यों भाई, क्या देना चाहते हैं ?" "च्-च्," नाटा शोक व्यक्त करने लगा।

लंबा अलसाता-सा खड़ा हुआ। अपनी विराट सुनहरी बकलवाली पेटी को उकसाते, उसने अपने गठीले जिस्म को पूरा ताना। डब्बे ने अचानक नोट किया कि उसके हिप पाकेट से चाकू की बेंट दीख रही है—"अपुन तो प्यार-मुहब्बत की बात करना चाहते हैं," उसने एक लाल निगाह लड़कियों के सिकुड़े जाते जत्थे पर डाली—"पर लड़ाई पे उतरना हो तो···"

"क्यों?" दोनों एक साथ गरजे। चेकर खरामा-खरामा आगे चल दिया, जैसे उसकी जिम्मेदारी निबट चुकी हो, लोगों ने चटपट पत्रिकाओं या पानी के गिलासों से चेहरे छिपा लिये थे। लड़कियाँ अचानक खिड़की के बाहर धूसर पड़ते दृश्यचित्र में रुचि लेने लगी थीं। ट्रेन ने रफ्तार पकड़ ली थी। अकेला पड़ गया धोती वाला एक वीतराग उसाँस लेकर निर्मला की सीट के एक कोने में बैठ गया। बाकी सीट लंबे और नाटे ने फिर हथिया ली थी। डब्बा चुपचाप हिचकोलों में आलू के बोरे-सा निष्प्राण झूल रहा था। निर्मला ने चुपचाप मुन्ना को इशारा किया कि जगह छोड़ दे। क्या फायदा लड़ने से? कौन यहीं जनम काटना है? है कि नई?" उधर युद्ध जीतकर वे दोनों आराम से बैठ गये थे। "माल कैसा है?" नाटे ने लंबे की तरफ आँख मिचमिचायी। उसने भवें सिकोड़कर आगे की छह सीटों पर बैठी लड़कियों का जायजा लिया—"लाल दुपट्टे वाली कुछ जँचती है अपन को, हरी वाली भी ठीक ही है। बाकी तो ऐसी ही।" धोती वाले ने झोले से कोई धार्मिक पुस्तक निकाल ली थी और मनोयोग से पढ़ने का नाटक कर रहा था।

"कह दे बेटा, दादाजी से, डब्बे में रोशनी कम है, आँखें कमजोर हो जायेंगी," लंबा गरगराया। मुन्ने का दुर्बल हाथ माँ के हाथ पर कस गया।

"डायनामो कमजोर है," धोती वाला बुदबुदाया।

"डायनामो? अरे, इस गाड़ी में साबूत है ही क्या? यार्ड से बिन चेकिंग के भेज दिया बस, अब हम पहुँचें, न पहुँचें, किसी को फिकर नहीं," नाटे ने कहा।

"कल ये गाड़ी चार घंटे लेट थी," एक दुबला-सा साँवला व्यक्ति बुदबुदाया, जो अल्यूमिनियम के डब्बे से कुछ निकालकर खा रहा था—"हर स्टेशन छूटने पर तो चारेक मर्तबे चेन खिंचती है। पहुँचना दोपहर में हो, तो रात-गये पहुँच पाते हैं। न रिक्शा, न कुली। ये तो भाई सा'ब रूट ही बदजात है।"

"तभी तो कहते हैं कि एडजस्ट कर लो," लंबा गरगराया। फिर वह और नाटा जोरों से हँसने लगे, जैसे भारी मजाक किया हो। "बड़ी गर्मी है," लंबे ने काँच ऊपर किया, हवा अभी भी उमसभरी थी। पंखा बंद था। "अबके अपुन एक बड़ा फिरिज ले लेंगे," नाटे ने कहा, "बीयर जो है, सो उसके बिना ठंडी नहीं होती।"

"दसेक हजार में तो आ जाना चाहिए—क्यों?" लंबा कनखियों से लाल

दुपट्टे वाली को घूर रहा था कि वह प्रभावित हुई या नहीं—"अपुन तो जो हैं, सो रायल आदमी हैं। दिल किया तो हजारों उठाके फेंक दिये।" "सही है," नाटे ने चस्पाँ किया। "और अब सोचते हैं कि एक मोटर भी ले डालें। गराज वाला दिलावर कब से पीछे पड़ा है कि बॉस, मोटर रख लो।"

"क्यों नहीं !" नाटे ने दालमोठ की फंकी ली। न जाने कब तिलिस्मे होशरुबाई ढंग से बीयर की दो बोतलें उनके हाथों में आ गयी थीं। डब्बा स्तब्ध था। लंबा हँसा—"पर अपुन ठैरे आज़ाद पंछी, हिम्मत नहीं किसी को, जो बाँध ले। मोटर से क्या करेंगे, है कि नईं ?" "बिलकुल नहीं जी, नहीं। याद नहीं, दादर के पुलुसवालों को कैसा चकमा दिया था ?" नाटा और लंबा ठठाकर हँसने लगे—"याद करते होंगे अपने-आपको, आँतें निकल आयी थीं बेटे की," नाटे ने कहा। फिर दोनों लड़कियों के चेहरों की जुगुप्सा पर निहाल होने लगे।

कंपार्टमेंट में शराब की वही खट्टी झीसी महक भर गयी थी जैसी निर्मला के पति के मुँह से आती थी। उसका जी धीमे-धीमे मितला रहा था। लंबे ने जोरों से डकार लेकर फिर दालमोठ की फंकी मारी। अब उस बास में दालमोठ की चिरमिरी गंध भी मिल गयी थी। उल्टी का खट्टा हरा उफान उसके भीतर बलबलाया। "जरा सामान देखियो," उसने बमुश्किल मुन्ना से कहा और डगमगाती-झूलती संडास को भागी। संडास का रास्ता सामान के अंबार, गंदगी और कीचड़ से पटा पड़ा था, पर इधर बास कुछ कम थी। उसने कोयले से किरकिराते हाथों से देर तक मुँह पर छींटे दिये, पर कुछ देर गाड़ी का दरवाजा पकड़े खड़ी रही। धड़-धड़क् धड़-धड़क्, लोहे का सीना चाक करती गाड़ी। धड़-धड़क् धाड़-धाड़। गाड़ी किसी पुल के ऊपर से गुजर रही थी। लोहे की विराट गूँज, जैसे कोई दैत्य अभुआकर रो रहा हो। धाड़-धाड़। अँधेरा और भी गाढ़ा हो गया था। कहीं हताश टिमटिमाती कोई रोशनी-सी दीख जाती, और अँधेरे में निस्पंद सोये पशुओं के-से पहाड़ियों के आकार, फिर उजास के नन्हे पीले झुरमुट। फिर वही सर्वग्रासी अंधकार। धड़-धड़ाक्। सच में आत्मा नाम की कोई चीज बच रहती होगी क्या, शरीर के मिट्टी में मिल रहने के बाद भी ? उसे कभी यकीन नहीं आता, बिना सवाल पूछे यकीन का कोई रास्ता बनता है क्या ? और सवाल ? वह कब पूछ पायी है वे सारे सवाल, जो काली उमसभरी आँखों की तरह उसके अकेले अंतस को मथते रहते हैं। शूँऽशूँऽशूँऽऽ एक विराट आवाज के साथ लाल रोशनी की लहर आयी। उनकी गाड़ी एक रुकी हुई गाड़ी के बगल से गुजर रही थी।

डब्बों में भकुआ-से टँगे मानव आकार, कोई बैठे, कोई लेटे, कोई उसी तरह दरवाजे का हैंडिल पकड़े निर्निमेष अँधेरे को ताकते हुए। शायद अंतरिक्ष में ग्रह भी ऐसे ही घूमते होंगे—बेनाम, बेपहचान। एक विराट अँधेरे में तिरते हुए।

कौन देगा उनके प्रश्नों का जवाब ? धाड़-धाड़-धाड़। उसका दुर्बल कलेजा मानो कनपटी पर बज रहा था। बहते जाते अँधेरे में इंजन से निकलते अग्निस्फुलिंग उमड़-उमड़कर बीच-बीच में बहते चले आ रहे थे। हवा में धूल और कोयले की बास थी। छि:-छि:, कैसे पाप की बात सोचती है वह भी पितरो-पुरखों के लिए। पापिनी है न, जभी तो रंडापा झेल रही है वह। उसने चिरमिराती आँखें गदेली से पोंछीं। हे भगवान, उसके मन की यह अटपटी बातें माफ करना। मन पर किसका जोर ? नहीं, नहीं, होती होगी आत्मा। जरूर होती होगी। कहती न थी अम्माँ कि तारा बनकर आसमान में टिमटिमाती है। उसने अँधेरे आसमान को देखा। ठंडा गुट्ठिल अंधकार। दूर, बहुत दूर उगते सख्त दिल तारे। एक-दूसरे से दूर, अपने अँधेरे में जलते हुए। हर चीज से उसकी पकड़ से दूर थी—और हर चीज अँधेरे में मढ़ी हुई थी।

"शंभो, परमात्मा, परमेश्वर, रक्षा करना प्रभो। माफी दो, माफी !" वह वापस लौट चली। सुबह-सुबह स्टेशन पर जाने रिक्शा भी मिलेगा या नहीं। चलो बाऊजी के दिये रुपयों से उसका भाड़ा तो निकल आयेगा, वरना उतरते-उतरते जिठानी से पैसे माँगना और उनके झुंझलाये चेहरे का धीमे-धीमे···छि:-छि:, वह भी कैसी अहसान-फरामोश है। न होते वे लोग तो सिर छुपाने का भी ठौर था कहीं उन्हें ? और मुन्ना···हाय ! जभी कलेजा सन्न रह गया। मुन्ना सीट पर नहीं था। हाय, कहाँ गया लौंडा ? बावली-सी उसकी दृष्टि दौड़ी। तभी उसकी आँखों के कोर में नीली कमीज का परिचित छोर चमका। अगली सीट पर बैठे लंबे और नाटे का मुँह विह्वल भक्तिभाव से ताकता उसका मुन्ना एक कागज के टोंगे से दालमोठ ले-लेकर मजे में खा रहा था, पैर हिलाते, चुभलाते हुए। माँ को देखते ही वह सकपका गया। दालमोठ की गंध से उसने पहचान लिया, दालमोठ उन्हीं की दी हुई थी। उसके पीछे उनका मुँह ताक रहा होगा बदजात। पेट है कि भकार !

अचानक जैसे उनके भीतर दावानल धधक उठा हो, निर्मला ने अपने स्याह उभरी नसों वाले हाथों से मुन्ने का कंधा पकड़ लिया और मार तमाचों से बच्चे को धुन डाला—"ले ! ले ! ले ! माँगे का खाता है ? भिखारी का बच्चा ! कंगाल ले ! ले ! ले ! खा और। पेट है कि खदान ? दी नहीं थीं पूरियाँ अभी ? माँगता है दूसरों से ? ले ! ले !" टोंगा उझककर जाने कब फर्श पर लुढ़क गया था, और सारा डब्बा सन्न था, जैसे चाँटे बच्चे के नहीं, उनके गालों पर पड़ रहे हों। सदा की मुँहचोर और दब्बू निर्मला पर इस घड़ी मानो भूत सवार था। वह अंधाधुंध इस दम उस सबको बाहर फेंक रही थी जो इतने साल एक बदबूदार तेजाबी गटर की तरह उसके भीतर उफनता रहा था, और जिसे कोई शब्द राह नहीं दे पाते थे। उसका दैन्य और आतंकभरा जीवन, उसकी असमय लुटी

गृहस्थी, उसका दब्बू पराश्रयी अस्तित्व, उसके पितृहीन बेटे की शब्दहीन समझदारी—एक पूरी दुनिया को उसके हाथ मोड़ते-झकझोरते चले जा रहे थे। "ले ! ले ! ले !" बेचारा बच्चा इस कदर घबरा गया था कि रो क्या, गुँगुआ भी नहीं पा रहा था।

"अरे, दालमोठ ही तो दी थी मैंने जी,"—लंबे की आवाज की गरगराहट बिला गयी थी। छोटा और वह डब्बे से आँखें चुरा रहे थे। "अजीब औरत है यार !" छोटे ने हँसने की चेष्टा की पर हँस न पाया। कॉलेज की लड़कियों का समूह हिला। कुछेक ने मुन्ने को मृदुता से जाने कब छुड़ा लिया और अपने कोने को खींच ले गयी। मुँह पर आँचल डाले निर्मला अब अपने अँधेरे कोने में सुन्न बैठी थी। गाड़ी ढेरों धुआँ और आग उगलती अँधेरे का विशाल वृक्ष चीरती चली जा रही थी। निर्मला के भीतर एक विकराल अंधकार पछाड़ें खाता था—क्यों ? क्यों ? क्यों ?

फिर जाने कब गाड़ी धीमी हुई और नाटा और लंबा डब्बे से उतर गये। मुन्ना की दुबली देह माँ के गुट्ठिल घट्ठे पड़े हाथों-तले सुबकती-सुबकती नींद से निढाल हो चली थी। बीच-बीच में एक गहरी सुबकी बवंडर की तरह उसके दुर्बल हड्हिा जिस्म को हिला-भर जाती, बस। निर्मला ने अपनी पुरानी शाल से उसके दुबले फटे टखनों को ढाँप दिया, और उठंग गयी। उसका मस्तिष्क इस दम एकदम सुन्न था, जैसे किसी ने चाकू से तराशकर सब निकाल लिया हो। चारों ओर अनंत अँधेरा था, एक अनंत सफर और एक अनंत थकान। जभी उसकी नजर बच्चे के फीके पीले गाल पर पड़ी। उसकी बेडौल खुरदुरी उँगलियाँ पागलों की नाईं वहाँ फिरने लगीं, जहाँ आँसू का एक कतरा ओस की बूंद की तरह अटका पड़ा था। उसे लगा मानो अब उसका हृदय प्यार और शोक के थपेड़ों से विदीर्ण हो जायेगा।

डब्बे में वैसे अब कतई शांति थी और धोती वाले ने जाने कब अपनी छिनी सीट पर कब्जा कर, फुर्ती से उस पर दरी बिछा ली थी, और सोता हुआ परम तृप्ति से खर्राटे भर रहा था।

चार नंबर सुनहरी बाग लेन

कुछ ईमानदार किस्म के स्कूटर वाले ही सुनहरी बाग लेन से होकर जाते थे, इससे बाहर की मुख्य सड़क का लंबा चौड़ा गोल चक्कर भी बचता था, और भाड़ा भी। पर फर्क इतना ज्यादा नहीं होता था, कि उन नकचढ़े ड्राइवरों से हर बार थ्री-व्हीलर की कर्कश टर्राहट के ऊपर चीखते हुए पंगा लिया जाये। झटके से जब स्कूटर इस लेन में अपने-आप आ मुड़ता, तो उस स्कूटर वाले के प्रति कृतज्ञता की एक हल्की लहर मन में हिलोर ले लेती, बस।

मुझे इस लेन से गुजरना इसलिए अच्छा लगता था कि छतनार हरे पेड़ों से गुँथी यह लेन देर तक मेरी आँखों में तरावट और जुबान पर चाशनी घोलती रहती थी, सुनहरी लेन, सुनहरी लेन, सुनहरी—और फिर अचानक स्कूटर डामर, कंक्रीट की तपती मुख्य सड़क पर होता। धूल-धूप और शोर के बीच डकराते ट्रंकों पर बने विकराल दैत्य दूर तक जुबान चिढ़ाते चले जाते—बुरी नजर वाले तेरा मुंह काला। तेरा मुँह काला। तेरा मुँह···

जब रत्ती ने मुझसे कहा कि वह चार नंबर सुनहरी बाग लेन में रहती है, तो कुछ देर को मैं हक्का-बक्का हो गयी थी, जैसे किसी ने कहा हो कि वह मंगल-ग्रह से उतरकर आयी है। फिर धीरे-धीरे पुरानी घटनाओं और तथ्यों का ताल-मेल इस सूचना के साथ बैठता चला गया।

रत्ती हमारे क्लास की मुनहने से जिस्म वाली एक निहायत चुप्पी लड़की थी, जिसका साँवला-अधबूढ़ा ड्राइवर शुरू से न केवल कार को सीधे कालेज के ड्राइव-वे पर ले आता था, बल्कि बड़े अदब से उतरकर रत्ती के लिए दरवाजा खोलकर पूछता—"बेबी वापसी कै बजे होगी?" संकोच से दोहरी होती रत्ती बुदबुदाकर उससे कुछ कहती और कतराकर ऐसे निकल जाती, जैसे कार और की हो, उसका रंग खूब साफ था, लेकिन कतई बेरौनक और तीखे नक्श कुछ-कुछ धुंधले-से थे जैसे किसी अँधेरे कमरे में कच्ची चॉक से हड़बड़ी में यूँ ही खींच दिए गये हों। अपने लंबे भरे-भरे होंठों को वह लेक्चर सुनती हुई लगातार काटती

रहती और रह-रहकर कंधों को नर्वश झटके भी देती जाती थी और कुछ गलीज-सा झाड़ रही हो । उसके कपड़े बेहद मनहूस धूसर रंगों के होते हुए हमेशा साफ-तरतीबवार और इस्तरी किये हुए होते, क्लास में वह साइड दरवाजे से आती और चुपचाप पीछे बैठ जाती थी । उसे आते-जाते हुए देखने से लगता था कि जैसे वह नींद में डूबी-डूबी तिर रही है । जहाँ तक मुझे याद पड़ता है, क्लास में उसने कभी कोई सवाल नहीं पूछा, और न ही कभी हर्ष या तल्खी जैसा कोई उत्कृष्ट भाव हठात् व्यक्त किया । बर्फ की पुतली-सी वह आती, बैठती, निकल जाती । हम लोग थोड़ी देर अचरज से घूरते, फिर बस ।

रत्ती के बारे में हम सिर्फ इतना ही जानते थे कि वह बेहद जहीन थी और बहुत कम हँसती थी । जब क्लास के बाहर वह कभी किसी से बोलती थी तो बड़ी झिझक और शिष्टता से जैसे अपनी जहनी काबिलियत की शर्म के नीचे पिची जा रही हो । हर ट्यूटोरियल में उसे 'ए' मिलता था, पर इसके बावजूद उससे क्लास नोट्स मिलाने या माँगने की किसी की हिम्मत न थी, क्योंकि खुद उसे कभी किसी ने किसी से कुछ माँगते नहीं सुना था । यार-वार समेत कालेज की अपनी खास चालू भाषा का उसे इस्तेमाल करते सुनना तो अकल्पनीय था ही ।

फिर रत्ती बीच में कोई महीना-भर अनुपस्थित रही और एक दिन ड्राइवर आकर एक मेडिकल सर्टिफिकेट बड़े बाबू को दे गया था । बेबी को जांडिस हो गया था, डाक्टर ने ज्यादा चलने-फिरने को मना किया था—"सो तो है, सो तो है" महा-खड्डूस बड़े बाबू का वज्र कठोर हृदय अचानक मोमिया होकर बहने लगा—"बड़ा केयरफुल होना होता है । वाटर बोर्न (पानी से फैलने वाला) इन्फेक्शन जो ठहरा," उन्होंने दोहराया । पर ड्राइवर रत्ती की ही तरह अल्पभाषी और काम से काम रखने वाला था, उसने बीमारी के डाक्टरी विश्लेषण के बीच में ही पीठ फिरा ली, और चल दिया था ।

बड़े बाबू देर तक कागज को भक्तिभाव से पलटते रहे, जैसे उनके जीवन का पहला प्रेमपत्र हो । सर्टिफिकेट के ऊपर जहाँ डॉक्टर का नाम लिखा था, वहीं नीचे सुनहरे शब्दों में यह भी छपा था कि डॉक्टर साहब भारत के राष्ट्रपति के अवैतनिक स्वास्थ्य सलाहकार भी थे ।

रत्ती कोई महीना-भर बाद कालेज लौटी, उसका दुबला-लंबूतरा चेहरा एकदम निकल आया था और उसका ढीला कुर्त्ता उसके हड्डिया जिस्म पर मानो झूल रहा था । आकर उसने सबसे पहला काम किया, अपने झिझक-भरे सुर में कोर्स की बाबत पूछताछ का । दुर्भाग्य से इस बीच काफी कोर्स कवर हो चुका था और एकाधेक हिस्सा ऐसा था, जिस पर खास किताबें भी उपलब्ध नहीं थीं । उसके घबराये दुर्बल चेहरे को देखते-देखते मेरे भीतर कुछ पिघलने लगा, और बावजूद

इसके कि इम्तहानों के कुल दो महीने बच रहे थे, मैंने खलीफा हारूं उल रशीद का रोल अदा करते हुए उसे अपने क्लास नोट्स का कीमती पुलंदा थमा दिया।

"थैंक्यू-थैंक्यू सो मच"। रत्ती का चेहरा अत्यधिक संकोच से रुँआसा हो आया था, उसने कोई पंद्रह बार दोहराया कि वह ठीक दो हफ्ते के भीतर वे तमाम नोट्स लौटा देगी।

इसके बाद तीन हफ्ते गुजर गये, नोट्स नहीं लौटे। धीरज बटोरकर मैंने सख्त आवाज में उसे एकाध बार ताईद की—"रत्ती, मेरे नोट्स। यार जरा जल्दी"—लज्जा से आदतन घोंघे की तरह सींग-पूँछ सिकोड़ते हुए रत्ती ने वायदा किया, अगले दो-तीन दिन में ही—पर इधर क्लासों में छात्रों की अटेंडेंस छँटती जा रही थी। और प्रेपलीव्स को गो कि पखवारा बाकी था, ज्यादातर लोगों ने क्लास में आना छोड़ दिया था। रत्ती इधर फिर नहीं आ रही थी। दो दिन, तीन दिन, चौथे दिन मेरा धीरज जवाब दे गया। मैंने अपने बचे-खुचे पैसे गिने—स्कूटर से आने-जाने लायक-भर को ही थे। मैंने कमर कस ली नोट्स लाने को।

जबड़ा भींचकर धूप में आँखें चुंधियाते हुए मैंने स्कूटर वाले को पता बताया—चार नंबर सुनहरी बाग लेन। घर ढूँढ़ने में कोई दिक्कत नहीं हुई। इस लंबी धूप-छाँही लेन में कुल छः विशाल बंगले थे जिनके लॉन भी शहर की कई नई बनी बस्तियों के सार्वजनिक पार्कों से कोई चौगुने साइज के होंगे। बाहर लटकती तख्तियों पर के सारे नाम वे थे, जिन्हें हम अर्से से पौने दस बजे की दूरदर्शनी खबरों में विराट अंतर्राष्ट्रीय मसौदों पर अपनी सही बनाते हुए देखा किये थे। उच्चस्तरीय विश्वस्त सरकारी सूत्रों की ताकत का एक तरल तरंगित उदधि लेन में यहाँ से वहाँ तक फैला हुआ था। किसी बंगले के पिछवाड़े से एक चालू फिल्मी गाना रबड़ की गेंद की तरह टप्पे खाता आया और छितर गया। पेड़ों के हरे सैलाब के परे सभी बंगलों के सूने हाते भाँय-भाँय कर रहे थे। भय? नहीं, भय यहाँ कहाँ? भय शायद सिर्फ अखबारों में आता होगा यहाँ, मैंने सोचा। उकताये-अधनींदे सिक्योरिटी गार्ड नाक या दाँत खोदते, खाकी गाजरों से गेटों के पास मूढ़ों पर पसरे पड़े थे। यहाँ की आश्वस्तिभरी शांति में उनकी भारी राइफलें खिलौनों की बंदूकें-सी लगतीं।

मैंने पैसा चुकाया। पच्चीस पैसे कम थे, पर स्कूटर वाला लापरवाही से अदब से मुड़ गया। हमारे कालेज का धूलभरा जंगखाया फाटक होता, तो वहाँ देर तक पंजाबी मिश्रित फिल्मी हिंदी का ठीकरा मेरे डरे हुए कंधों पर बरसता, पर इस वक्त चार नंबर सुनहरी बाग लेन के फाटक से मेरा मेहमान का अदब भरा रिश्ता था। मैंने बड़े आत्मविश्वास से घंटी पर अँगूठा दबाया और चारों ओर निगाह फिराई।

लेन के तमाम बंगलों में यह बंगला सबसे बड़ा, पर सबसे मनहूस नजर आता

था; न जाने क्यों ? यूँ लान तो यहाँ भी हरा-भरा था और दो माली, काले अर्द्ध-विराम बने हुए एक पेड़ के नीचे खुर्पियाँ बगल में रखे विश्राम करते देखे जा सकते थे। पर जाने क्यों एक अजीब-सी फिटकार पूरे माहौल पर बरस रही थी। क्यारियों में खिले फूल तक भदरंग और छितरे-छितरे थे, जैसे उन्हें प्यार से बोया न गया हो, बल्कि धरती में छिपे बरसों के बीजों से, एक बेशर्म आदत की तरह वे खुद ही उग आये हों। एकाध जगह मेड़ों की ईंटें उखड़ी हुई थीं और लॉन पर बिखरे छतनार पेड़ों के सूखे पत्ते कहीं बटोरे गये थे, कहीं नहीं। इस तरह एक उपेक्षा, उदासी और नींद छाई हुई थी। मुझे लगा कि अगर इस बंगले में कभी गायों का कोई रेवड़ भी घुस आये, तो शायद उन्हें कोई बाहर हाँकने की कोशिश न करेगा। या शायद वे जानते भी न हों, कि डेरी की बोतलों के परे गाय सचमुच कैसी होती है ?

जहाँ मैं खड़ी थी उस भव्य बरांडे में धूप चिकों ने सोख ली थी। कभी दीवारों पर अंग्रेजी फूलों की चार-पाँचेक तस्वीरें टाँगकर उसे कुछ खूबसूरत बनाने का उद्यम भी किया गया था, पर अब वे सब तस्वीरें धूल खायी हुईं, और टेढ़ी टँगी थीं। उनके आगे चारेक बेंत की पुरानी कुर्सियाँ सिर से सिर जोड़े एक कोने में विराजमान दिखीं। उनका पपड़ियाया रोगन जगह-जगह से चटखा हुआ था। मैंने फिर कसकर घंटी बजाई। खसर-खसर, पैर रगड़ता हुआ कोई गलियारा पार कर दरवाजे की तरफ आने लगा।

चिटकनी रुक-रुककर खुली, ज्यों जंग खाई हुई हो, फिर दरवाजा बड़े धीरे-धीरे दो फाँक हुआ। चिटकनी खोलने वाला शख्स लंबा और उबासियों से फूले-फूले चेहरे वाला युवक था। "किससे मिलना है ?" पूछते-पूछते भी उसे एक मंझोले किस्म की भूरी लार-भरी उबासी आ ही गयी। अं अं-हाँ हाँ हाँ—हथेली की पीठ से उसने मुँह छिपाया और आँखें पोंछ लीं।

"रत्ती से," मैंने बेशर्मी से अपने शरीर के एक हिस्से को दरवाजे से अड़ा दिया, ताकि वह उनींदा बनमानुष मेरे मुँह पर दरवाजा भेड़कर चलता न बन सके। आज मैंने अपने नोट्स लेने ही थे। भाड़ में जाये मेरी कमबख्त दरिया-दिली।

"रत्ती तो टेनिस खेलने गयी है।" उसने चिटकनी से हाथ हटा लिया था और कुछ-कुछ काँपते हाथों से कालर सुधारने लगा। उसके लंबे भरे-भरे होंठ और पतली उंगलियाँ रत्ती से मिलती थीं। उसका भाई होगा शायद। फिर उसने, दो-तीन बार रत्ती की ही तरह कंधे उचकाए जैसे उसकी गर्दन पर कोई कंबल कीडा रेंगता हो।

"कहाँ गयी है रत्ती ?" मेरी उग्र पूछताछ से धकियाया-सा अब वह कुछ पीछे को हटा। "टेनिस खेलने—क्लब। या शायद स्विमिंग पुल गयी हो। पता नहीं।

आप-तुम-चाहे तो बैठ—वैसे पता नहीं कब"—वह चुप हो गया। वह उन आदतन नर्वस लोगों में से था, जो एक वाक्य बोलने से पहले पंद्रह बार गला साफ करते हैं।

मैं आगे बढ़ आयी। "खेल-वेल कर तो घर ही आयेगी न? मैं इंतजार कर लूँगी। जरूरी काम है मुझे।"

उसने एक बार फिर जमुहाई दबाई और विवशता से कंधे उचका दिये, जैसे कह रहा हो, कि तब मरो फिर। जब वह आगे चल दिया तो मैंने देखा कि कद-काठी से लंबा और ठीकठाक होने के बावजूद उसका युवा शरीर कहीं आटे के थैले की तरह श्लथ होकर फैल-सा गया था, मानो पेशियों के भीतर छुपी उसकी हड्डियाँ नर्म पड़ चुकी हों। उसकी पीली रंगत अँधेरे कोनों में छिपे तिलचट्टे की थी, और उसके कदम एक लड़खड़ाती उनींदी हताशा से उठते-गिरते थे थचाक्-थचाक्। उसकी खोपड़ी के पीछे के खड़े बाल देखकर मुझे अचानक लगा कि शायद वह सीधे बिस्तर से उठकर दरवाजा खोलने आया था। इस वक्त? क्या पता बीमार हो?

"बैठिए," उसने शायद मुझी से कहा और खुद खिड़की पर से पर्दे हटाने लगा। रत्ती के धूसर कपड़ों के रंग का यह ड्राइंगरूम भी उसी उनींदी नीम अँधेरी उपेक्षा में मढ़ा हुआ था। सामने के आले पर कुछेक चुनींदा सजावटी चीजें मानो बड़े बेमन से डाल दी गयी थीं, हाथी दाँत की, पीतल की, काँसे की बनी मूर्तियाँ, प्याले, फूलदान। एक पुरानी कीमती घड़ी भी थी, सुनहरी डायल वाली। उसे चलते देख मुझे थोड़ा अचरज हुआ। झपाक! खिड़की खुलने से कुछ-कुछ उजाला कमरे में घुस आया। आले के पास एक पुरानी चाल का रेडियोग्राम पड़ा था, जिस पर चाँदी के फ्रेम में कैद एक लंबूतरे चेहरे की संजीदा युवती शांत, पर अनुशासन-भरी आँखों से हमें घूर रही थी। पंखा चला, तो बगल के किताबों के शेल्फ पर रखी कथकली नर्तक की एक रँगी-पुती विकराल मूर्ति हवा में मटकने लगी। मुझे पता नहीं क्यों लगा कि मूर्ति उस फोटो को चिढ़ा रही थी। मुझे हँसी आ गयी।

"रत्ती···", पर्दा हटाकर कमरे में एक कुछ-कुछ दोहरे बदन की महिला ने प्रवेश किया। चाँदी के फ्रेम वाली तस्वीर का प्रौढ़ संस्करण। मेरी मुस्कान मिट गयी और मैं हड़बड़ाकर उठ खड़ी हुई—"नमस्ते।"

"खुश रहो। बैठो। मैंने समझा रत्ती लौट आयी है।"

"और कैदी संतान नंबर दो के कैदखाने में वापस आते ही तुम फौरन कॉलर और चेन लेकर लपक पड़ीं, क्यों?" युवक की आवाज अजीब बचकानी खनक तेज नश्तर की तरह कमरे को छील गयी। महिला के तीखे नक्श कुछ डबडबाये-से, पर बड़े संयम से उन्होंने अपने पतले होंठ भींचे रखे। उनकी प्रतिक्रिया से जाहिर था कि ऐसी अजीब कड़वी टिप्पणी उनके लिए आज की ही बात नहीं थी।

"आप कुछ पियेंगी ?" बड़ी भद्रता से मुझसे उन्होंने जाते-जाते पूछा, युवक जैसे उनके लिए वहाँ मौजूद नहीं था।

"जी ? जी नहीं।"

मुझे बेपनाह उतावली होने लगी थी, भाग चलने की। पर नोट्स ?

"रत्ती अभी आ जायेगी, स्विमिंग को क्लब गयी है।" तनिक मुस्कुराकर वे भीतर चली गयीं। उनका चेहरा शांत था, पर जब वे मुड़ीं, तो मैंने देखा उनके हाथों की मुट्ठियाँ भिंची हुई थीं।

"मेरा नाम, सुमित है। मैं रत्ती का बड़ा भाई हूँ।" युवक अब तक बड़े मजे में सामने की आरामकुर्सी पर पसर गया था और बगल की तिपाई पर रखे रिसालों से खेल रहा था। उसे देखकर अचानक मुझे लगा कि यह बातूनी शख्स रोजाना अपना पूरा दिन इस अँधेरे उनींदे घर के भीतर इसी तरह पसरे-पसरे निकाल देता होगा। कभी सोते, कभी रिसालों से मक्खियाँ मारते। मुझसे बात करते हुए उसकी भूरी, कुछ-कुछ नेपाली-सी आँखों में एक ऐसा हिंस्र चौकन्ना-पन उतर आया था, जो चूहे को खिला रही बिल्ली में होता है। मुझे अचानक लगा कि वह नॉर्मल नहीं था।

"आप, आप क्या करते हैं ?" मेरी गर्दन पर एक ठंडा भय रेंगने लगा था। अपने डर को मैंने फुर्सती बतकही से ढँकने की असफल कोशिश की।

"कुछ नहीं"—एक साप्ताहिक पत्रिका को मोड़कर वह इधर-उधर कुर्सी के हत्थे, तिपाई, ऐशट्रे पर जलतरंग-सा बजाने लगा—"कुछ भी नहीं, आप कह सकती हैं कि मैं देश के लाखों शिक्षित बेरोजगारों में से एक हूँ डजंट दैट मेक यू हेट मी ? आई मीन, जो काम न करे अपने यहाँ उसे बोझ ही माना जाता है, है कि नहीं ?"

चुप्पी। क्या कहूँ, समझ में नहीं आया।

"आई सी," मैंने ठंडी भद्रता का कवच ओढ़ लिया। पर शायद मैंने मुँह इतना खोलकर भी गलती की थी।

"नो, यू डोंट सी" मेरी प्रतिक्रिया से सुमित का चेहरा वैसे ही उत्साह से भर गया था, जैसे जाले में मक्खी के फँसने से शायद मकड़ी के चेहरे पर उतरता होगा—मैंने उसकी बंसी का चारा निगल लिया था और अब वह डोर समेट रहा था। मैं भागने को छटपटाने लगी। पर नोट्स ? और इम्तहान के कुछ ही तो हफ्ते रह गये थे।

"नो, यू डोंट सी," उसने फिर रस लेकर दोहराया और विस्तार से पत्रिका के कोने से दाँत खोदते हुए मुझे बताने लगा कि कैसे वह दस बरस अमरीका की नामी-गिरामी यूनिवर्सिटी में पढ़ने के बाद वहाँ से विज्ञान की डिग्री लेकर माँ-बाप के कहने से इस लीचड़ मुल्क में आया, और तब उसे पता चला

कि इस मुल्क को तो पढ़े-लिखों की जरूरत ही नहीं। "मैं अपने आपको बहुत पढ़ा-लिखा पाता हूँ, तीसरी दुनिया की जरूरतों के लिहाज से," उसकी आँखें सुइयों की तरह तीखी थीं। जाने क्यों बात करते-करते उसका सुर अपने आप चढ़ने लगा था। क्या उसे भय था कि अगला उसे डपटकर या चिल्लाकर चुप करा देगा?

"मैं इस मुल्क की तमाम कमजोरियाँ जानता हूँ, साइंस का स्नातक हुआ तो क्या? और भी मैंने बहुत पढ़ा है उसके अलावा, फिलासफी, आर्ट्स, तुम्हारा ये लिटरेचर-विटरेचर भी। तुम सब चाहे जो कहो, ये मुल्क तीसरी दुनिया के ये तमाम काले मुल्क बिल्कुल सड़ चुके हैं।" उसने पत्रिका बंदूक की तरह मेरी ओर तान दी।

"मैंने भीतर की बची-खुची तमाम ताकत के साथ प्रार्थना चालू रखी, हे भगवान रत्ती जल्दी आ जाये, हे भगवान!

"क्यों? क्या सोचती हैं आप मैडम लिटरेट्योर? मेरा अंदाज है कि आप चूँकि रत्ती की दोस्त हैं, तो आप भी शायद तीसरी दुनिया की भले घर की लड़कियों की तरह इंगलिश लिटरेचर पढ़ रही होंगी?"

मैंने देखा उसके होंठों के कोनों पर हल्का फिचकुर निकल आया था। एक तीखी भूरी घृणा की लपटों से उसकी उन्मादित पुतलियाँ लौ-सी देने लगी थीं, और वह कुर्सी के एकदम आगे खिसक आया था—"क्यों?"

"आप—आपको हिंदुस्तान से इतनी घिन क्यों है?" मुझे अपनी ही आवाज हास्यास्पद रूप से ऊँची और रुँआसी लगी। अचानक दूसरी बार मुझे लगा कि भला क्यों जवाब दिया होगा मैंने? जवाब दिया ही क्यों? इस—इस शख्स को?

"यू आर डैम्ड राइट, मुझे घिन है इस सब रीं रीं से, इस धूल से, इस गर्मी से, इन तमाम मनहूस बंगलों से जहाँ रहकर हम अपने को ग्रेट समझते हैं। वी आर नथिंग यू नो, हिटलर वाज राइट। जो नस्लें इतनी बेहूदी और गलीज हैं, उन्हें एकदम नेस्तनाबूद ही कर दिया जाना चाहिए। हम अंग्रेजी बोलते हैं, तो दे लाफ एट अस। वो गोरे मुल्क हँसते हैं हम पर, हमारी गरीबी पर, हमारी चमड़ी पर, हमारी गलाजत पर। नो इंडियन कैन एवर बिलौंग देयर। ये है हमारी ट्रेजडी। यहाँ हम रह नहीं सकते। वहाँ वो हमें नहीं चाहते। इंडिया इज ए डैड कंट्री—"

घंटी बजी। किसी ने दरवाजा खोला। बाहर दबे स्वर में दो महिलाएँ बात कर रही थीं, शायद रत्ती की माँ और रत्ती थे। मेरे भीतर राहत सुगबुगाने लगी, बस नोट्स लेते ही मैं तो—

इस सबसे बेखबर सुमित उत्तेजना में अब अपने मोटे रोयेंदार टखने खुजाने

लगा था, वहाँ पहले भी कई बार खुजाये जाने से पपड़ियाँ-सी जमी हुई थीं। मैंने भीतर उठती मितली को रोककर आँखें फिरा लीं।

"यू नो वाट इज रांग विद दिस कंट्री ?" उसके भरे-भरे लाल होंठ नर्वस उत्तेजना से काँप रहे थे—"देयर इज़ नो लव हियर। न परिवार में, न मैरिड लाइफ में। देयर इज़ नो लव हियर—कैन नॉट बी—नो वन केयर्स फॉर यू—आप मुझे बताइये—क्या आइ लव यू का हिंदी इक्विवैलेंट भी है कोई ?"

"सुमित।" फ्रेम वाली महिला की आवाज एक तीखा नश्तर थी, उसे मुझ से काटती, मुझे मुक्त करती। "आइ थिंक दैट इज़ इनफ।" फिर आवाज ने तनिक नर्म होकर मुझे आदेश दिया कि बाहर दायीं ओर रत्ती के कमरे में चली जाऊँ, वह आ गयी है। बात पूरी होते न होते मैं लगभग कमरे से कूदकर ही बाहर निकल आयी। भीतर माँ-बेटे के सुर दो पगलाये जानवरों की तरह एक-दूसरे को चींथ रहे थे, माँ का स्वर शर्म से भिंचा हुआ, बेटे का खुला-खुला—"आय डोंट केयर।"—"यू मस्ट।"

रत्ती का कमरा गुलाबी था। दीवारें, पर्दे, पलंगपोश, कुर्सी, सोफा, सब। सिर्फ रत्ती का चेहरा पीला था। तैराकी के बाद उसके गीले बाल खोपड़ी से चिपके हुए लगते थे। और आँखों के गिर्द दायरे और भी स्याह होकर उभर आये थे। वह अपनी मेज पर छितरे मेरे नोट्स के पन्ने एक ढेरी में लगा रही थी।

"मैं वापिस करने ही वाली थी इन्हें," उसने पीठ फिराये-फिराये कहा। उसकी आवाज से मुझे जाने क्यों लगा, कि वह रोती रही होगी। शायद तैराकी की वजह से हो, पर जब वह मुड़ी, तो उसकी आँखें सुर्ख थीं। शायद पुल के पानी में क्लोरीन ज्यादा रही हो। क्या पता ?

"सॉरी, तुम्हें धूप में आना पड़ा, तुमने बेकार—" उसने कंधे झटकाये। उसका कंधा उचकाना, उसके भरे-भरे लंबे होंठ, उसकी उँगलियाँ, बिल्कुल—

मैंने अचानक बेपनाह क्रोध की एक लहर को अपनी नाभि से अपने माथे की ओर बढ़ता महसूस किया—धूप-धूल, गर्मी, उसके भाई की वह आटे के थैले जैसी खाई-पी, श्लथ देह, उसकी निर्जीव आवाज उसके काँपते विक्षिप्त होंठों का अंग्रेजी प्रलाप—

"तकलीफ करनी ही पड़ी, क्योंकि इम्तहान सिर पर हैं और मुझे किसी के लौटाने-वौटाने का भरोसा नहीं। रही धूप की बात, सो मैं कार से आने-जाने वाले नाजुक लोगों में नहीं, स्कूटर भी बहुत है हमारे जैसों के लिए। आइ जस्ट वॉण्ट माय नोट्स बैक।" मेरी आवाज काँप रही थी। कुछ देर रत्ती सिर झुकाये खड़ी रही जैसे मैंने उसके गाल पर सड़ाप-से तमाचा जड़ दिया हो।

"प्लीज डोंट माइंड सुमित।" उसकी झिझक-भरी आवाज गौरेया के पंखहीन बच्चे की तरह अटपटी और असहाय थी, इधर-उधर मुड़ती-गिरती-

छटपटाती।—"सुमित, ही कैसे कहें—वैल ही हैज प्राब्लम्स यू सी। उसका कुछ महीने पहले···कुछ···नर्वस ब्रेकडाउन···नौकरी नहीं···साइकेट्रिस्ट के पास जाने को राजी नहीं···सिर्फ ममी का कंट्रोल···पापा हैज जस्ट गिवन अप···वहाँ सब छोड़कर। यहाँ भी···मिसफिट एवरीव्हेयर···"

एक भिंचे चेहरे वाला नेपाली नौकर एक ट्रे में दो गिलास मटमैला-सा शर्बत रख गया था। कमरे में थोड़ी देर चुप्पी रही, पंखे की हवा में शर्बत धीरे-धीरे हिल रहा था, हो न हो इसमें चीनी कम होगी और गिलास के होंठों से प्याज की बू आती होगी, मुझे लगा। रत्ती ने भूरे कागज के थैले में एहतियात से नोट्स लपेटकर ट्रे के बगल में रख दिये थे। मैंने बंडल उठा लिया और उठ खड़ी हुई—"अच्छा मैं चलती हूँ अब—"

"यह? शर्बत? अ···थोड़ी देर···बाहर गर्मी···ड्राइवर···"

"नहीं, ठीक है।"

अपना थैला छाती से चिपकाये मैं दरवाजे की तरफ मुड़ गई। पीछे आती रत्ती का चेहरा मैंने देखा नहीं, पर घर से बाहर निकलते-निकलते मुझे लगा कि जरूर उस पर स्वस्ति की एक हल्की पर्त छा गयी होगी।

एक थी हँसमुख दे

बड़ा घना जंगल था। दिन को वहाँ अँधेरा, रात को अँधेरा। बड़े-बड़े पेड़, और जटाओं वाली उनकी शाखें। रात गये पेड़ की खोह में मनहूस घुग्घू बोलता, घुग्घू-घू। बंदर डरकर खौंखिया उठते, ख्याँई! ख्याँई! ख्याँई! चिड़ियाँ सफेद पुतलियाँ पलटकर अंडों को पेट के नीचे छिपा लेतीं, और पंख फुलाकर ऐसे बैठ जातीं, जैसे कुछ सुना न हो, देखा न हो! रात के जंगल का राजा था शेर! और दिन का राजा था बनराक्षस। जब्बर की परजागिरी खतरनाक। मारे भी, और रोने भी न दे। सबसे भली चुप।

जंगल के बीचों-बीच बनराक्षस का महल था। ऊँचा सतरखंडा महल। कोटे-परकोटे वाला, हाथी-भर ऊँचा उसका दरवाजा लोहे के पत्तरों से मढ़ा हुआ था। जंगल के बाहर उसका अता-पता न चलता, पर जंगल के भीतर घुसो तो वही वह दीखता, अँधेरे में जगर-मगर करतीं उसकी खिड़कियाँ।

शाम के झुटपुटे में महल के दरवाजे पर कुंडी खड़की—खट्ट-खट्ट!

"कौन?" सात आवाजें आयीं, सात उजली खिड़कियाँ खुल गयीं।

"मैं।"

"मैं कौन?" सात सवाल आये।

"मैं राजकुमारी हँसमुख दे! पाटण की।"

"ठहरो!" चरमराता चोरदरवाजा धीरे-धीरे खुल गया। सात जोड़ी आँखों ने देखी आग की जोत जैसी खड़ी दपदपाती हँसमुख दे। राजकुमारी हँसमुख दे! पाटण की।

राजकुमारी ने क्या देखा? देखीं सात जोड़ी आँखें, सात अपरूप चेहरों पर जड़ी। एक जैसी पोशाकें, एक जैसा सिंगार-पिटार, उसके पीछे सात परी-चेहरे। हँसें तो फूल झरें, रोयें तो मोती बरसें। पहले फूल झरे। फिर मोती बरस पड़े।

"तुम सातों कौन हो? क्यों इस तरह पहले हँसी? और फिर रो पड़ीं?"

पाटण की राजकुमारी ने पूछा।

नाखून से के कोहनी तक भरकम गहनों से लदे सात बाजुओं ने भीतर आने का इशारा किया। हँसमुख दे भीतर खुस आयी। सात जोड़ी हाथों ने सात साँकलें चढ़ायीं, सात ताले लगाये, सात सिटकिनियाँ सटकायीं। तब चारों ओर से घेर-कर वे सातों परियाँ उसे भीतर ले चलीं—कमरे के भीतर कमरा, उसके भीतर कमरा, उसके भी भीतर कमरा। महल के भीतर के भी भीतर सात खिड़कियों वाला एक बड़ा-सा लाल कमरा था, जहाँ पहुँचकर वे रुक गयीं। कमरे के बीचों-बीच बिछा था एक भारी छपरखट, जिसके पैताने पड़ी सात चौकियाँ। सातों परियाँ जा बैठीं चौकियों पर। पाटण की राजकुमारी खड़ी रही।

तुम लोगों ने मेरी बात का जवाब नहीं दिया, तुम लोग कौन हो? यह किसका महल है? यहाँ और कोई नहीं है क्या? यह पलंग किसका है? दास-दासी कहाँ हैं? तुम पहले क्यों हँसीं? फ़िर क्यों रोयीं? हँसमुख दे ने एक साँस में पूछ डाला।

इस पर सातों ने एक दूसरी को देखा। एक बार फिर फूल झरे। फिर मोती बरसे।

"हम सातों बहनें परियाँ हैं।"

"यह महल बनराक्षस का है।"

"खलक भी उसका, मुलुक भी उसका, हुकुम भी उसी का।"

"वह दिन-भर बाहर रहता है, रात को पलटता है।"

"यह पलंग भी उसी का है।"

"यहाँ की दास-दासी, प्रजा सब हमीं हैं।"

"हम पहले हँसीं, क्योंकि कभी हम भी तुम-सी ही थीं।"

"हम बाद को रोयीं। यह सोचकर कि अब तू भी हमारी ही जैसी हो जावेगी···अब हमें तू बता, कि तू कौन है?" वे सब एक साथ बोलीं।

हँसमुख दे ने बताया, कि वह थी पाटण के नरेश की राजकुमारी। उसके बाप के बाल-ब्रह्मचारी गुरू थे बड़े दुर्वासा। औरतों की परछाईं भर पड़ने पर गंगास्नान करने वाले। एक बार मुँहजली हँसमुख ने हँसते-हँसते पूछ ही तो दिया—'गुरूजी, आप अपनी माँ के पेट से निकलकर भी क्या गंगास्नान करने ही भागे थे? दूध क्या आप बैल का पीते हैं? धरती भी तो स्त्रीजाति है, अब आप उसके सीने पर उपजा अन्न कैसे ग्रहण करते हैं? राजगुरू इस वामा तर्क से आगबबूला हो गये। कमंडल दंड उठाकर बोले—"इस महल में या तो मेरा ही निवास होगा। या इस वाचाल कन्या का!"

वाह रे राजा ! गुरू को मनाने को राजा ने बेटी को ही महल से निकाल दिया, कि गुरु तो ज्ञान की संसारसागर से तरने की राह बताये, बेटी क्या ? ऐसी खेती, कि सींचो तुम, और काटें पराये ! "जा तू बाहर !" माँ ने भी रोते-रोते कहा, "मैं कहती न थी, हँसना बंद कर अभागी ! अहा सौरी में इस कुल-बोरनी को न चटाया नमक !" सो डार से बिछुड़ी बाबुल के खूँटे से छूटी हँसमुख इस तरह इस अँधेरे जंगल में आन पड़ी, जहाँ चारों तरफ खौफनाक जानवर मँडराते थे। सोच रही थी कि क्या करे, कित जाये ? जभी खिड़कियों का उजाला देखा और इस ठौर चली आयी। पर अगर यहाँ रहने का मतलब है उन जैसी हो जाना, और उन जैसी होने का मतलब है इस तरह रोना, तो ना जीना, इससे तो जंगल भला। रोने को बाबुल की ड्योढ़ी छोटी थी क्या ? वह तो हँसेगी, और खूब हँसेगी, आँसू उसके ठेंगे पर ! हँसमुख दे पलटकर बाहर को चल दी, तो सात हाथों ने छेंक लिया।

"अब कहाँ चलीं ?"

"बाहर।" हँसमुख हँस दी।

"पागल हुई हो ? अकेली औरत जात हो। बाहर इस समय रात का राजा फिर रहा है, उससे बचीं, तो भेड़िये हैं, उनसे बचीं तो भालू हैं, उनसे भी जा बचीं, तो साँप-अजगर तो हैं ही। हमारी मानो। एक चौकी पैताने तुम भी डलवा लो," और स्वामी की सेवा में जुट जाओ। जहाँ सात, वहाँ आठ ! हम आठों हिलमिलकर रहेंगी, झूला झूलेंगी, मेंहदी रचायेंगी, दिन में सात बार माँग-पट्टी बिठायेंगी, और रात को स्वामी के चरणों पर बलि-बलि जायेंगी। यह सारे रेशम-सोना, माणिक मोती, छपरखट, इत्रदान छोड़कर बाहर जंगल में भटकेगी क्या ? अरे हड्डी भी नहीं छोड़ेंगे तेरी वहाँ के जानवर। हँसने का क्या ? दिन-भर महल का स्वामी बाहर रहता है, तब कर लीजो खी-खी जितनी चाहो !

हँसमुख दे थमक गयी। वह भटकी सही, पर थी तो महलों की राजकुमारी। सोने के पलने और रेशम की डोरी वाली, नाजों पली। अरमानों ढली। बाहर का जंगल बहुत घना, बहुत बड़ा था। तिस पर गरजते फिरते वहाँ शेर, चीते, भालू, भेड़िये, अजगर, साँप और भी जाने क्या ? क्या-क्या करे ? रुक ही जाये क्या ? सो वह रुक गयी, जाने न जाने के बीच। देखी जायेगी। उँह !

उसका रुकना था, कि सातों परियाँ बात की बात में उसके लिए रेशमी जोड़ा ले आयीं, इत्रदान ले आयीं, और ले आयीं थाल भर मोती, उसकी माँग भरने को। संदल मल-मलकर उन्होंने हँसमुख दे के रूप को निखारा—रूप को सँवारा। सज-कर तैयार हुई हँसमुख चेहरे की वह राजकुमारी, तो नूर ऐसा कि परियाँ भी गश खा-खा जायें।

फिर बड़ी परी ने हँसमुख दे को सीख देना शुरू किया—"तेरा नेम स्वामी

के साथ, तेरा धरम स्वामी के हाथ। जो वो खाने को दे, उसे खा। जो वो पहनने को दे, उसे पहन, जो खेल वह खिलाये उसे खल! सर झुकाये-झुकाये, देख, ऐसे!"

"खेल? कैसा खेल?" हँसमुख चकरायी।

"पाँसे का खेल जी, पाँसे का!" मँझली परी बोली, "हड्डी के सात पाँसे फेंकता है, स्वामी। चित भी उसकी होती है, पट्ट भी उसी की, और अंटा-बिसात तो उसके हैं ही हैं। वह कहे तू हारी, तो कह, जी हाँ मैं हारी, वह कहे तू जीती तो कह जी हाँ जीती। समझी? सिर झुकाये-झुकाये, देख ऐसे-ऐसे!"

अरे वाह! हँसमुख दे बोली, "ऐसा भी होता है क्या?" खेल की वह पक्की, उसूल-कानून वह जाने, उसे चरका देना मुश्किल!

"कोई उसूल-कानून लागू नहीं होता है, स्वामी-दासी के खेल में," वे सब एक सुर में बोलीं, हँसमुख सोच में पड़ गयी। वह सब तो पुरानी जानकार थीं ना, यहाँ खेलीं-खायी। वह ठहरी नयी-नवेलरी। हँसमुख को पुराने खूँटे की याद आयी, पहली बार। जब उसने अपनी माँ से कहा था, कि अगर उसकी बात गलत है, तो गुरूजी बतायें-बापू बतायें, कि क्यों? तो माँ ने भी यही कहा था—गुरू पर उसूल-कानून लागू नहीं होते। गुरू पर नहीं, स्वामी पर नहीं, पिता पर नहीं, तब उसूल-कानून किसके लिए?

साँझ और घिरी। परियों ने दिया-बाती की, लोबान सुलगाया, छपरखट सँवारा, और फिर हाथ बाँधे ड्योढ़ी पर जा बैठीं। साँझ का पहला तारा उगा, फिर दूसरा। फिर धीमे-धीमे आसमान तारों से भर गया। काली थाल में हीरे ही हीरे। संझा माता तारनी, सब दुःख निवारनी, तार माता तारनी! प्रार्थना खतम करके खिड़की से बाहर झाँकती बड़ी परी ने इशारा किया—स्वामी आ गये! "तू छिप जा अभी-जाने कैसे मन से आयें आज? औरत के लिए स्वामी की अगाड़ी, घोड़े की पिछाड़ी से बचना ही अक्लमंदी।" परियों ने हँसमुख दे को रोटी के पिटारे में छुपा दिया।

बनराक्षस आया। ऊँचा-पूरा गठीला-रोंयेदार, बादल-सा गरजता, मेहा-सा बरसता, बिजली-सा चमकता—"ये नयी नकोर मानुस गंध कैसी? कौन आया यहाँ?..."

चोया-चंदन-अगर-कुमकुम से उसे उबटन-करती सातों परियाँ हँस पड़ीं—"गंध किसकी होगी? हमीं तो हैं यहाँ। और आयेगा-जायेगा कौन? तुम्हीं ने तो हममें से पहली की निगरानी पर दूसरी, दूसरी पर तीसरी, तीसरी पर चौथी, चौथी पर पाँचवीं, पाँचवीं पर छठी, और छठी पर सातवीं को ला बिठाया है। हम सबका छींका-खाँसा तक तो तुम्हें एक दूसरी की चुगलखोरी से पता लग जाता है। फिर बाहरिया कौन आयेगा?" राक्षस को पूरा एतबार तो न हुआ, पर जब

सभी ने एक ही-सी कही, तो माने बिना चारा भी क्या था ? तिरिया जात जानों पारे की गोली, लाख निगरानी रखो पर पूरी परतीत हो सके, ऐसा नहीं।

तो राक्षस ने रोज की तरह पहली की तारीफ कर दूसरी को कुढ़ाया, दूसरी को छल्ला पहनाकर तीसरी को कलपाया, तीसरे के हाथों पाँसे फिंकवाकर चौथी को कोपभवन जा बिठाया, पाँचवीं-छठी-सातवीं को खूब दौड़ाया-कुदाया, खिजाया, और जब पक्का यकीन हो गया कि उनमें से सब पर आपसी कुट्टी और पस्ती तारी हो गयी, तब जाकर वह अपने खास शीशमहल में, घुसा। तिरियाजात का क्या भरोसा ? सातों-सात कहीं सिर जोड़कर बैठ जायें, तो जाने क्या गुल खिलायें ? सो उनमें फूट के बीज बो और उन्हें हँसा-हँसाकर रुला और रुला-रुलाकर हँसा चुकने के बाद राक्षस जा घुसा अपने विराट शीशमहल में यहाँ परियों का घुसना मना था। राक्षस खड़ा हो गया अपनी छवि को छत पर लगे आईने में सौ गुना, हजार गुना गिनते हुए। उसने दायें देखा—हजार राक्षस दायें देखनेलगे, बायें देखा, हजार राक्षस बायें घूम गया। वह सामने हुआ फिर उसने शीशों से पूछा—"कहो इस पूरी सल्तनत में सबसे बलशाली, सबका स्वामी—सबका दाता कौन ?" हजारों राक्षस बोल उठे—"तू ! तू ! तू !"

राक्षस ने मूछें उमेठीं, कंधे सतर किए, पेट भींचा, और खरामा-खरामा आकर छपरखट पर जा लेटा। परियाँ पंखा झलने—हाथ-पैर मलने में जुट गयीं। जल्द ही उसकी नाक बजने लगी।

इधर राक्षस का सोना था, कि परियाँ तुर्त-फुर्त भागीं, और पिटारी से हँसमुख को आजाद किया। बोलीं, "अब, बोल, मंजूर है न, हमारे स्वामी की सेवकाई ?"

"नहीं-नहीं-नहीं ! सौ बार नहीं," बोली पाटण की जब्बर राजकुमारी हँसमुख दे !

परियों का दम खुश्क ! बोली शश···सुन लिया न स्वामी ने, तो प्रलय आयेगा, प्रलय !

"आये, मेरी बला से !" हँसमुख दे जोर से हँस पड़ी—"बच्चों से भी गया-गुजरा तुम्हारा अपार शक्तिमान स्वामी ! आईनों में अपने को देखकर मूँछ उमेठता है, दुम तुर्रे करता है। परछाईं देखकर एक को सौ, सौ को हजार गुनता है वह। खेलता है तुमसे, पर कहता जाता है मैं-मैं-मैं ! स्वामी है या बकरा ?"

परियाँ मुस्कान दाबकर बोलीं, "री छोकरी, तेरे पर तो अनहोनी चढ़ी है। इतना हँसना तीमियों के लिए ठीक नहीं। जितना हँसेगी, उतना रोयेगी धार-धार। सुन, मान जा, अभी भी। हम कहती हैं स्वामी की सेवकाई पकड़ ले तो तर जायेगी, वर्ना वह उठकर तुझे ऐसे खीसें निपोरे पायेगा, तो उठकर एकबारगी

से···" बड़ी परी कुछ कहती-कहती चुप हो गयी।

"एकबारगी से क्या करेगा, बोलो ?" हँसमुख दे जिद पर उतारू !

"करेगा क्या ? सातवें आसमान में तुझे बंद कर देगा समझीं ! और सिर में ठोंक देगा सोने की कील !"

"यह खूब रही । या तो पैरों की जूती बनो, या फिर सर में ठुँकवाओ सोने की कील !" हँसमुख दे खूब हँसने लगी। परियाँ और भी सकपका गयीं ।यह अलबेली बला सिर पड़ी । सीधे-सीधे खेल में शामिल हो जाती तो उनका भी बोझ कटता । दिन में पान खाकर जमुहाती हुई वे उसके लिए भी एक दूसरी से लगीबुझी कहतीं । पर यह जाने किस मेल की तिरिया है ! हँसती जाती है। हँसती जाती है ! रोयेगी जरूर एक दिन, देखना।

"क्या है ? यह कैसा शोर-शराबा है ?" परियों को काटो तो खून नहीं। सामने स्वामी आँखें मलता खड़ा था।

"यह लड़की कौन है ?" वह फिर गरजा।

"मैं हँसमुख दे हूँ पाटण की," छोकरी हँस पड़ी।

राक्षस ने ऊपर से नीचे देखा—दायें से बायें देखा, एड़ी से चोटी तक परखा।

"यहाँ कैसे आयी ?" वह गरजा ।

"जैसे तू आया, दरवाजे से, और कैसे ? और वैसे ही चली भी जाऊँगी ।" हँसमुख फिर हँस पड़ी। परियों को काटो तो खून नहीं।

राक्षस की आँखों में लाल डोरे खिंच गये—"तुझे मालूम है कि इस ड्योढ़ी से तुम लोग सिर्फ भीतर आती हो । जीतेजी तुम बाहर नहीं जा सकती । क्यों? इसे बताये नहीं थे उसूल-कानून ?" वह परियों की ओर मुखातिब हुआ।

"जी बताये थे," बड़ी परी घिघियायी। शेष परियाँ ही क्यों पीछे रहतीं ?

"यह भी बताया था कि मोतियों से माँग भरा ले और सदा सुहागन बनी रह।"

"खेल के नियम-उसूल भी बताये थे जी।"

"पर यह जाने किस मेल की जनानी है, मानती ही नहीं ?"

"कहती है, क्या ऐसा भी होता है।"

"सोचती है, इसका हुकुम चलेगा हम पर···"

"कहती है कि यह भी क्या कि या तो पैर की जूती बनो या सर में कील ठुकवा लो ?"

"तो लाओ कील," राक्षस दहाड़ा। भीतर ही भीतर उसका जिगरा कुलबुला रहा था, इस हँसती-मुस्कुराती नयी-नवेली को खेल में पदा-पदा कर लस्त कर

देने को। पर यह मरजाद का सवाल था। मत चूकै चौहान ! पेट की नाभि से राक्षस ने गुस्से की लहर निकाली तो आँखों से लहू चूने लगा—"इसे सजा देनी होगी, कड़ी से कड़ी सजा।"

स्वामी का इतना कहना था, कि पाँच परियों ने घेर घिराकर हँसमुख दे को पट्ट पकड़ लिया। तिरियाजात होकर स्वामी से बहस ? हिम्मत तो देखो ! दो परियाँ तुरंत ले आयीं कील-हथौड़ा और पिंजड़ा।

राक्षस ने उठाया हथौड़ा और हँसमुख के कपाल के बीचोंबीच सोने की कील ठोंक दी। ठक् ! ठक् !

कील का ठुकना था कि हँसमुख दे बन गयी काली कोयल।

"अब करूँगा तुझे बंद तो भूल जायेगी, हँसना-चहकना," राक्षस दहाड़ा। नन्हीं हँसमुख को पकड़कर उसने सोने के पिंजड़े में ला धरा और उठाकर भीतर ले गया, अपने शीश महल के बीचोंबीच—"ले, अब हजारों शीशों में अपनी हालत को देख और सिर धुन अपना !"

आईनों के बीचोंबीच पिंजड़े को टाँगकर राक्षस आने को ही था, कि कोयल की हँसी से कमरा गूँज उठा।

"तू क्या धनी, मैं धनी ! ही ही ही !" कोयल एक पैर से सोने के पिंजड़ के भीतर बने झूले पर झूलने लगी—"तू क्या धनी, मैं धनी !"

"चाकू लाओ !" राक्षस क्रोध से दहाड़ा। सहमी परियों ने दरवाजे से चाकू भीतर उछाल दिया। अपने मोटे रोंयेदार हाथों से राक्षस ने कोयल का गला रेत डाला। आश्चर्य ! कटा सर भी हँसता गया—"मेरी काट्टी-कुट्टी भई, मेरी काट्टी-कुट्टी भई !"

उधर परियाँ शीशमहल के दरवाजे से झाँक रही थीं—इधर कोयल का मुंड हँसे जाये। आईनों में एक मुंड के हजार मुंड दीखे, एक आवाज की हजार प्रतिध्वनियाँ। बनराक्षस को लगा यह इज्जत का सवाल बन गया था। देर करने से बाकी परियाँ भी कानाफूसी कर सकती थीं। उनके मन में भी मैल आ सकता था। कहीं उन्होंने भी हँसना शुरू कर दिया तो ?

कोयल की हँसी को दबाता राक्षस और जोर से दहाड़ा—"चूल्हा सुलगाओ !"

काँपते हाथों ने चाँदी की सिगड़ी और सोने का पतीला तुरत भीतर खिसका दिये। दहकती आग पर पतीला रख, राक्षस ने हँसमुख के रुंड-मुंड दोनों पतीले में झोंक दिये। "जलती भुनती रह अब, बेअदब ! हँसती है स्वामी पर ?"

पर यह क्या ? खदकते पतीले से फिर आवाज आने लगी—"मेरी पाक्की-पुक्की भई, कि मेरी पाक्की-पुक्की भई !" राक्षस को लगा, जैसे परियों के चेहरों पर भी हँसी जैसी झलकी, मिनट-भर को 'आह !' एक दहाड़ मारकर राक्षस ने

एक ही निवाले में वे गर्मागर्म बोटियाँ निगल डालीं ! ले यही होना था तेरा ! अब गल मेरे पेट की अँधेरी तंदूर के बीच ! एक डकार लेकर राक्षस अपने छपरखट पर आन लेटा। किले में विद्रोह पनपने से पहले ही मसल देना ठीक ! इन लोगों का क्या भरोसा ? दिन भर वह बाहर रहता है, पीठ पीछे गुपचुप हँसी-कानाफूसी होने लगी, तो बस-सात जोड़ी नर्म हाथों की गुदगुदी मालिश तले राक्षस को झूम आने लगी।

ठीक आधी रात गये, नींद में उसने सुनी एक हल्की-सी आवाज—"मेरी काली कुठरिया भली, मेरी काली कुठरिया भली !" चौंककर वह जागा। आवाज उसके अपने पेट से आ रही थी। धूर्त चिड़िया ! राक्षस ने दाँत पीस लिये। 'इसे फिर से टुकड़े-टुकड़े करके आग में जलाना ही होगा, वर्ना चैन नहीं ! पेट का तेजाब भी कम्बख्त के हँसते हाड़ न गला पाया !'

"गर्म पानी और नमक घोल लाओ—" राक्षस गरजा—"और यह लो मेरी कटारें, गर्म पानी पीकर मैं अब उल्टी करूँगा—ज्यों ही वह बदजात चिड़िया बाहर निकले। उसके टुकड़े-टुकड़े कर देना—देखना धड़ से मुंड तुरत जुदा हो जाय, और फिर धड़ को उत्तर में और मुंड को दक्षिण में ले जाके जला दो, और राख को हवा में फैला दो !"

"हुकुम !" परियाँ बोलीं, और कटारें लेकर अगल-बगल तैनात हो गयीं। एक साँस में लोटा-भर गर्म पानी पीकर राक्षस बोला, "सावधान" और मुँह फाड़कर उसने खाया-पीया सब उगल दिया—हिरन, चीता, बकरी, फल-फूल, मेवा सब ! सबसे अंत में निकली चिड़िया ! ज्यों ही वह निकली, कटारें चलीं खटाखट ! छपाछप !

पर यह क्या ? चिड़िया तो उड़ गयी फुर्र, और उल्टे राक्षस की नाक ही कट गयी !

परियों ने दूर जंगल में हल्की होती आवाज सुनी—"नाक-कटैया राजा ! नाक-कटैया राजा !"

पहाड़-सा राक्षस पछाड़ खाकर हा-हा करता गिर पड़ा, चिड़िया हो गयी फुर्र !

बनराक्षस पड़ा जमीन पर, और चिड़िया हो गयी फुर्र !
तो चिड़िया हो गयी फुर्र, और रहस्य की बात खुली, कि
बनराक्षस की जो ताकत थी न, वह उसकी नाक में बसती थी।
नाक गयी, ताकत गयी, चिड़िया हो गयी फुर्र।
ताकत गयी, सत्ता गयी, सत्ता गयी, महल गया।
महल नहीं, जंगल नहीं, कुछ नहीं, और चिड़िया हो गई फुर्र !

तो चिड़िया हो गयी फुर्र, और सातों परियों के कटे पंख फिर उग आये। वे

चल दीं अपने-अपने देस। महल-परी-जंगल, सब खत्म। नन्हें से सर में कील ठुकवाये वह चिड़िया कहाँ गयी। कोई नहीं जानता।

सिर्फ कभी रातों को हँसी की आवाज आती है, तो स्याने समझदार लोग नाक ढंक लेते हैं, स्यानियाँ जवान छोकरियों को भीतर कुठरिया में बीनने-फटकने को बिठा देती हैं, और दहलीज पर जोर-जोर से भजन गाने लगती हैं, 'म्हाने चाकर राखोजी !'

रिक्ति

"वो पत्तले चेहरे का, दाढ़ी वाला लड़का जाने कहाँ गया, जो खबरें पढ़ता था कभी-कभी। क्या पता उसे कैंसर न हो गया हो, या क्या पता नशीली दवा-हवा खाने लगा हो। आजकल कम उमर वालों का अच्छा, जैसा होता कम ही देख रहे हैं···" माँ बिना टी० वी० के पर्दे से नजर हटाये कहती हैं।

"क्या बेकार की बात करती हो तुम," सुलभा कहती है—"क्या पता वो आर०ए०एस०आर०एफ०एस० में आ गया हो, या उसकी बाहर पोस्टिंग हो गयी हो?—या शायद उसे भी खबरों से, खबर बनाने वालों से घिन जैसी हो गयी हो।" वह कुछ रुककर जोड़ती है। "बड़ी नेक आँखें थीं उसकी," माँ उसाँस लेकर कहती है। आवाज में पुण्यस्मरण वाली उदास ठंड है। टी० वी० के पर्दे से किसी के ओझल होने का मतलब उसके लिए सिर्फ एक है—

पिछले बरस भाई बाहर से आया था, तो वीडियो लाकर दे गया था। इस बार घर आने पर सुलभा ने पाया कि अकेले भाँय-भाँय करते घर में माँ अब दिन-भर टी० वी० देखती है। जब तक दूरदर्शन के कार्यक्रम आते हैं, तब तक वे, फिर आगे, पीछे लगाने की वीडियो कैसेट हैं ही। मुहल्ले में चार-पाँच वीडियो पार्लर खुल गए हैं, जिनमें होड़-सी लगी रहती है होम-डिलीवरी की। मुहल्ले के नुक्कड़ पर लगा बोर्ड बताता है, कि गर्मियों में कैसेट के साथ उनसे ठंडी कैंपा-कोला की बोतलें भी मँगा सकते हो—जाड़ों में आलू के चिप्स या गजक-वजक। दूकानों से फिल्मी गाने गाते, सीटियाँ बजाते छोकरे नौकर आकर सब चीजें भीतर आकर डिलीवर कर जाते हैं। बूढ़े और औरतें बिना टी० वी० से आँखें उठाये बिलों पर दस्तखत कर देते हैं। बड़े-बड़े घरों को सूना बनाकर बूढ़ों-औरतों के हवाले छोड़ जाने वाले मुक्ति की साँस लेकर हर महीने के अंत में चेक से देना-पावना-चुकता कर देते हैं। बस।

बंद कमरे में नीली घुटन है, मिचमिची नींद की; उलझे सुलझे बिछौने की, खाये-अधखाये खाने की, अनकही-अनसुनी बातों के झुंड के झुंड मच्छर छत पर बैठकर सो गये हैं, कभी हिलककर कुछ क्षण भिनभिनाते हैं, फिर सुन्न !

"चलो, कहीं बाहर हो आते हैं।" पैरों से पलंग तले चप्पलें टोहती सुलभा कहती है। माँ का पूरा ध्यान मूँछोंवाली थुलथुल गायिका पर जड़ा है, जो पर्दे पर एक निहायत बेसुरी गजल नक्की आवाज में गा रही है।

"माँ···!"···सुलभा खुद भी कुछ-कुछ नक्की सुर में कहती है। "यह सब बंद करो, चलो रिक्शे पर कहीं खुले में घूम आते हैं।"

"मुझे नहीं जाना रिक्शे-विक्शे पर," माँ कहती है। वह यह भी कहती है, कि रिक्शेवाले देखा नहीं, इधर कैसे बदमिजाज हो गये हैं। बच्चों-बूढ़ों के, औरतों के सामने पड़ते ही बस लूट पर उतारू। अब वह महीने में तीन या चार बार रिक्शे पर बैंक जाती है ! पुराना खड़खड़िया रिक्शे वाला है मायाराम, जिसकी चेन एक किलोमीटर दूर स्थित बैंक तक पहुँचते न पहुँचते दस बार उतरती है।

"मायाराम को फालिज मार गया पिछले दिनों"—माँ कहती है, तो सुलभा चौंक जाती है। अकसर वह और माँ एक साथ ठीक एक-सी बात कह उठते हैं। पहले अकसर दोनों एक साथ माहवारी से होती थीं। माँ के पीले बुढ़ाते चेहरे की लकीरें देखते-देखते सुलभा के भीतर भी एक सर्द बूढ़ी थकान उतरने लगती है।

"चलो कोई सिनेमा ही देख आयें।" वह अपनी कँपकँपी दाँत भींचकर रोकती है, बगैर पर्दे से आँखें उठाये माँ कहती है, उसे नहीं जाना रिक्शे और टिकटों पर इतना पैसा खर्च करके बेतुकी मारपीट और खून-खराबा देखने।

"वैसी वाली नहीं, कोई अच्छी कला-फिल्म देख आते हैं," सुलभा जिद का पल्लू थामे रहती है—"एक अच्छी-सी गहरी वाली फिल्म जो भीतर तक मुझे-तुझे हिला देगी।"

"मुझे नहीं हिलना-डुलना," माँ कहती है। "घर बैठे ही मैं जरूरत से ज्यादा सोच लेती हूँ—तुम लोगों की दुआ से—" टेलीविजन से चेहरा क्षण-भर को परे कर माँ मुस्कुराती है, तो क्षण-भर को, सिर्फ क्षण के हजारवें हिस्से को, उसका बीता हुआ चेहरा उसके थके नक्शों पर चस्पाँ हो जाता है—फिर वह क्षण बीत जाता है। "श्श···" माँ कहती है, "न्यूज आ रही है।"

पिछली बार सुलभा ने पड़ोस की लैंडिंग लाइब्रेरी वाले से बात भी कर ली थी पर जब वह पत्रिकाएँ लाया, तो माँ ने उसे दरवाजे से ही वापस भेज दिया। इतना पैसा बेवजह खर्च क्या करना, माँ कहती है। कब सुना नहीं तुमने, प्रणय रॉय ने मनी-मैटर्स में क्या कहा, कि महँगाई और भी बढ़ने जा रही है, पैसा-पैसा

सेंतकर रखने में ही समझदारी है । जमाना ठीक नहीं। विनोद दुआ भी ऐसा ही कह रहा था आजकल में।

कभी उकताकर सुलभा बगल के कमरे में माँ के पुराने अलबम खोलकर बैठ जाती है। एक अनाम नदी के किनारे, एक खुले विस्तार में माँ और उसकी छरहरी किशोर साथिनें कांस की छरहरी कलगियों की तरह मुस्कुराती खड़ी हैं। माँ के हाथ में नरकुल की एक टहनी है, और उसका हँसता हुआ मुँह तनिक खुला हुआ है, जैसे वह गा रही हो। संभव है वह कभी ऐसे भी गाती रही हो। बिना शर्मिंदा हुए, बिना सुर दबाये हुए।

यह तस्वीर खिंचने के अगले ही बरस नाना हठात् गुजर गये थे, माँ होस्टल से घर लौट आयी थी, और ब्याह दी गयी थी। अगले साल उसकी गोद में सुलभा थी। उसके बचपन में कई बार अलबम के एक पन्ने पर माँ की उँगली ठिठकती थी, यहाँ हमारा म्यूजिक का क्लास होता था। पेड़ के पीछे आधी दहलीज देखने को वे भाई-बहन लाख आँखें चुंधिया लेते, उन्हें तो वहाँ बस एक आधी चौखट दीख पाती थी। माँ के संगीत शिक्षक की भविष्यवाणी थी, कि बस दो साल वह और रियाज कर ले, तो उत्तर की सुब्बुलक्ष्मी कहला सकती है। पर छः महीने बाद ही माँ ब्याह दी गयी थी, उस परिवार में, जहाँ एक पुरखे ने डोली के बाहर नींद में झूल आयी एक नवेली की भुजा तलवार से उड़ाकर परिवार की इज्जत के रखवाले की दिग-दिगंतव्यापी सुख्याति पायी थी। सुलभा के पिता के जीते माँ नल खोलकर बंद दरवाजे के पीछे ही बच्चों के आगे गा पाती थी। गुसलखाने से उनको तौलिए से हाथ-मुँह पोंछने का अभिनय करते निकलना होता।

"माँ, तुमने बिना देखे-बूझे शादी को हाँ कैसे कर दी ?" सुलभा और उसका भाई पूछते।

"क्योंकि मेरे पिता नहीं थे, पीछे चार और बहनें थीं, फिर तुम्हारे बाबूजी के पास पक्की सरकारी नौकरी थी, अपना मकान था, और कुछ जो क्या देखते थे लड़कों में उस जमाने में ? आगे तो लड़की का अपना भाग होता है। भाभी ने भी कहा था तुम्हारी नानी वैसे ही चिंता में अधमरी होती जा रही थी, कि इतनी पढ़ी-लिखी, इतने बड़े घराने की बेबाप की अठारह बरस की लड़की कौन ब्याहेगा, उस वक्त पंद्रह बरस से पोढ़ी लड़की को घर-बर कहाँ जुटते थे ?—फिर सर पर बाप भी नहीं—

माँ कभी कहना नहीं भूलती कि उनके सर पर बाप नहीं था। माँ नानी को भी कभी नहीं भूलती। आखिरी दिनों में फूस की गुड़िया जिती रह गयी थी नानी, पर मजाल है जो फालिज के बाद भी कभी उसे बिना नहाये खाना पड़ा हो।

अपने हाथ से नानी को स्पंज करके, चादर बदल के तब उसे दलिया खिलाती थी माँ रोज, और तब कहीं वह काम पर जाती थी। मरते वक्त नानी के बेटा-बहू पास नहीं थे तो क्या, माँ ने अपना मंगलसूत्र बेचकर गोदान तक करवा दिया था। "अरे मंगलसूत्र भी तो नानी का ही दिया था न, और मेरे नसीब फूटने के बाद पड़ा ही तो था डब्बे में, कौन मेरा अपना था?" माँ कहती।

"माँ, तू किसी भी चीज को अपनी समझने से क्यों डरती है?" सुलभा ने एक बार पूछा था। "डर? दुत् पगली, डर मुझे कभी नहीं लगता," माँ ने कहा था— "रही बात अपये-पराये की, सो छाती में धर के थोड़े ही ले जाना है कुछ भी? हाँ, अंतिम काज के लायक छोड़ जाऊँगी जरूर। मैं किसी पर बोझ क्यों बनूँ?"

"मैं नहीं रहूँगी तब समझोगी," माँ कहती है।

"मैं नहीं रहूँगी तब समझोगी," नानी ने माँ से कहा था।

रात को पुरानी पत्रिकाएँ पढ़ने-पढ़ते सुलभा की आँख लग जाती है। आधी रात को अचानक आँख खुलती है। बत्ती माँ ने बुझा दी है, और उसे कंबल उढ़ा दिया है। देर तक खिड़की पर खड़ी सुलभा नीचे सूनी सड़क को देखती रहती है—तेज हवा में एक अखबार पंख टूटे गीध सा पहले सड़क के एक कोने से दूसरे कोने तक उड़ता है, फिर दीवारों से टकराकर नीचे गिर जाता है। सन्नाटे में उसकी फड़फड़ाहट तमाचों-सी गूँजती है। आँखें लगती हैं, तो बरसों बाद सुलभा सपने में पिता को देखती है। पैताने खड़े पिता कह रहे हैं, 'बाजू ढक अपना।' सुलभा चारपाई से नीचे झूल आयी अपनी नंगी बाँह समेटना चाहती है, पर वह जैसे मन-मन भर की हो आयी है। पिता बहुत नाराजगी से उसे देख रहे हैं। सुलभा माँ को पुकारने को मुँह खोलती है, पर आवाज नहीं आती। पसीना-पसीना होती सुलभा जागकर पाती है, उजाला हो आया है और माँ नहा-धोकर पूजा भी कर चुकी है। दूरदर्शन पर खबरें चालू हो गयी हैं। माँ बिना पर्दे से नजर हटाये कहती है कि उसकी चाय पलंग के नीचे कटोरी से ढकी रखी है, ठंडी हो गयी हो, तो गरम करवा ले। माँ उस कुर्सी पर बैठी है, जिस पर पिता के जीवनकाल में और कोई बैठने की जुर्रत नहीं कर सकता था।

लेडीज

उसकी माँ ने आखिरी बार पीछे को तनिक लचककर अपने को बड़े शीशे में देखा और साड़ी को अपनी एड़ी से तनिक खींच दिया। अब वह परसेवा के लिए एकदम तैयार थी। दरवाजे पर टिके-टिके, तीली से दाँत खोंटते सुनील ने तीली जमीन पर फेंक दी। जब से माँ घर में एक बार चक्कर खा गिरी थी, उसने अकेली इधर-उधर जाना छोड़ दिया था। अच्छा हुआ घर में ही चक्कर आया, बीच-सड़क आ जाता तो ? मोटर किसलिए थी आखिर, और बेटा ?

तब से हर छुट्टी में सुनील ही माँ की ड्राइवरी करता था।

"मैं ही हमेशा ठीक टाइम पर वहाँ पहुँच जाती हूँ, बाकी लेडीज में से कोई भी वक्त पर नहीं आता।" माँ ने अपने लहरदार बाल थपथपाये। उसकी बिंदी के ठीक नीचे भँवों के बीचोंबीच भक्ति-भरा सिंदूरी टीका लगा था। वह हर मंगल को उपवास रखती थी, सुबह-सवेरे पास के हनुमान मंदिर जाती थी, फिर मंदिर से लौटकर सुबह नौ से बारह तक दंगापीड़ित बस्तियों के नि:शुल्क धर्मार्थ चिकित्सालय में अपने ग्रुप की लेडीज के साथ दवा की पर्चियाँ बनाकर और मुफ्त दवा की गोलियाँ गिन-गिनकर लिफाफों में डालती हुई परसेवा करती थी। माँ अपनी साथी स्त्रियों को हमेशा लेडीज कहती थी और उसे इस बात पर बड़ा नाज था कि वे फैशन करने या ब्रिज या पपलू खेलने में समय गँवाने की बजाय बेचारी दंगापीड़ित विधवाओं की नि:शुल्क सेवा करती हैं।

सुनील ने मुड़ते हुए दरवाजे को बेवजह एक ठोकर मार दी—"तो तुम भी लेट जाया करो फिर।"

"तू समझता क्यों नहीं कि वक्त की कद्र होनी चाहिए।" माँ के पतले नथुने उत्तेजना से तनिक चौड़े हो आये। उसकी भूरी आँखें एक शिशु-सुलभ उत्साह और भोलेपन से चमक रही थीं, जैसे कोई नन्ही बच्ची आगंतुकों को सुंदर नयी फ्रॉक दिखाने जा रही हो।

"ठीक है, ठीक है, अब चलो भी।" सुनील ने तनिक रुखाई से चाबी खन-

खनायी और माँ के लिए दरवाजा खोल दिया। जाड़े की उसली धूप बाहर आधे हाते में भर गयी थी और हवा में शरत्काल की खुशनुमा बासें थीं। मोटर की ओर चलते हुए सुनील ने हाथ जेबों में घुसेड़ कर कंधे तनिक झुका लिये। अब अगले कुछ घंटों तक माँ की खुशी के गीले ठीहे पर उसे बोटी-बोटी होना था।

दंगापीड़ित औरतों के लिए उस कल्याण केंद्र और वाचनालय को खुले अरसा हो गया था, पर स्थानीय औरतें वहाँ कम ही आतीं। सिलाई मशीनों और प्लास्टिक के खिलौनों की खिसियाई उदारता अभी भी दो कमरों में पड़ी धूल खा रही थी। सिर्फ चिकित्सालय में गोद के बच्चों को थामे काफी स्त्रियाँ दल बनाकर दवा लेने लगातार आती-जाती थीं। उनकी भावशून्य आँखें, उनकी हताश चाल और उनके बच्चों की सहमी पकड़ के चारों ओर प्यार और उदारता टपकाती माँ और उसकी संगी लेडीज को देखते-देखते सुनील को जमीन में गड़ जाने की इच्छा होती। घर लौटते वक्त वे सब चिड़ियों की तरह उत्साह से चहकती रहतीं। 'बेचारियाँ' वे सर हिलाकर खेद व्यक्त करतीं। धर्मार्थ औषधालय उनका ऐसा पापमोचन तीर्थ बन गया शा, जिसकी साप्ताहिक डुबकी के बाद उनके अंतःकरण से तमाम स्मृतियाँ मिट सकती थीं। 'जो बीत गया, उस पर खाक डालो', उनमें से अकसर कोई कहती।

सुनील का मन करता, वह गाड़ी को जमुना के पुल से गिराकर उन्हें भी डुबा दे और खुद भी डूब मरे।

साड़ी की सरसराहट समेत कार में समाती हुई माँ का पल्लू हमेशा की तरह दरवाजे के बाहर लटक आया था। एक झुँझलाहट भरी हुंकार से सुनील ने दरवाजा खोलकर उसे भीतर किया और दरवाजा भेड़कर स्टियरिंग व्हील के पीछे जा बैठा।

"समय की कीमत पहचानने वाले आज मुल्क में कितने कम रह गये हैं?" गाड़ी के साथ-साथ माँ पुनः स्टार्ट हो गयी थी। सुनील ने कैसेट लगाकर बटन दबा दिया। एक ढीठ बिलायती संगीत का धमाका गाड़ी में भर गया। पर माँ न झुँझलायी, न बरसी, उलटे मुस्करा पड़ी—"तुझे बड़ा सताती है माँ हर छुट्टी में, बेच्चारा!"

सुनील को लगा कि अगर वह बरस पड़ती तो शायद बेहतर होता। यह तो ऐसे ही था, जैसे कि गले में माला डाले फाँसी के तखते की ओर बढ़ते शहीद के दिल में आस्था का दीया फूँक मारकर बुझा दिया जाये। उसने जोर से हॉर्न बजाकर एक साइकिल वाले को एकाएक हकबका दिया।

अगर उसकी माँ स्वार्थी या कर्कशा होती, तो शायद वह अपनी यह ड्यूटी

जैसे-तैसे झेल ले जाता, पर झुंझलाया चेहरा पढ़ती माँ के पुचकार-भरे सुर की इस क्षमायाचना का वह क्या करे ?

"ठीक है, फॉरगेट इट।" रुखाई से वह बुदबुदाया और बटन दबाकर उसने संगीत बंद कर दिया।

जमुना पार का इलाका, सड़कें ऊबड़-खाबड़ हो गयी थीं। उससे अपना झुंझलाया मन सड़क पर केंद्रित कर दिया। पूरा इलाका उधड़े ऊन की ढेरी की तरह गड्डमड्ड पड़ा हुआ था। बन चुके मकान, बन रहे मकान, बनकर टूटे मकान और बीच-बीच में पड़े खाली प्लॉट, जहाँ खुजलिहे कुत्तों और प्यार में बौरायी बिल्लियों की अखंड बादशाहत कायम थी। कई बार मन में आता था कि काश जीवन एक कोरी स्लेट होता, जिस पर सारी पुरानी इबारतें मिटाकर जीने की दूसरी तरह से शुरुआत की जा सकती। एक्स-रे सी आँखों वाले, सख्त अनुशासन के पाबंद पिता, छुपाकर पैसे देने वाली माँ, जिसके कोमल हाथों की चैन-भरी थपकियों से उसके बचपन में सब कुछ निकल सकता था। सफलता, शोहरत, पैसा, गुड़िया-सी प्यारी बहू, उजले कपड़े पहने हँसमुख भाई-बहन···प्यार। काश, यह सब एक सिरे से मिटाया जा सकता ! कई बार रात को दीवार की ओर चेहरा फिराये लेटे-लेटे वह कल्पना करने लगता कि वह तो दरअसल एक अनाथ बच्चा था और बड़े संघर्ष, बड़ी तकलीफ से स्कूली पढ़ाई पूरी कर, अब मानवता के हित में जुट गया था। वह सपने बुनता कि वह निर्मल हृदय कलकत्ता में मदर टेरेसा के साथ खड़ा मरणान्न बूढ़ों के लिए बंगला में प्रार्थना कर रहा है··· या बाबा आमटे के साथ कोढ़ियों के घाव धो रहा है, वह कल्पना करता कि उसके तमाम मित्र अजीबोगरीब और फटेहाल किस्म के लोग हैं, जिनकी खातिर वह अपने माँ और बाप के तमाम जाने-पहचाने मित्रों को अवाक् करता बड़ी लकदक चुस्ती से, बड़ी कठोरता से उनसे शेर की तरह जा भिड़ता है। वह कल्पना करता···

पर यह तभी संभव था, अगर मन खूब ही सीधा, सरल और निष्पाप होता। वह मन, जो ऐसा सब कुछ सोच सकता है, वैसा सीधा, उतना सरल हो ही कैसे सकता है भला ?

और फिर सब कुछ उलझ जाता था, हर बार उसका क्रोध, उसका विद्रोह, उनका सलज्ज प्यार, हर बार सारा कुछ गड्डमड्ड हो जाता।

"कैसा जमाना हो गया है।" माँ अनमनी-सी बाहर ताक रही थी—"हर जगह खून-खराबा, लड़ाई-फसाद, गुस्सा, नफरत। पहले भाईचारा था। हिंदू-मुसलमान-सिख—कभी ऐसा सोचा ही नहीं हम लोगों ने।" माँ ने रूमाल नाक पर लगा लिया, बाहर कीचड़ की सड़ाँध थी, एक शीरीं, बहुत चिपचिपी बास, जैसी अर्थी पर चढ़ाये फूल पीछे छोड़ जाते हैं।"

सुनील ने गहरी उसाँस ली। माँ बोलती जा रही थी—"हम तो अब भी

ऐसा नहीं सोचते, पर जाने क्यों लोगों के मनों में मैल-सा आ गया है। कैसे कटे-कटे से रहते हैं हमसे। अरे, हम इन औरतों से कहते हैं कि जो होना था, सो हो गया। अब सिलाई मशीनें दी हैं। खिलौने दिये हैं, आ के कुछ काम सीख लो, बच्चों को बहला लो। जो हो चुका उस पर..."

"उन्हें तुम्हारी भीख नहीं चाहिए, समझीं?" सुनील ने स्पीड ब्रेकर नहीं देखा था, गाड़ी जोरों से उछली। माँ भी गेंद-सी उछल गयी।

"भीख कौन कहता है इसे बेटा? अगर तुम ऐसा समझते हो, तो तुम्हें शर्म आनी चाहिए। हम तो सेवाभाव से आते हैं यहाँ। धर्म का तो यही मतलब रहा है हमेशा।" और माँ फिर उछली।

"प्लीज," सुनील ने कहा। माँ की बातचीत की गाड़ी हमेशा की तरह आत्म-प्रशंसा की दूसरी पटरी पर चल निकलती थी। इस लाइन का हर मोड़, हर क्रॉसिंग, हर स्टेशन उसका जाना-पहचाना था और देशभक्ति का वह गधा प्लेट-फॉर्म भी, जहाँ यह गाड़ी सीटी बजाती हुई हर बार अपनी यात्रा का मंथर समा-पन करती थी।

"प्लीज," उसने गुस्से से फिर कहा। गाड़ी फिर उछली। उसकी आवाज का गुस्सा इस उछलने में कहीं खो गया।

"मुझे तो इन औरतों-बच्चों के लिए कलेजे में जाने कैसा-कैसा होता है। हम तो जब छोटे थे और तुम्हारे नानाजी लाहौर में पोस्टेड थे, तब हमारा तो ड्राइवर भी सरदार था, नानाजी का पी० ए० भी। हमने तो दंगों के वक्त भी कभी ऐसा नहीं सोचा कि..."

"माँ, तुम कुछ देर चुपचाप मुझे ड्राइव नहीं करने दोगी क्या?"

"तू आज इतना चिड़चिड़ा क्यों हो रहा है? तबीयत तो ठीक है न? गला-वला? मौसम बदल रहा है इधर।" माँ के सुर में चिंता भरी थी।

"सब ठीक है।"

कभी-कभी शीशे में शेव करते हुए सुनील को अचरज होता है कि भला उसकी माँ की पीढ़ी के लोग गुजरे दिनों के घावों से अपनी आत्मा को कैसे बचा ले गये होंगे भला? क्या वे तब भी ऐसे ही बुलेटप्रूफ मुखौटे पहने रहते थे? वह क्या कर सकता है इस कुतरते भय से, शर्म से अपने बचाव को? कैसे बंद करे वह अपनी खाल के बाहर फैले उस पगलाये अंतहीन रुदन को, जो अनदीखते निरपराध बच्चों और पथराये बूढ़ों की डकराहटों में लगातार उसका पीछा करता रहता है। इस हृदयहीन शहर में, जहाँ आँसू तक अपने धब्बे नहीं छोड़ते, क्षमा का कोई ठौर बच रहता है क्या!

कुछ देर चुप्पी रही। कल्याण केंद्र आ गया था। सुनील ने छाँव में गाड़ी लगा दी और इधर-उधर ताका। कोई दिखता नहीं था, पर क्या पता? पिछली बार जब वे बाहर आये थे, तो किसी ने गाड़ी की धूल-भरी खिड़की पर उँगली से भद्दी गाली लिख दी थी।

दस-बारह औरतें इस वक्त समय से तनिक पहले ही आकर बाहर बेंचों पर बैठी हुई थीं। पर उनकी आँखों में कोई पहचान नहीं थी। माँ के चेहरे पर एक नन्ही मुस्कान आ चिपकी थी, जैसे वह किसी महत्त्वपूर्ण जलसे की अध्यक्षता को एक हॉल में घुस रही हो और भीतर सब फूल-मालाओं समेत उसके इंतजार में हों। माँ के पीछे-पीछे वह भी भीतर घुसा। डॉक्टरनी भी अभी नहीं आयी थी, माँ अपनी मेज पर जा बैठी। वह पास के स्टूल पर।

"देखा तूने? अब इनकी माली हालत धीरे-धीरे सुधर रही है। सबकी सब मेकअप किये हैं, मैचिंग सूट भी डाले हुए हैं।" माँ फुसफुसायी। भँवों में सल डाले सुनील अपना माथा, साथ लाये अखबार के पीछे छिपाये रहा, ज्यों माँ का कुछ न लगता हो। माँ उत्साही फुर्ती से चीजें उठाने-धरने लगी। अक्सर घर पर वह उनको बताती थी कि बचपन में वह डॉक्टरी पढ़ने को पागल थी, पर तभी उसके बड़े मामा ने जर्मनी में मेम से ब्याह कर लिया, तो नाना-नानी बेतरह हिल गये थे और स्कूली पढ़ाई खत्म होते-न-होते वह ब्याह दी गयी थी। इसी से इस डिस्पेंसरी में बैठकर माँ की चाल-ढाल और चेहरे में एक अजीब उत्साह और फुर्ती आ जाती, ज्यों वह मददगार नहीं, खुद ही एक डॉक्टरनी हो। अचानक उसने नयी सुनहरी कमानी वाला एक पढ़ने का चश्मा भी बनवा डाला था, जिसे लगाकर वह डॉक्टर की हिदायतें पहले पर्ची पर लिखती और फिर पंजाबी में उन्हें मरीजों को समझाती। घर पर वह कल्याण केंद्र की बात करती, तो डिस्पेंसरी को कहती—'मेरा दवाखाना।'

"बड़ा सबात का काम है डॉक्टरी," माँ लेबल पढ़कर दवाओं को यथास्थान जमा रही थी।

"तुम्हारे सबात या डॉक्टरी से यहाँ किसी को मतलब नहीं," ढाल की तरह अखबार उठाये-उठाये वह गुर्राया।

"अरे, किसी को हो-न-हो, मुझे तो है।" माँ के स्वर में वह गद्देदार उदारता थी, जिससे टकराकर उसका हर घूँसा बोलता—भद्द।

बाहर दो-तीन मोटरें रुकने की आवाज आयी। लेडीज आन पहुँची थीं। लंबी टाँगों वाली मकड़ी की तरह सुनील अपने आपको जितना सिकोड़ सकता था, सिकोड़ लिया। डॉक्टरनी भी आ गयी थी।

"अर्ली एज एवर।" डॉक्टरनी हमेशा की तरह संगीतमय अंग्रेजी में गाती हुई-सी घुसी। माँ का चेहरा फुलझड़ी-फुलझड़ी हो गया। वे सब अपने-अपने काम

सँभालती चहकती जा रही थीं। पिछले हफ्ते क्या किया, क्या दिया, कहाँ गयीं वगैरह।

बाहर कोई बच्चा दबे सुर में जिद करता हुआ अचानक पुक्का फाड़कर रो पड़ा। फिर कोई महिला चिचियाकर झुंझलायी, ज्यों उसे पीट रही हो। रुदन तनिक और गहरा हुआ।

"बेच्चारा।" लेडीज के चेहरों पर एक-सी दया लिख गयी।

"कितनी नफरत भर गयी है माहौल में।"

"इंसान को इंसान पर भरोसा नहीं रह गया।"

"मैं तो यही कह रही थी सुनील से।" माँ ने रजिस्टर खोलते हुए चश्मा उतारकर अपनी प्रिय लेक्चरार की मुद्रा बना ली थी कि "बेटे, भरोसा बड़ी चीज है। गलती किसी ओर से भी हुई हो, पर हमको तो समझ का दामन नहीं न छोड़ना है।"

सुनील ने सोचा, ओ दीवार तू फट जा! लेडीज की दया-भरी ममता-भरी आँखें अब उस पर आ टिकी थीं। उनकी वाहवाही-भरी नजरों में वह उनका ही प्यारा बेटा था। जितनी घृणा बटोर सकता था, उतनी बटोरकर उसने एक तीखी नज़र उन दया-वारिधियों पर डाली और बाहर निकल आया।

जहाँ उसने गाड़ी लगा रखी थी, वहाँ अब तक धूप फैल आयी थी। गाड़ी में बैठा नहीं जा सकता था। एक क्रोध-भरी नजर डिस्पेंसरी के भीतर डालकर वह बरामदे में वहीं जा बैठा, जहाँ स्त्रियाँ और बच्चे बैठे थे। दो-तीन किशोर भी थे, जिनकी मसें ही भीग रही थीं। धीमे-धीमे जिस भी कोण से जो भी उससे अपना चेहरा परे कर सकता था, फिरा कर बैठ गया या शायद उसे ही ऐसा लगा। थोड़ी देर फ़र्श पर नजरें टिकाये वह धूप-छाँव में बँटे अलग-अलग तरह के पैरों के आकार देखता रहा, भीतर हलकी ठंडक थी, पर यहाँ धूप में मन करता था कि सिर के ऊपर पंखा होता।

कुछ देर की चुप्पी के बाद औरतें फिर आपस में धीमे-धीमे बोलने लगी थीं— "कह दिया बस कि मत लो मदद, पर खुद झाँकने भी आया कोई बंदा? बस जेल में धरना दिलाने को बसें भेज दीं। जवान बेटियाँ यहाँ पिच्छे अकेली छोड़ के हम वहाँ कहाँ जा मरें?"

"वो अखबार वाली लड़की रोजगार दिलाने को कहती थी। आयी फिर?"

"अब वो आयेगी, जब कहीं गोली-गूली चलेगी या वोट पड़ेंगे। पूछती थी कि अब किसे वोट दोगी? मैंने कहा, देखो जी, एक तो है प्लेग, एक है मलेरिया,

दो में से छाँटना हो तो तू किसे छाँटेगी ?"

"क्या कहती थी ?"

"कहती क्या ? खी-खी करके चली गयी ।"

एक-एक करके सब मरीज निबट गये। लेडीज का समूह भी एक के बाद एक धूप के चश्मे लगा-लगाकर अपनी गाड़ियों में जा बैठने लगा। कर्तव्य की पाबंद उसकी माँ पर हमेशा की तरह ताला लगाकर समापन करने का दाय था। एक-एक कर सब गाड़ियाँ चली गयीं। माँ सबके बाद ताला लगाकर बाहर आयी। थका होने के बाद भी उसका चेहरा आत्मगौरव से खिला हुआ था। "चल," माँ ने कहा। लगभग उसी से तुक बिठाती हुई-सी आवाज के साथ—'धप्प !' रबर की एक गेंद टप्पा खाकर उनके पास आ गिरी। उसके पीछे-पीछे तीर की तरह एक नन्हा बच्चा अपनी खाकी खुसनिया निक्कर ऊपर करता हुआ। उसकी नन्ही जूड़ी शायद सुबह-सुबह की कंघी कर बाँधी गयी होगी, पर इस वक्त उससे कई नन्ही सुनहरी लटें निकलकर प्रभामंडल की तरह बिखर आयी थीं। बच्चे का भोला निष्पाप चेहरा देखते हुए सुनील ने माँ की ओर ताका। अब वह जरूर रुक जायेगी। हाँ, वह रुक गयी थी। बच्चों को लेकर माँ हमेशा भावविगलित हो जाती थी।

"क्या नाम है तुम्हारा ?"

माँ के स्वर में पुचकार शीरे की तरह भरी थी।

"जीत ! ओ काक्के, रोटी खाणी की नईं तैंनें ?" चुन्नी से सर ढके एक लंबी-चौड़ी महिला ने पास के दरवाजे से जोरों से पुकारा।

"नईं खाणी"—बच्चे ने अपनी तीखी आवाज में ढिठाई से कहा और सुनील की माँ की ओर देखकर हँस पड़ा। अपनी माँ को खिझाने में सुनील की माँ उसकी गुप्त कामरेड बन गयी थी। सुनील ने देखा, वह महिला कभी लहीम-शहीम भरे बदन की स्वामिनी रही होगी। पर इस दम उसके मुझसे कपड़े उसके हड्डिहा ढांचे पर झूलते थे। उसका चेहरा पीला-निष्प्रभ था और जबड़े की हड्डियाँ चल रही थीं, ज्यों तनाव से पिस रही हों।

"मर जाणे, ठैर, अभी बताती हूँ। गैरों के बीच बैठ-बैठ के मत्था तेरा···" महिला लपक आयी। जीत माँ की ओर मुस्कराहट फेंककर एक नकली आत्म-विश्वास से अपनी गेंद को टप्पे देने लगा, जैसे कि कह रहा हो, कर लो, क्या करती हो, मेरे दोस्तों के आगे !

आतंक से जलते-बुझते सुनील ने देखा कि उसकी बेवकूफ माँ परे होने की जगह, अपना दामी चमड़े का बटुआ खोलकर उसमें से कुछ निकाल रही है। हे

भगवान, यह मूर्खा इस बच्चे को कुछ पकड़ा न दे, जैसी कि इसकी आदत है। बच्चे की माँ का क्रोध से भभूका चेहरा पास आ रहा था। "माँ !" अपनी आवाज में जितनी चेतावनी भर सकता था भरकर सुनील फुसफुसाया, पर माँ ने तब तक दो टॉफियाँ निकाल ली थीं। "रेजगारी की जगह सब यही पकड़ा देते हैं आजकल, आज काम आ गयीं।" सुनील की ओर भोले विश्वास से हँसकर माँ ने कहा और मुट्ठी जीत के आगे खोल दी।

"तड़ाक !" एक तमाचे से माँ की गोरी कलाई टहनी की तरह चटखकर परे हुई। दो-तीन काँच की चूड़ियाँ तड़ककर नीचे गिरीं। और 'तड़ाक' दूसरा तमाचा जीते पर पड़ा। फिर तीसरा। फिर चौथा।

"कमीने ! उनका दिया खायेगा ? अब भीख माँगना भी उनसे सीखेगा ?" बिलबिलाते बच्चे को घर के भीतर धकेल हड्डिहा कूल्हों के चकले विस्तार पर हाथ धरकर वह स्त्री फिर पलटी—"कुत्ती ! ये भीख-भूख देनी हो तो जाके अपनों को दे। हमारे बच्चों से परे रह !" फिर धाड़ से दरवाजा बंद हो गया और साँकल चढ़ाये जाने की आवाज आयी—खड़ाप् !

"हो गयी शांति तुम्हें ?" सुनील कमर पर हाथ रखकर माँ की ओर घूमा—"अब खड़ी क्या हो ? चलो घर ! अपना ड्रामा तो पूरा कर लिया तुमने !"

पर माँ की ओर नजर पड़ते ही वह स्तब्ध रह गया। कुछ मिनट पहले आत्मविश्वास और गर्व से दमकता चेहरा न जाने कहाँ खो गया था, और उसकी जगह एक पगलाया-सा बूढ़ा चेहरा उसे, न देखने वाली आँखों से ताके जा रहा था। चेहरे का रंग कागज की तरह सफेद था और उसमें विक्षिप्त आँखें लुढ़कते कंकड़ों-सी चंचल लग रही थीं।

"घर चल !" उसे लगा माँ के मुँह से शब्द बमुश्किल निकल रहे थे, मानो उसकी जीभ फूलकर पूरे मुँह में भर गयी हो। बटुआ खुला हुआ ही जमीन पर गिर पड़ा था, हाथ की घड़ी भी, पर माँ को उसकी सुध नहीं थी, शायद उसे पता भी नहीं चला होगा।

झुककर सुनील ने माँ की घड़ी उठा ली, फिर बटुआ, और फिर उसने घड़ी उसमें डालकर बटुआ बंद करके एक हाथ में थमा लिया और दूसरे हाथ से माँ की कुहनी पकड़ ली—"चलो।"

"घर चल," माँ ने फिर उसी अटपटी पथरायी जाती बोली में दोहराया। उसके पैर आड़े-तिरछे पड़ रहे थे, बिना क्रम के, बिना संतुलन के। उसके घुटने जैसे रबड़ के बने हुए हों।

अच्छा हुआ कार का दरवाजा बंद नहीं था। खोलकर उसने माँ को एक तरह से उठाकर ही सीट पर डाल दिया। अस्तव्यस्त-सी वह तुरंत पसर गयी

जैसे उसकी हड्डियाँ तक गल चुकी हों। दूसरा दरवाजा खोलकर सुनील सीट पर आ बैठा और उसने गाड़ी स्टार्ट की।

"धड़" माँ ने फिर सयत्न दोहराया और आँखें मींच लीं। सीट पर गुड़ीमुड़ी पड़ी माँ एक नन्ही टूटी गुड़िया लगती थी। 'माँऽ', सुनील ने कहना चाहा, प्यार, क्रोध और करुणा से तार-तार होते। पर माँ थी कहाँ? क्षमाहीन धूप में अवसन्न-शिथिल पड़ी सड़क की काली लंबाई नापती भागती हुई एक मोटर थी, और उसके भीतर परछाईं से उकड़ूँ बैठे दो नगण्य मानव आकार। बस।

लेडीज टेलर

यूँ तो गर्मियाँ हर बरस ही आती हैं, पर उन गर्मियों में जैसा सूखा पड़ा था, वैसा शहर में किसी ने कभी नहीं देखा था। साल-भर पानी के नाम पर कहीं एक बूंद भी टपकी हो तो राम कहो। पहले बगीचे सूखे, फिर घास, फिर पेड़ों के पत्ते और अब रेगमाल जैसी खुरदुरी धूल की एक जीभ दिन-भर पूरे शहर को चाटती रहती। खुश्की और गर्मी से सब तड़कने लगा था। दीवारों का पलस्तर, दरवाजों का रोगन, पैरों-तले की एड़ियाँ, चेहरों पर की खाल। और तो और, हलक के भीतर उतरके यह खुश्की फेफड़ों में भी जम गयी थी। बातचीत करते वक्त टेंटुवे में ऐसी धाँस उठती, ऐसी धाँस उठती, जैसे तंबाकू की पीक उगलने की बजाय निगल ली हो। लोगबाग आधी ही मन की कह पाते कि खाँसियाँ छिड़ जातीं और बात बाहर की बाहर, भीतर की भीतर ही रह जाती।

जभी सूखे भूसे के ढेर में चिंगारी-जैसी वह खबर लपलपाकर पल-भर में सारे शहर में घूम गयी।

कि कन्या पाठशाला की मास्टरनी को शाम के टैम टूशन पढ़ा के आते बखत 'उन' लोगों के आदमी ने छेड़ दिया करके। अब छेड़ा भर, कि बदफेली जैसी भी कर दी, क्या पता? सुना जोर-जोर से रोती मास्टरनी बदहवास जैसी बचाओ-बचाओ जैसा कुछ कह रही थी करके, पर उस बखत वो बदहवास-सी अपने घर की खिड़की में ही आकर खड़ी हो चुकी थी, सो बचाओ जैसी बात का खास मतलब नईं रह गया ठहरा। अब पूछे कौन जाके विस्तार से? बिना शादीशुदा औरतजात हुई। मुक्ख से पूरा जो क्या कह सकने वाली हुई वो बेचारी?

तो उस दोपहर डिलाइट होटल के हॉल में बैठे लोगबाग आसपास कुर्सियाँ और मुंडियाँ जोड़े एक छत्ता बनाये इसी के भुनभुन चर्चे कर रहे थे। सिर्फ बात की कोई चश्मदीद किस्म की जानकारी नईं मिल पा रई थी कि आखिर बात बढ़ी किस हद तलक थी? मास्टरनी को महज कुहनी-भर मारी गयी, कि साड़ी का पल्लू-बिलाउज बगेरे भी फाड़ा गया, कि···कि···कि···? हवाबंद कमरा उत्तेजित

भीड़ के पसीने, गुलगुलाए जा रहे जर्दे और पायरिया की मिली-जुली महक से महँमहाँ उठा था। रसोई से उठती तड़के की चिकनी बासें भी उसमें बीच-बीच में आकर जुड़ती जातीं।

"इतनी हिम्मत वो लोग नई करेंगे," बूटे से कद और औरताना हावभाव वाला लेडीज टेलर जो अपनी बगल की दुकान से यहाँ आकर चाय पीने आ बैठता था, बोला। टेलर के गले में नपना फीता डाक्टरी आले की तरह झूलता रहता और मोतियाबिंदी चश्मे के पीछे उसकी आँखें उबले अंडे-सी भावहीन लगती थीं। गये बरसों डबलरोटी लाने गया उसका बेटा मिन्नी बस से कुचल के मारा गया था, तब से अक्सर वह अपने आपसे बोलता रहता था। इसी से इस बखत उसकी बात को किसी ने खास कान नहीं दिया। वैसे आदमी भला था। वह और उससे पहले उसका बाप डिलाइट होटल के बगल की दुकान में अपना पुश्तैनी काम करते आ रहे थे। शहर की पुरानी रिहाइश थी। बाप-बेटे सबसे दबकर अदब से जात की औकात के भीतर रहते थे।

"मास्टरनी को भी मैं जानता हूँ और उसको भी। पढ़ा-लिखा लौंडा है, काम से काम रखनेवाला। वो मेरे लड़के का दोस्त था। ऐसी हरकत कभी नहीं करेगा।" लेडीज टेलर ने फिर से हल्की आवाज में, पर दृढ़ता से दोहराया। उसका साँवला चेहरा सुई की तरह चमक रहा था।

"दोस्त की तोठीक है, पे तू क्या जानता है, मास्टरनी के मामिले में? आयं?" तीली से दाँत खोंटते होटल के मालिक का मुँह डकार के साथ विकृत हुआ—मालिक अजीर्ण का पुराना मरीज था और उत्तेजना में डकारें लेने लगता था—"हें? तू था क्या वहाँ पे उस टेम?"

"भाई वो ठहरी चालीस-पैंतालीस की बुजुर्ग औरत—'उस' की तो अम्मा लगती है। जभी तो मैंने कई, अगर हमें पता नई की मास्टरनी के संग क्या हुआ, और वो लौंडा जो कै रिया है कि मैंने कुछ नहीं किया तो उसकी कुछ परतीत तो करनी ही चाइये, नई?"

"परतीत की'''अरे उस लौंडे ने कई, औ' तुमने सच मान ली? पे अपनी कौम की औरत की बात को झूठी कहोगे, ऐं?" चाइना सिल्क का तनिक गदा और मुसड़ा पजामा-कुर्ता पहने युवक गुर्राया। उसका तमतमाया मुँह मार पान-मसाले से भरा हुआ था। वह गली के नुक्कड़ पर वीडियो पार्लर चलाता था और उसकी दुकान में तेज-तेज आवाज में गीतों वाले कैसेट दिन-रात बजते रहते थे। सब जानते थे कि वह धड़ल्ले से ब्लू फिल्में 'दिखाता-बेचता है।

"तो तेरे बेटे के यार ने नई किया तो किसने किया, अंय? जब तुम हर मामले

में पक्का जानते हो कि किसने किया, किसने नईं किया तो जरा इस मामिले पे भी परकास डाल दो।" युवक व्यंग्य और खुश्की से खाँसने लगा तो उसका तमतमाया चेहरा और भी भभूका हो गया।

"अरे इनकी जात तो लगाने-बुझाने में माहिर होती ही है। क्या ठिकाना कि असली मुजरिम को इन्हीं ने चुप्प से शहर के बाहर कर करा दिया हो।"

उस गंध-भरे कमरे में गर्मी और भीड़ की कनफुसकियों के बीच घिरे लेडीज टेलर का पतला चेहरा डर से रक्तहीन लगने लगा था। उसने फीता घड़ी करके पाकिट में डाल लिया—"अरे भाई, मैं गँवार क्या जानूं कि किसने किया, क्या किया। मैं तो बस जेई कै रिया था कि पहले तफसील से पड़ताल करा लो कि कुछ हुआ भी है के नईं? अब तुमें नईं लगता कि चालीस-पैंतालीस की अधेड़ औरत पे एक जवान आदमी क्योंकर···?"

"तो तेरा मतलब है कि हम लोगों की जात में औरतें झूठ बोलती हैं? और उनके लौंडे-लपाड़ियों ने सच बोलने का···क्या नाम, ठेका ले रखा हैगा?" चाइनीज़ सिल्क का सूट जातीय आक्रोश और स्वाभिमान से तने हुए रबड़ बैंड की तरह टंकारा। लेडीज टेलर कुछ देर नतमस्तक भीड़ की हिकारत-भरी चुप्पी से घिरा खड़ा रहा। उसकी सँवलाई रंगत बुझ गयी थी।

"अरे ऐसी साली गर्मी में गर किसी मरद का माथा गरम हो जाय तो क्या बूढ़ी क्या जवान···" किसी स्थानीय मसखरे ने बात रफादफा करने के प्रयास में खोखला ठहाका लगाया, पर उसकी चुटकी पर कोई हँसा नहीं।

"देखो भैया, मैं किसी को तोहमत नहीं लगा रिया," लेडीज टेलर ने हाथ जोड़ दिये—"मैं तो बस यई इल्तेजा कर रिया था कि मास्टरनी ठहरी औरतजात औ' सो भी अकेली···हो सकता है···खामखा डर गयी हो, परछाईं-उरछाईं से···"

"अबे जा बे परछाईं के बच्चे। रोजी-रोटी कमायेगा साले हम लोगों से, और पच्छ लेगा उनका? अभी तू तनी जा के बैठियो उनकी गली में कपड़े सिलाने, उनके अपने टेलरों ने तेरी काट-छाँट न कर दी तो कैना। कभी आते हैं अपने वाले टेलरों को छोड़ के तेरे कने वो लोग?"

"ये तो अब हम लोगों की इज्जत का मामिला हो गया है जी," चौड़े चकले थाल जैसे चेहरे वाले फ्रूट-जूस मार्ट के सिंधी ने अपनी मोटी रोमश भुजा ध्वज दंड की तरह ऊपर तान दी—"उन्हें हमें अपने बाजुओं का जोर दिखाना ही होगा कि क्या नाम अपनी माँ-बहनों को छेड़ने वालों को। हम बखशते नहीं। क्या हुआ, जो चंद किया नाम, विभीषण भी हेंगे अपने यहाँ? अपनी माँ का दूध पीने वालो, याद रखो यह अपने दूध का मोल चुकाने का मौका है। उठो, और अपनी माँ-बहनों की अस्मत बचाओ। हत्तेरे की!" यह अंतिम शब्द उसने एक मरघिल्ली गाय के लिए कहे, जो मालिक की गैरहाजिरी में उसके गाजर-संतरों के ढेर पर

मुँह मार रही थी। भीड़ में हँसी की एक हल्की लहर काँपी, फिर बिला गयी। उस ठंडी खुश्की में तनाव जमकर इतना सख्त हो आया था कि चाहो तो चक्कू से टुकड़े काट लो। चकाचक।

तभी बाहर मोटर साइकिल रुकने की आवाज आयी और सभी गर्दनें एक साथ दरवाजे की ओर जा मुड़ीं। कुर्ता-पाजामा और शाल से लैस एमेले जी महोदय का भांजा छुन्नन मोटर साइकिल की चाभी उँगलियों पे छुन्ना-छुन्ना सुदरसन चक्र की नाई घुमाता खड़ा था। नाम तो उसका बड़े चाव से कुछ और रखा गया था, पे जल्दी ही ऐमेले घराने के इस सपूत ने पालने से ऐसे पैर निकाले कि गजब। पढ़ाई-लिखाई में गांधी डिवीजन वाला शुरू से, पर दुनियादार बाप ने हैडमास्टर के घर का टूशन लगवा के और हैडमास्टर साहब की संगीतप्रेमी घरवाली को तरे तरे के रिकार्ड के तवे बमय बाजे के प्रेजेंट करके, इंटर की लग्गी लगवा ही दी। आगे मामा हुए ही सँभालने वाले। इस तरह चाभी खनखनाता एमेले मामा वाला वह भांजा मोहल्ले के लौंडों का नेता 'छुन्नन गुरु' बन गया था।

"सुना आप सबने कि क्या हुआ?" गुरू ने बुलकारा। वह कहने के लिए नहीं, सुने जाने के लिए बोलता था।

"जेई तो, जेई तो," मारे उत्साह के वीडियो पार्लर वाला चाभी-भरे मशीनी पिल्ले की तरह फुदकने-कूकने लगा।

"उस्ताद, ठीक जेई मैं भी कै रहा था कि जात की इज्जत, बिरादरी की नाक होती हैंगी हमारी माँ, बहनें, जिन्हें क्या नाम आप यूँ अपवित्र किया गया हैगा··· थू···है हमारी मर्दानगी पे।"

"क्या उसनें एक से ज्यादे को···?" एक बेवकूफ से आदमी ने अपनी मोटी आवाज में पूछ लिया, फिर सकपकाकर, कछुए की तरह अपनी कमीज के भीतर सुकड़ गया। भीड़ ने उसे घृणा से देखा।

"अबे औरतें एक हों कि दस। बात मरदों की सोसैटी में इज्जत की होती है। है कि नहीं?" छुन्नन गुरु के समर्थन में भीड़ ने पहले दो-तीन सिर हिले, फिर चार-पाँच। अब तक भीतर कैंटीन से गंदी बंडियों-निक्करोंवाले छोकरे भी बहस सुनने को अपने पीले-पीले दाँत निपोरे कमरे के खंभों, दरवाजों से छिपकलियों से चिपककर खड़े हो गये थे।

"हमें बदला लेना ही होगा," छुन्नन गुरु ने गंभीर घोषणा से अपना भाषण समापन किया। भीड़ बर्खास्त होने लगी। लेडीज टेलर ने भी अपनी चाय की अठन्नी काउंटर पर रखी और नीचे झुककर पॉकेट से गिरा हुआ नापने का फीता उठा लिया।

"मैं तो फिर बिती करता हूँ आप लोगों से, तनी आगा-पीछा सोच के, सही बात की तफ़तीश करके ही···"

छुन्नन गुरु की चाय आ जाने से उसकी बात आधे में ही रह गयी। फीता लपेटता लेडीज टेलर चुप हो गया।

"क्या सच में कुछ हुआ भी ?" भीड़ में से एक नीली कमीज वाले शख्स ने पूछा, जो ते नहीं कर पा रहा था कि सच क्या है और क्यां झूठ। शरीर से वह दुबला-पतला था और उसके चेहरे की गहरी सलवटों से लगता था कि कभी वह हृष्टपुष्ट रहा होगा, पर आज वह किसी निरंतर तकलीफ देने वाले गंभीर किस्म के मर्ज का रोगी है।

"लेडीज टेलर जो कहता···" यहाँ आते-आते उसकी खाँसी छूट गयी और खुश्क खाँसी का दौर खत्म होते-होते वह हाँफने भी लगा था। किसी छोकरे ने उसे पानी का गिलास ला दिया।

छुन्नन गुरु ने झटके से कुर्सी पीछे की, उठा और स्कूटर की चाभियाँ जेब से निकालकर ड्रामाई अंदाज में लहरा दीं।

"सच में क्या हुआ, क्या नहीं हुआ, ये पता लगाने में हम लोग वक्त क्यूँ जाया करें ? असल में ऐसी खबरों के उड़ने का सीधा मतलब ये होता हैगा कि उधर कुछ खिचड़ी जरूर पक रही है, बात को अभी जड़ से खोदना होगा ? उनकी ये मजाल ? माना कि आज खबरैं उड़ा दी हैं, पर कल ये भी तो हो सकता है कि वो ऐसा करने पेई उतर आयें ?"

वीडियो पार्लर वाला पीक समेत गुलगुलाया—"कब से मैं ये ही तो इन्हें बताना चाहता था। आपने तो गुरु मेरे मूँ की छीन ली।"

"पर सच में हुआ क्या था ? क्या याँ पे किसी को पक्का मालूम है ?" नीली कमीज वाला पानी के घूंट से अपनी सूखी खाँसी को तर करके अपने निरतर दर्द और संशय के खारे समंदर में लौट आया था, पेट पर हाथ रखकर उसने विकृत मुँह बनाया, शायद उसे मितली आ रही थी।

"सच-झूठ गया भाड़ में, तो भाइयो, तुम्हें जमीर की कसम है अपने। यहाँ जो भी माँ-जाया हमारे संग है, उनसे बदला लेने के लिए, सो हाथ उठाये।" छुन्नन गुरु का चेहरा इस फिल्मी तहरीर के साथ बोटी चुभलाते आवारा कुत्ते का-सा खूँखार हो आया था। पहले चाइना सिल्क वाला आगे आया, फिर फ्रूट जूस वाला।

"याद रखो, जो आज हमारे साथ नहीं, कल अगर उसकी माँ-बहन की बेइज्जती होगी तो पायेगा कि वह अकेला खड़ा है।"

तीन-चार अन्य लोग निःशब्द सामने आ गये।

"चलो।" छुन्नन गुरु और अन्य चार लोगों के पीछे स्पिरिंगवाले किवाड़ एक

बम की-सी धमक से आ जुड़े । खड़ाप्प । कुछ देर तक कमरा उन दरवाजों के साथ निःशब्द काँपता रहा ।

"हे भगवान्, क्या जमाना आ गया है, अपनी ही गली मुलक में माँ-भैनें सुरक्षित नहीं ।" होटल वाले ने फिर एक डकार ली और मुड़कर गालियाँ निकालते हुए छोकरों को जोर-जोर से काम पर हाँकने लगा—"यहाँ फिलम लग़ी है कोई क्या ? चलो किचिन में ।"

"क्योंजी, क्या सचमुच मास्टरनी के साथ वो बात हुई होगी ?" एक नये आये छोकरे ने पैंट्री में सीनियर छोकरों से पूछा। उस नर्क सरीखे अँधेरे और गंदे कमरे में वे सब बैठे गर्म-गर्म आलू छील रहे थे । आलुओं की भाप से चमकते उनके मैल-भरे चेहरों पर एक विकृत पीली स्मित फैल गयी ।

इसदम वे इंसान कतई नहीं लगे थे ।

"जा पूछ आ न अपनी माँ से ।" इस बात पर ऐसा ठहाका लगा कि बेचारे छोकरे ने अकबकाकर हाथ पतीले में डाल दिया और देर तक फूः फूः करता रहा ।

इस सारे नाटक का केंद्र बी० ए०-बी० एड० मास्टरनी सुमनलता कुलीन घर की सातवीं लड़की थी । उसका परिवार कुल संबंध से ठीकठाक होते हुए भी रुपये-पैसे की तंगी से एकदम दबा हुआ था । जैसे-तैसे छः कन्यारत्नों को विवाह-वैतरणी पार कराने के बाद उसके मास्टर बाप ने चौंतरे पर अखबार साझी करते हुए ऐलान कर दिया कि क्या नाम आजकल लड़के-लड़की में फरक ही क्या है ? उसे पढ़ाओ-लिखाओ ? नौकरी पर रखाओ । शादी ऐसी जरूरी भी तो नहीं ?

मास्टरनी को जो बी०एड० में दाखिला करा दिया गया था, देखने-सुनने में वह साँवली रंगत के बावजूद तब तक छबीली ही लगती थी । मुहल्ले के कुछ लड़के दबे स्वर में उसे अभिनेत्री नूतन की जुड़वाँ कहते । सुनते-सुनते उसने अपने को नूतन के फिल्मी रोलों के समानांतर ढालना शुरू भी किया । वह नूतन की कोई पिक्चर नहीं छोड़ती । सुबह नहाते वक्त टीन के टट्टरों से जैसे-तैसे बनाये गये संडास के भीतर, गीले फर्श से साड़ी बचाते वह अपना तनिक लंबूतरा चेहरा तनिक तिरछा कर अपनी सारी संवेदना आँखों में उँडेलकर घर के इकलौते दर्पण में नूतन की तरह झाँकती । दर्पण पुराना था और मसाला खराब हो जाने के कारण चेहरे को टुकड़ों-टुकड़ों में ही चेहरा दिखाता था । अपनी उस टुकड़ा-टुकड़ा नूतन-पहचान को ही देर तक इधर-उधर जोड़-जोड़कर मास्टरनी तब तक परखती रहती, जब तक बाहर से अधीर हाथ कर्कश साँकल न खड़काने लगते । फिर कुछ समय को उस लंबे बाल वाले बंगाली म्युजिक मास्टर के साथ उसका नाम जोड़ा जाने लगा था,

जो छुट्टी के दिन आवश्यक देरी तक अपना हाथ कुमारी शिष्या के हाथों पर रख-कर उसे हरमुनिये की चाबियाँ समझाता पाया गया था। उन्हीं दिनों मास्टरनी को लाल पाड़ की बंगला साड़ियाँ पहनते भी देखा गया था। और कन्या पाठशाला के वार्षिकोत्सव में तो उसने एक भावभरा बंगाली गाना भी सुनते हैं कि गाया था। पर फिर तभी मास्टर का तबादला हो गया। लोगों का कहना था कि मास्टर की जबरजंगी विधवा माँ ने कलकते से आके जो अपने इकलौते लड़के के घर ये रासलीला होती देखी तो आनन-फानन बेटे का बिस्तरा बँधवा दिया और टप्प चील-जैसी टीप ले गयी उसे दूसरे शहर को। और तब अंत में वहाँ जिसे मास्टरनी ही बनना था, मास्टरनी बन ही गयी। धोतियों की रंगीनी जाती रही। गलत हिज्जों वाले निबंधों और चाक से सलेटी हुए श्यामपटों के बीच धुँधलाता उसका चेहरा स्याह, सूखा और बीरान होने लगा।

इन्हीं दिनों उसे हिस्टीरिया का पहला दौरा पड़ा था। स्कूल की प्रार्थना के दौरान—'यह शक्ति हमें दो दयानिधे,' गाते-गाते जब अचानक उसकी दाँती भिच गयी थी और कुछ ऊलजलूल चिल्लाकर वह धड़ाम-से मैदान पर औंधी गिर के बेहोश हो गयी थी, तब उसे तुरंत स्टाफ रूम में ले जा के गरम चाय और हाथ-पैरों की मालिश से चैतन्य किया गया था और दो मास्टरनियाँ रिक्शे में अगल-बगल बैठ के उसे घर पहुँचा गयी थीं। जिन्होंने उसे उस दिन देखा था, कहते थे बिल्कुल निचोड़े लुगड़े-जैसी हो रही थी बिचारी, करके। क्या कहो, बिचारी ही ठहरी जी वह।

फिर उसके बाप को फालिज हो गया, माँ पहले से ही सुरपुर चली गयी थी। बहनें ससुराल वाली हुईं। सो मास्टरनी बिचारी स्कूल से पहले भी बूढ़े की तीमार-दारी करती—वापस आके भी। छुट्टी के दिन भी उसकी छुट्टी नहीं। न पिकनिक, न सिनेमा। गुम्म-सी हो गयी थी वह। अब तक स्कूल में लड़कियाँ भी मास्टरनी जी के नाम से खौफ खाने लगी थीं। उनके लिए वह सख्ती बरतने वाली टीचर थी, जो चूस-चूस के नंबर देती थी और तनिक-सी गलती होने पर पूरे पन्ने पर ऐसी जोर से गाढ़ा लाल क्रोस बनाकर लिखती 'फिर से लिखो,' कि कई बार हकबकाई पेंसिल ही टडंग हो रहती। रात को न सो पाने की वजह से मास्टरनी की निश्रम आँखों के गिर्द स्याह गढ़े स्थायी होकर रह गये थे। बालों में चाँदी के तार भी कभी-कभार दिखने लगे।

फिर तभी एक दिन खबर हुई कि मास्टरनी बालों में खिजाब लगाने और रंगीन-मंगीन साड़ियाँ पहनने लगी है करके। अब तक उसका बूढ़ा बाप बेटी की जवानी को कलपा-कलपाकर चल बसा था। बस एक ही कृपा करी थी उसने कि मरते दम मकान मास्टरनी के नाम लिख गया। हाँ, तो खिजाब के उन्हीं स्याह-सफेद दिनों के बीच एक अधेड़ मेडिकल रिप्रेजेंटेटिव अक्सर मास्टरनी जी के घर

देर गये बैठनें लगा था। गंदुमी रंगत का ऊँचा पूरा पुरुष। बदन पर कपड़े भी हमेशा तने-तने से रहते। मास्टरनी सुना उसे लौपचू चाय पिलाती थी। शहर को फिर एक बड़े धमाके की उम्मीद होने लगी। फिर एक दिन वह ऊँचा पूरा गबरू गायब हो गया। फिर दोबारा दीखा तो इधर-उधर दवा की दुकानों में लिस्टें मिलाता हुआ। सुना उसके बीवी और जवान होते बच्चे दूसरे शहर में रहते थे, और वह आधे किराये पर उनके लिए मास्टरनी के घर की दुछत्ती किराये पर लेना चाहता था। जभी इतनी लल्लो-चप्पो ठहरी। मरद और साँड़ की जात जरा नजर बची, तो इधर-उधर मुँह मारने से बाज जो क्या आने वाले हुई?

उन्हीं दिनों घी वाले लाला की दुकान पर मास्टरनी को हिस्टीरिया का दूसरा दौरा पड़ा था। गनीमत थी कि दो-एक लुगाइयाँ थीं उस बखत दुकान पे। लकड़ी की बेंच पे उसे लिटा के छींटे-छींटे मारे गये, तब जो दँसेक मिनट में होश आया उसे। फिर भी देर तक गुम्म जैसी ही बैठी रही वो बेचारी। मेडिकल रिप्रेजेंटेटिव को सुना, कहीं और मकान मिल गया था और अपना परवार ले आया था वो। लुगाइयों की मार्फत सब सुना कि बड़ी सुंदर थी उसकी लुगाई। तब से अकेली ही रहती थी मास्टरनी।

भीड़ के कुछ समझदार लोग पहले ही इधर-उधर हो लिये थे। फिर डिलाइट होटल से छुन्नन गुरु की अगुआई में नरपुंगवों का महिला संरक्षक दस्ता भी नाक-कान से चिंगारियाँ छोड़ता बाहर हो गया तो कुछ देर चुप्पी बनी रही, फिर अचानक बचे-खुचे लोग भी अपनी खुदुर-बुदुर में लग गये।

चाय के पैसे तो दे ही दिये थे। टेलर भी झटपट अपनी दुकान पर चला गया। वहाँ जाकर पहले उसने मशीन पर ढक्कन लगाया, फिर तुरपन करते छोकरों को हिदायतें दीं और बगल में लांड्री वाले से 'जरा नजर-रखना यार,' कह के वो फिर छुन्नन गुरु के उसी गुट के पीछे लग लिया। अब तक दिन ढलते निहायत फीकी और खुश्क-सी एक अजब हवा बहने लगी थी। जोर से साँस लो तो लगता था सीने में पीक अटक गयी है। न उगल सको, न निगल सको। धूल की चादर तले पेड़ों के पत्ते, टहनियाँ घास सब सलेटी नजर आते थे। फूटे काँसे के कटोरे-सा तपता सूरज आसमान के कोने पर झाँक रहा था।

छुन्नन गुरु के दरवाजे पर लेडीज टेलर एक क्षण को ठिठका, फिर सीधा जूते उतार के बैठक में चला गया।

"आ गये न हमारे साथ? शाबाश।" छुन्नन गुरु ने हीरो की मुद्रा में शाल सहेजते उसे बैठने का संकेत किया। अपनी हँफनी दबाते टेलर ने ससंभ्रम इधर-उधर ताका। सारे चेहरे भिंची हुई मुट्ठियों की तरह बंद थे।

"मैं तो जेई कहने भागा आया हूँ भइया कि मुझे अभी भी पक्का यकीन हैगा कि उस लौंडे ने ये काम नहीं किया। उस मास्टरनी को हो न हो ये हिस्टीरिया का तीसरा दौरा पड़ा हैगा। याद नहीं दूसरे दौरे में वो घी वाले की दुकान में—'आ गये ''आ गये!' चिल्ला के कैसे बेहोश हुई थी? सब जानते हैं कि…"

"हाँ हाँ जानते हैं जी," फ्रूट जूस वाले ने उसकी बात को मक्खी-सा छिटक दिया—"हम तो बस इस उपलक्ष में उस लौंडे का और उसके होते-सोतों की तनिक पूजा करने वाले हैं, बस। आरती पूजा का सारा समान गुरु ने पहले ही जमा कर रखा है। उसने बगल की कुठरिया की ओर इशारा किया। फिर वे सब खी-खी हँसने लगे। अचानक छुन्नन गुरु तेजी से आगे झुके और उन्होंने टेलर पे चील-सी नजरें गाड़ दीं—"सुन बे टेलर, अगर वो लौंडा तेरा यार-दोस्त है तो उसे बता देना कि बहुत महँगी पड़ेगी उन सबको हमारी कार्यवाई। समझे? जो हमें छेड़ेगा सो पछतायेगा।"

"चलो जी चलो। तो साढ़े दस की रही फिर?" फुग्गे से फूले बालों के झटके के साथ छुन्नन गुरु की सभा बरखास्त हो गयी। टेलर चुपचाप बाहर निकल आया और देर तक दुत्कारे कुत्ते-सा पुलिया पर बैठा रहा।

बाहर का अँधेरा एक अजीब खुश्क ललाई लिये था। एक निष्प्रभ चाँदनी पेड़ों पर फैलने लगी थी। मच्छर बेहद थे—इस खुश्क गर्मी में भी। टेलर ने क्रोध से अपने ही गाल पर भरपूर तमाचा मार दिया, चटाक्!

उस दिन कागज-पत्तर सँभालती मास्टरनी को सोमवार तक कोर्स पूरा कराना था। देर तक वह खिड़की के बाहर ताकती रही। लटकते बारजों के परे ठंड में जड़ाते कोई बेघर पिल्ले कातर सुर में रिरिया रहे थे। काम और थकान से मास्ट-रनी का माथा फटा जा रहा था, पर अभी उसे पर्चों की पड़ताल करनी थी, कापियाँ जाँचनी थीं, कल के कपड़े निकालने थे। बाऊजी का श्राद्ध आ रहा था, एडवांस-वह सिर थाम कर बैठ गयी। बाद में बरतन वाली का कहना था कि ऊँची-ऊँची आवाजें सुनके उसने भीतर झाँका था, तो क्या देखती है कि मास्टरनी फर्श पर रो-रोकर अकेले बेहाल हुई जा रही है। फिर उसकी दाँती भिंच गयी थी और गले से गोंगों जैसी होने लगी। और वह भागकर पड़ोसिनों को गुहारने जा निकली। क्यों नहीं? सबने भेदभरी नजरों से परस्पर ताका था—जो बिचारी पे गुजरी है वही जानती है। नाश हो उनका।

लेडीज टेलर अपने अँधेरे घुटन-भरे कमरे में दस बरस पुराने कलेंडरों के बीच

लेटा उस रस्सी को देख रहा था, जो कमरे के आर-पार बूढ़े धनुष की जर्जर डोरी-सी तनी हुई थी। कुछेक तहमदें, एक पैंट, एकाध बनियान उस पर मुसड़ी हुई पड़ी थीं। स्टोव की भर्र-भर्र से उसकी कनपटियाँ चुनचुनाने लगीं।

"बंद भी करो ये भर्र-भर्र," वह पत्नी पर गुर्राया। पर पत्नी ने कोई जवाब नहीं दिया। स्टोव की लौ के पार शायद उस तक पति की बात पहुँची भी नहीं। स्टोव पर उबलती खिचड़ी के इंतजार में बच्चे उसके पास जाने कब से भूखे बैठे थे।

"अम्मा।" सहमा-सा बड़ा बच्चा माँ के पास आके फुसफुसाया—"उधर देखो, नीचे गली में वो लोग कनिस्तरों में क्या ले जा रहे हैं?'

"मुझे नईं पता, चल हट दिक मत कर। एक तो वैसेई सर्दी से नाकों दम हैगा।"

बच्चे निर्निमेष नेत्रों से नीचे गली में झाँकने लगे। खिचड़ी अब खिंचने को रख दी गयी थी। "आओ खा भी लो अब।" पत्नी की गुहार पर बच्चे तो पिल्लों की तरह लपक आये पर उनका बाप 'लेडीज टेलर' निस्पंद लेटा ही रहा, ज्यों मर गया हो।

बच्चों के खा चुकने के बाद उसकी बीवी ने क्रोध से बुड़बुड़ाते हुए बची खिचड़ी बाहर नाबदान में लौट दी। "न खायें मेरी बला से। अरे दुनिया-जहान के लोग तुम्हारे खौफ से अपना काम ठप्प करके बैठे रहेंगे क्या?"

उपसंहार—

जब तक देर रात गये मास्टरनी ने एक सुबकी लेकर पड़ोसियों की भीड़ के बीच आँखें खोलीं, तब तक शहर का एक पूरा मुहल्ला आग पकड़ चुका था।

गजब का सूखा पड़ा था उस साल। एक चिंगारी ही काफी थी उस गर्मी में सब कुछ राख कर देने को।

बचुली चौकीदारिन की कढ़ी

बचुली चौकीदारिन ने बाहर आकर अपनी चुंधियायी सलेटी बीनाई ऊपर गाड़ दी। चमकते आसमान के ओने-कोने में चिपके राख-रंगी बादल ऐसे लगते थे जैसे फूहड़ की माँजी कढ़ाई हो। क्या पूछना, दोपहर तक फिर ये ही सिरफुट्टे बादल पूरे आसमान में छा जायेंगे। बाजार जाने से पहले गुदड़ी-कथरी-दरी भीतर कर देनी होगी। कहीं एक बौछार भी लग गयी तो हफ्ते-भर को थरथराट पक्का, गीली गूदड़ी हो, तो रात को बंदर की तरह दाँत किटकिटाके ठंड शरीर पर दौड़ती है। धूप नहीं लगाओ, तो खटमल-पिस्सू रात-भर सोने नहीं देंगे। गूदड़ बाहर फैलाकर बचुली आमा ने मैली धोती की खूंट से बुढ़ाती आँखों की धुंध पोंछने की कोशिश की। एक लपोड जो क्या है उसकी जान को? बीमार बच्चे का साथ, और लड़कियों जैसे गीले हाड़। रात-भर बगल में सोये बच्चे की छाती के भीतर चुचाट-घुरघुराट कैसा था, जैसे गाड़ (पहाड़ी नदी) में घट (पनचक्की) चल रहा हो। रात-भर साँस को छटपट-छटपट, आमा-आमा करता अब जा के जरा निंदिया गया। बचुली पतीली में दलिया घोंटने लगी।

पड़ोस की किसी दयावती ने कटोरी भर दलिया दे दिया था—"पुरानी थैली थी बुबू (बुआ जी), उठाने में फट गयी। थोड़ा गर्दा-जैसा आ गया है, पर जरा, धो-फटक के तुम्हारे सुरिया के खाने लायक ठीक हो जायेगा।" अच्छा हुआ इन दिनों स्कूल बंद था। उद्यमी बुबू ने छुट्टी की दुपहरियों में आँखों की बची-खुची जोत समेट गर्दा, बाल और जो-जो निखद्द करकट दलिये में आ गया था, बीन-फूंककर तुरंत उड़ा दिया। अन्न ब्रह्म ठहरा जी, एक भी दाना क्योंकर फेंको? हाथी को मन चींटी को कन सब उसने दिया ठहरा। दलिया खदखदाने लगा था। तखत पर लेटा सुरिया तनिक हिला—"क्या पका रही है आमा?"

"दलिया हो गया तेरा, लाऊँ?" बुबू ने पूछा। उहुँक जैसी कुछ आवाज आयी और सुरिया ने दादी की ओर पीठ कर ली। बचुली चौकीदारिन की चुंधी-कीचड़-भरी आँखों में आँसू आ गये। दिन-दिन सूख रहा है उसका पोता, ठीक

अपने बाप की तरह। काँठे के घुरड़(हिरन)जैसी डरी-डरी आँखें जैसे पीले हजारी (गेंदे) के दो फूल हों। सींक जैसे हाथ-पैर। पंजाबी डॉक्टर कहता है, छाती में पानी भर गया है कर, रात को कान लगाओ तो छाती के भीतर बलगम च्वाँ-च्वाँ करता है। लहसुन जला के तेल की मालिश करते-करते भी रात भरी की पक्की शासना ठहरीं, जब दौरा पड़ जाये। डॉक्टर यह भी कहता है, कि लीबर भी बिगड़ गया है इसका करके। क्याऽ, लीबर-हीबर कुछ नहीं, बिगड़ा है तो सुरिया की इस निपूती राँड आमा (दादी) का नसीब ! अरे, ऐसे करम न फूटे होते, तो इस बारै बरस के बच्चे के सिर पर महतारी-बाप की छाँही नहीं होती ? ऐसे दूसरों के बच्चों की धोवन-उतरन पर, दूसरों के फटे झोले से झड़े अनाज पर पलता ये बच्चा ?

"ले लाल, ज़रा ज़ीभ पर दो बूंद ही सही, टपका तो ले ! अहा देख कैसी खुशबू आ रही—हाट् दलिद्दर मायो···" बचुली बुबू का अंतिम उद्गार पॉपी के लिये था, जो एकदम खाट के पास आकर गर्म-गर्म दलिये की भाप अपने काले नथनों से सोखती लार चुआने लगी थी।

"दे दो ना आमा, एक चम्मच इसको भी। मेरा मन नहीं है।"

"दऽ, दो ही चम्मच तो राँधा है तेरी जलमुँही आमा ने," बचुली बुबू का गला भर्रा गया—"करम अच्छे होते तो जने क्या-क्या खिलाती तुझे। ले लालो। एक चम्मच मुख में डाल तो ले।" फिर बुबू विस्तार से बताने लगी कि कैसे सुभे-सुभे अन्न पेट में नहीं पड़ेगा तो पित्त चढ़ जाता है, हाँ, फिर। सुरिया ने बड़ी मनुहार के बाद, एक घूंट पिया, फिर सरका दिया—"मन नहीं करता।"

"क्या खाने को मन करता है तब, लालौ ?" बुबू के खुरदरे हाथ शीर्ण उसके पांडुजीर्ण कपोलों पर फिरने लगे, सुरिया थोड़ी देर आँखें मूंदे पड़ा रहा, फिर अचानक दादी की ओर उठ गया—"कढ़ी खाऊँगा आमा, कढ़ी-भात। पीली, खट्टी-खट्टी कढ़ी बना के उसमें अखोड़ (अखरोट) बरोबर पकौड़ी भी डाल दे ! तब खाऊँगा। है ना पॉपी ?" पॉपी का स्नेहहीन मरुभूमि-सा अस्तित्व प्रेम की इस बौछार से एकदम हरी बनराई हो गया।

"हैं हैं, सत्यानाशी, अभी गिरा दिया था पतीला तमाम···" बुबू ने सक्रोध पतीला सरका दिया, और कमरा समेटने लगी। समेटने को था ही क्या ? एक हरे रंग का अधपिचका ट्रंक, जो सुरिया की माँ के ब्याह में आया था, दो-चारेक कनिस्तर, कालिख खाये चार बरतन, एक यह झिलंगी चारपाई और उसके नीचे छापरी में पड़े बुबू के दो-चारेक धींगड़े। थाती कहो, समान-बस्त, कहो, मिल्कियत कहो, यही हुई बुबू की कुल्ल निधि !

बचा-खुचा दलिया सुड़ेककर बुबू ने एक उसाँस ली और धीमे-धीमे जकड़ी देह को खोलती कथरी-गूदड़ समेटकर बाहर आ गयी—"आमा !" सुरिया की

क्षीण कराह जैसी आवाज सुनकर वह फिर भीतर को लपकी—"क्या है लालौ ?"

"कढ़ी बनायेगी न ?" लेटे-लेटे सुरिया ने अपनी कढ़ी जैसी पीली निगाह बुबू के चेहरे पर गड़ा दी।

"हाँ-हाँ लालौ, करती हूँ उसी का उद्यम अब! भात हो गया होगा, उसे उतार के अभी आयी मैं।" भात की पतीली अंगारों पर कर बुबू ने कमरे पर नजर फेंकी और अपनी जाँठी (लकुटी) दरवाजे के कोने से उठा ली। फटे किरमिची जूतों में फटे पैर घुसेड़कर बुबू चढ़ाई उतरने लगी। घोर चिंता से उसका मन भर गया था। कहाँ से पकायेगी इस अभागे के लिए वह पकौड़ी वाली कढ़ी ? कम ऐठम चाहिए कढ़ी को क्या ? सरसों का तेल चाहिए, बेसन चाहिएं, और चाहिए छाछ ! छौंक-भर को हींग-जीरा-मिर्च तो तिवारी की घरवाली उसके सिर फेंक भी देगी—पर बाकी चीज-बस्त ?

ढाल उतरती बचुली का पोपला थोबड़ा तीव्रगति से बलबला रहा था। तभी उसकी आँखों के आगे खुल्बे मास्टर के बाड़े से झाँकता हरा-हरा कद्दू तैर गया। रोजीना बच्चों को इस्कूल ले जाते बखत नजर पड़ती थी उसकी—कौंला फुल्यूड़ा (नन्हा फल)-सा था पहले। रोयेंदार, जैसे नये-नये बच्चे की खोपड़ी हो। धीरे-धीरे वह फूलता गया था। कम-से-कम दो रूपे में बिक जायेगा वह ताजा कद्दू, बचुली ने हिसाब लगाया। खुल्बे मास्टर का घर ढाल के बगल में ही था। पर एक दिक्कत यह ठहरी की खुल्बे की घरवाली के तो गरदन में भी आँखें हुईं। हर बखत काम-काज में पिली रहती, तब भी मजाल जो उसके बाड़े की छीमी को भी छू लो। एक-एक तुरई, एक-एक मूली की खबर रखती है वह। खुल्बे मास्टर ने भी उसकी बगिया के बगल में तार खेंचकर एक फाटक जैसा भी कर दिया है। जब-जब धूप निकले, उधड़े ऊन की लच्छियाँ फैला देती है खुल्बे की घरवाली, तार पर, फिर घड़ी-घड़ी उन्हें पलटने बाहर आती है।

"कौ बुबू, बाजार को ?" हरीदत्त होमियोपैथ चढ़ाई चढ़ रहा था। हाथ का झोला तरकारी से भरा था। क्या पता, गुड़ी-घी भी हो ? हरीदत्त की घरवाली का चौथा परसूत अभी ही हुआ था।

"कहाँ बजार ?" बचुली ने फटी धोती माथे पर उकसा ली।

"नीचे जगन हौरों के घर ब्या-काज है अगले महीने, सोचा काज पूछ आऊँ। अगले हफ्ते इस्कूल खुल गया तो पक्की डूटी ठहरी चौकीदारिन की। कैसी है अब मुन्नी की इजा ?" बुबू ने जच्चा की कुशल पूछी।

"ठीक है, पर झटक जैसी गयी इस बार बामणी," हरीदत्त ने बेशर्मी से पीले

दाँत निपोरकर झोला हिलाया—"पंजीरी का सामान ले जा रहा हूँ—सोंठ-फोंठ खा के कमर जुड़े उसकी तो बाकी चिल्लर-पिल्लर सँभलें। सुरिया कैसा है? दमा घटा कुछ उसका?" बचुली ने झोले के कोने से झाँकते हरे धनिये के लह-लहाते गुच्छे पर आँखें गड़ाये-गड़ाये चेहरे पर बेचारगी पोत ली—"अरे, होना क्या है उसका, वही नित्त की अभूख ठहरी, वही श्वास की दिक्कत। ये हरा धनिया जैसा देख रही हूँ, वही है क्या?" बचुली ने बात को अचानक मोड़कर चीमड़ हाथ बढ़ा दिया। पर हरीदत्त भी चतुर खिलाड़ी था। फुर्ती से उसने बात करते-करते ही झोला परे कर लिया। सदा माँगती ये बुबू आज की जो क्या देखी ठहरी उसकी? "हाँ-हाँ, दो घास के तिनुके जैसी धनिया दी है, भवान सिंह ने पूरे दो रूपे की सब्जी के साथ। कहता है, हलद्वानी से मँगाता हूँ पंद्रह रुपै किलो। गड्डी की गड्डी फिरी में कैसे थाम दूँ?"

"लबार नंबर एक का है, और क्या?" बुबू ने पिच्च से बलगम थूक दिया—"देना तो एक पात। उस आफत की गठरी सुरिया ने कढ़ी-कढ़ी लगा रखी है। एकाध के पत्ती उसमें छोड़ दूँगी तो रंगत हो जायेगी।" और हरीदत्त के हाँ-ना करते-करते दो जड़ खेंच ही तो निकाली बचुली के कुशल पंजों ने। जड़ों से उलझी दो हरी मिर्चें। जो नीचे गिर पड़ी थीं, उन्हें भी बुबू ने पोंछकर थैले में डाल दिया।

दो कदम चलकर बचुली पलटी—"असिल बंसलोचन कहीं मिल जाये तो जच्चा को जरूर घिस के दूध के संग दे देना—और हाँ, नारियल का पानी—उससे खून साफ होने वाला हुआ। खैर, तुझे क्या बताना, तू जानकार ठैरा ही।" हरीदत्त जैसा सुना ही न हो, ऐसी पीठ किये सीधा ऊपर को जाता रहा—लुटे हुए झोले का मुख उसने बटुए की तरह पट्ट च्याप लिया था।

बुबू ने बलगम फिर थूका, और सँभालती हुई लतर के पास थमक गयी। खुल्बे मास्टर का घर आ गया था और हरा कद्दू अपनी चिकनी रंगत से निगाह खींचे जा रहा था। एक जरा-सा झटका-भर चाहिए, बस खुटुक्क, ऐसे अलग हो जाने वाला हुआ फिर बेल से पका फल। अरे परमात्मा की प्रकरित में कैसी बाड़? कैसा हिस्सा-बाँट? खा ले, जो चाहे? वृच्छ कबहुँ नहिं फल भखै, नदी न संचै नीर, समझे के नहीं? परमारथ के कारनै साधुन धरा सरीर। बुबू पत्तों को हौले से हटा के कद्दू के नरम चिकने आकार हर हाथ फेरने लगी, तभी जाने कहाँ से ख्योंतार (गोफन से फेंका ढेला) जैसी खुल्बे की बड़ी लड़की सावित्री आ धमकी। "क्या है बुबू," उसने ऊँची आवाज में वहीं से गोली जैसी दाग दी, "कद्दू को खबरदार जो छुआ तुमने। सड़ जायेगा। ओ ईऽऽ—" तुरंत उसने अपनी माँ को भी गुहार लगा दी। बचुली के सड़े मसूड़े फैल गये—"राम कहो हो, तुम्हारे कद्दू से बचुली चौकीदारिन को क्या करना? कौन बैठा है उसके घर

जो इतना खायेगा ?" अचानक बचुली की आँखों से धारधारी आँसू बह चले—"अरे एक डेढ़ हाड़ की ये बुड्ढी, डीजल की पुरानी अंजन जैसी, एक वो नहीं खाया-पिया जैसा बीमार बे-माँ बाप का उसका सुरिया ! इस आग लगे मुहल्ले के बगीचों के कद्दू-हद्दू, आड़ू-खुबानी खाये तो गाय का रकत पियें ठहरा उन दोनों तरफ से, हाँ।"

कूल्हे पर बच्चे टाँगे बच्चों और उधड़े ऊन के गोले बनाती औरतों-लड़कियों का गोल इधर आता देख, सुर तनिक और फट गया—अब बचुली मुहल्ले के सुख-दुख की ऐतिहासिक गहराइयों में उतर रही थी, कि कैसे उसने इसी साबुली की छट्टी के दिन घोर बुखार से भी उठकर ज्यूँती देवियों की तस्वीर-हस्वीर बना। बुबू के सवा चार आने, एक किलो उड़द और एक गाँठ हल्दी का नगे पाया था, कैसे उसे स्कूल जाने को हाथ पकड़ के तीन हजार पाँच सौ सतरि दफे गाड़ी सड़क पार करायी ठहरी और आज बदले में कैसे आते-जाते इस तीन बिलस्त की लौंडिया ने बुबू के सफेद पके सिर पर कलंक का टिल्ला टीप दिया, कि बुबू कद्दू-चोर रही है करके। अरे चोरना होता तो बुबू जाने क्या-क्या जो नहीं चोर सकती थी ? इसी साबुली की मौसी के पिलडबरू ओभरसियर दूल्हा के हाथ की सोने की घड़ी नहीं खोज लायी। बुबू, नौले से ? सत्तरि बरस की बुबू जरा बगल में जाँठी रख के बेल के पास थकाई बिसाने को बैठ जैसी गयी, और हाथ कद्दू को छू जैसा गया—तो···

अब तक बुबू की आशानुसार खुल्बे की घरवाली नेपथ्य से रंगप्रीठ पर आ गयी थी। माँ ने लड़की को आँख के इशारे से परे किया, और स्थिति की गंभीरता भाँपकर चौकीदारिन की क्रोधाग्नि पर छींटे देने लगी—"आओ हो बुबू, ये लड़की तो ऐसी ही मोटी अक्कल की ठहरी। क्या, इसकी मत लाना मन में। बालक बंदर एक सुभाऊ ठहरे। आओ एक घुटुक चाय पी लो।" अंतिम वाक्य कान में पड़ते ही बिना सुर-ताल के आँख-नाक पोंछ, बचुली जाँठी टेक कर उठ खड़ी हुई और लंगड़ाती हुई घर में प्रविष्ट हो गयी। थोड़ी देर बाद वह ढाल उतर रही थी और उसके झोले के भीतर साबुली की रफ कॉपी के पन्नों में बँधी एक पुड़िया भी आन बैठी थी। धनिया-मिर्च हो गये, बेसन हो गया, अब करना होगा तेल और छाछ का परबंध।

बुबू ने नजर सीमेंट के रंगे-पुते नानक निवास पर गड़ा दी। हरमिंदर-परमिंदर की माँ फूल कौर बाहर अपनी पछाँही भैंस को पलास-पलासकर मग्गे से धो रही थी। दूध-पूत से भरा घर ठहरा सरदारनी का ! चमकीले-हमकीले कपड़े जो पहने, दिल की अच्छी ही हुई। बुबू ने लँगड़ाती चाल से भैंस वाली दिशा पकड़

ली। स्वभाव से बुरी नहीं ठहरे सरदारनी भी, सरदार भी। पर इधर जब से बात-बात में 'हिंदू-सरदार, हिंदू-सरदार' करने लगे थे शहरवाले, तब से खेंचे-खेंचे से रहने वाले हुए दोनों पराणी। होली-दीवाली पर भी इस बार सोंट खेंच गये थे दोनों, नहीं तो पहले हँसी-मजाक, परशाद, शरबत पिलाने ही वाले हुए।"

"आज यहाँ कैसे बुबू ?" फूलकौर ने ही दुपट्टे में हाथ पोंछते सवाल किया, और आँगन में पड़ी खाट में बैठकर बुनाई मशीन खुट्क-खुट्क करने लगी। बचुली ने कनखियों से ताका। घर वही ठहरा, वैसा ही, पर चुप्प-गुम्म जैसा ठहरा सब—"अरे कहाँ जायेगी बचुली बुबू बीमार बच्चे को छोड़ के। यही सोची, कल-परसों इस्कूल खुल जायेंगे तो फिर मरने की फुरसत नहीं होगी। आज जरा झाँक के कुशल-पात ले लूं सबकी। किलास खुले तो दिन-भर की डूटी पक्की हुई। सुबे-शाम को घर-बस्त और उस अभागे सुरिया का भी करना ही हुआ।" बचुली ने धोती की खूंट से आँखें पोंछते कनखियों से ताका।

"राब्ब दी मर्जी है, और की ?" फूलकौर ने उदास आँखों से फंदे टटोले और ऊन समेटने लगी—"कोई भ्रोसा नहीं किसी बात का जिंदगी में बुबू जी, क्या पता कब कौन रिफूजी बन जाये फिर से।"

बचुली को तो उम्मीद थी कि सुरिया की बीमारी पर लाकर छोड़ी—उसकी तकलीफ की बात से—सुरिया का सुक्ख तो जरूर ही पूछेगी सरदारनी, और तब वो जरा कुरमुरा-कुरमुरू के एकाधक गिलास छाछ का माँग लेगी करके। पर यहाँ तो सरदारनी ही खुद अपना दुक्ख दे बैठी, खैर जब तक साँस तब तक आस। बचुली ने चर्चा चालू रखा—"पर धन शाबाशी ठहरी हो तुम लोगों को भी, जो हमारे जैसे हाथ-पैर छोड़ के नहीं बैठ गये—तभी तो कहने वाले हुए के सरदार दे पुत्तर शेर दे पुत्तर करके! शेर ठहरे, शेर हो! कारिंदा आदमी कहो, कि पुरुषारथी कहो। आहा, तभी कैसे झकाझक कर ली अपने बाहुबल से गृहस्थी—और तू भी वैसी ही मिली ठहरी! भगवान् बरक्कत दे तुम लोगों को! ये क्या बच्चों के इसकूल का पुलावार बुन रही है? इन मरी आँखों में तो जैसे बादल जैसा पड़ गया है, रंग-हंग कुच्छ सूझने वाले नहीं हुए। पर आहा डिजैन खूब ही उतार रखा है, वाह!"

सरदारनी आज सचमुच अनमनी थी—कुछ क्षण चुपचाप मशीन चलाती रही। बचुली ने उकताकर अंतिम तीर छोड़ा—"अच्छा, फिर तू-अपना काम-हाम कर, मैं भी चलूं—इधर से गुजर रही थी, कहा सुक्ख पूछ लूं। भैंस दूध-हूध अच्छा दे रही है?"—"हंजी," सरदारनी ने मशीन तनिक ठेली—और उठ खड़ी हुई—"एक गिलास चा-शा पीयोगी ?"

बुबू ने तुरंत जाँठी टिका दी, और फिर पसरकर सविस्तार बताने लगी कि कैसे आजकल चाय पीने से जने कैसी अगिन जैसी लग जाती है छाती-पेट

में। हरदत्त होमियोपैथ का कहना है, कि खुसकी है खुसकी—दूध-मट्ठा खाना चाहिए—पर अहा, गरीब का पेट तो सदा जठराग्नि से जलता रहने वाले हुआ—कहाँ से लाये वह घी-दूध ? अरे नक्ख (नाखून)-भर छाछ मिल पाती तो उस अभागे सुरिया के सिर कटोरी-भर कढ़ी पका फेंकती, प्राण खा रक्खे हैं लौंडे ने—कढ़ी खाऊँगा, कड़ी खाऊँगा करके।

चंद क्षण बाद धोती के खूँट से पुँछती बचुली की बची-खुची आँख ने एक हर्षित धुँधलके के बीच हरमिंदर को काँसे का बड़ा गिलास लाते देखा। आनन-फानन बुबू के तिलस्मी होशरूबाई झोले से एक बोतल भी निकल आयी। झोला खोलती-समेटती बुबू ने असीसों की झड़ी लगातार लगाये रखी कि सरदारजी को रब्ब बड़ी-बड़ी बरक्कतें दे, हरमिंदर-परमिंदर को छह हाथ ऊँचे ये गबरू मूँछों वाले मिलें और पछाँही भैंस को हर बरस बछिया ! अहा, सरदार लोग सरदार ही होने वाले हुए, तभी भगवान् दूध, दही की नदियाँ बहाने वाले हुआ उनके मुलुक में।" जलने वालों की आँख में झक मिर्च-राई और सिसूण के चुभने पात भरकर बचुली बुबू छाछ की बोतल समेत विदा हुई।

अब रह गया था तेल। जरा जल्दी भी करनी होगी, वरना बीमार की भूख को अभूख होने में देर जो क्या लगती है ? चले, जगन हौरों के यहाँ। लछमी की किरपा से खूब ही जम गयी है कमला के घरवाले की सुरा टॉनिक की अजंसी। पहली जेठी बेटी का ब्याह है, तेल-घी कंटरों में नहीं आया होगा क्या ? सुरा के धंधे में तो मुनाफे ही मुनाफा हुआ। खुलेआम कलाली करो, पर पकड़े जाने की झस-झस जैसी रत्ती-भर नहीं ठहरी। अहा, यही पी-पी के तो सुरलोक गया था अभागा सुरिया का बाप ! कोठी देखकर बचुली बुबू के सर्वांग में सिसूण के चुभने पात जैसे लग जाते हैं। कोई कहता है चूहामार दवा भी मिलाते हैं इसमें करके। नस्सा तगड़ा करने को। जहर मिलाते होंगे हो, वर्ना ऐसा लंबा-तगड़ा गबरू जीवानंद उनका ऐसा काँटा जैसा हो के खतम होता ? सुरा से लीबर जल गया है इसका करके कहा था पंजाबी डॉक्टर ने। क्या हो, निमित्त हुई यह सुरा भी ! कोई कहो कि बारै बरस के सुरिया को फेफड़े की बिमारी कौन-सी सुरा ने लगायी ? हैं ? क्या करे इन पर गुस्सा करके भी बुबू ? अपना ही नसीब खोटा हुआ उसका, और क्या ? बुबू जाँठी टेकती कोठी में घुस गयी। थोड़ा बीन-फटक के चुपचाप जोशी जी की घरवाली से शीशी भर तेल माँग लेगी। बाकी परबंध हो ही गया है पक्का, और क्या ?

झोला-झंतर सँभालती बुबू आँगन में घुसी तो सबसे पहले दुम हिलाती पॉपी ने स्वागत किया। झीसे बादलों के झुंड धूप को दीमक जैसे चाट गये थे। "हात्तेरे की !" बुबू ने जाठी से पॉपी को धमकाया, और कथरी-दरी समेटने लगी। सुरिया चुपचाप फिर जाकर लेट गया था।

चूल्हा जलाती, कढ़ाई चढ़ाती बुबू सविस्तार बताती जा रही थी कि कैसे हरदत्त जैसे कंजूस मक्खीचूस तक से हरा धनिया-मिर्ची और बाकी लोगों से घी-तेल-छाछ जुटा ही लिया उसने। फात् ! फात् ! फात् बेसन फेंटकर बुबू के शीर्ण पोर झार फेंकते सरसों के तेल में पकौड़ी छोड़ने लगे। बस लालौ, ये छोला बेसन और वो थाली लेकर उठी ही थी, कि फटी धोती में उसका पैर जा फँसा, और थाली झन्न-झलाक ! सामने दीवार से सुदरशन चक्र जैसी जा टकरायी ! हाय-हाय-हाय ! तमाम दीवार और फर्श पर कढ़ी-भात ही कढ़ी-भात !

"ऊँ-ऊँ ! गेर दिया तूने मेरा कढ़ी-भात !" सुरिया ठुनकने लगा था ! बचुली ने एक जबरन हँसी पोपले गालों पर चिपका दी—"अभी और है लालौ ! कढ़ाई भर छोली है तेरे लिए आमा ने कढ़ी कम जो क्या ?"

"कहाँ है ?वो तो तेरे हिस्से की है ना ?" सुरिया ने तनिक उठंगकर पतीलों का दारिद्र्य भाँप लिया था।

बुबू, आज कैसा जो अफारा हो रहा है, कि क्या जो कहूँ ?—बुबू एक लंबी कथा कहने लगी, कि कैसे पहले हरदत्त की घरवाली ने जबरन अपने हिस्से का गोंद-पाक खिला दिया, फिर साबुली की इजा ने चाय और खजूर कोंचा दिये, फिर सरदारनी ने मक्का की रोटी च्याप दी हथेली पर कि बचुली बुबू बिन खाये तुझे नहीं जाने दूँगी। क्या करती।

सरदारनी के जूड़े जित्ते बड़े मक्खन की पिंडी रखकर अपने सिर की कसम जो दे दी उसने।

सुरिया अंतिम उपमा पर हँस पड़ा, तो बुबू ने बाकी भात-कढ़ी सानकर निवाला चट्ट करके मुँह में दे दिया—"ले लालौ, खा ले, जी रै, बचि रै, कढ़ी क्या, तू ठीक हो जा फिर देखना कैसे किसम-किसम के ऐठम बनाकर खिलाती है आमा !" जबरन विकृत मुख कर बचुली बुबू ने एक डकार ले ली—"बुबू, बुड्ढों को इतना खाने का लालच नहीं करना चाहिए हो ! हरी ओऽम कहो ! जुलुम ही भर गया आज तो बचुली राड़ का पेट !"

एक पगलाई सस्पेंस कथा

बहुत समय पहले की बात नहीं है। विष्णुप्रिया नाम की एक अनाथ कन्या थी। जिसकी माँ ने अपने आपको मार डाला था और उसका बाप भी, जो कि एक फौजी इंजीनियर था, किंचित अंतराल के बाद एक दुर्घटना में मारा गया।

जानकार लोग कहते हैं कि मौत के वक्त विष्णुप्रिया का बाप दरअसल जान-बूझ कर अपना ट्रक इतना तेज दौड़ा रहा था, क्योंकि उसकी पत्नी ने उससे कहा था कि 'मैं मर जाऊँगी,' और उसने कह दिया था कि 'मर जाओ' और उस पगली ने सचमुच खुद को मार डाला था, और इस गम से वह खुद अधपगला हो उठा था।

विष्णुप्रिया की माँ थी ही ऐसी। बाद में कई लोगों को याद आया कि शादी से पहले भी उसने कई ऊटपटाँग तरह के काम किये थे। एक बहुचर्चित किस्सा इस प्रकार था। उसने, यानी विष्णुप्रिया की माँ ने, शादी के पहले पक्का गाना सीखा था, पर जब उसके घरवालों ने कहा कि हारमोनियम पर गाने बजाकर और गाकर बाहर बालों को सुनाए, तो उसने कहा कि वह कतई ऐसा नहीं कर सकती। खैर, यह बात उसकी शर्मसारी का प्रमाण मानकर, उसका बाजा बाहर ले ही आया। पर चाभी दबाने पर भी वह नहीं बजा। बाद को पता चला कि विष्णुप्रिया की माँ ने उसकी चाभियों के बीच गुँथा हुआ आटा सीमेंट की तरह भर दिया था, ताकि वे दब न पायें। आप तो जानते ही हैं कि हिंदुस्तानी घरों में और कुछ हो न हो, आटे का कनस्तर जरूर पड़ा रहता है। दरअसल जब घर-घर में, खेत-खेत में, खलिहान-खलिहान में अपने यहाँ गेहूँ है, तो जाहिर है कि आटा तो होगा ही। इसी से आटा प्राप्त करना कतई दिक्कतयाफ्ता नहीं, भारतीय लड़कियों के लिए। यहाँ तक कि अनब्याही लड़कियों के लिए भी नहीं। और यही भारी सचाई घरवाले गफलती में भुला बैठे थे।

सो विष्णुप्रिया की माँ ने अपनी हरमोनियम की चाभियाँ आटे से चिपका-कर ठप्प कर दीं। पर शादी होनी थी, सो होकर ही रही और किंचित अंतराल

के बाद एक कन्यारत्न को जन्म देकर वह जैसा कि हम ऊपर बता चुके हैं, हठात गोलोकवासिनी भी हो गयी। तदुपरांत उसका ट्रक ड्राइवर पति मारा गया और उसकी बेटी, यानी विष्णुप्रिया सदा-सदा को अनाथ हो गयी।

एक उत्तम सस्पेंस कथा के लिहाज से ऐसे मुँहमाँगे हादसों की शृंखला के घट चुकने के बाद विष्णुप्रिया किसी रिश्तेदार के पास रहने चली गयी, यूँ कहें कि उसे भेज दिया गया। रिश्तेदार परिवार अमीर था और शहर के पास एक बड़े से फारम पर रहता था। फारम पर रिश्तेदारों के अलावा उनके ठीक विपरीत देखने में खूँखार, पर भीतर से बेहद प्रेममय जर्मन कुत्तों की स्याह जोड़ी भी थी। कुत्तों में एक नर था, एक मादा। वे लहीम-शहीम थे और कुतिया के तो पिल्ले भी होने वाले थे। अनेक पिल्ला-भ्रूणों के बीहड़ भार से दोहरी देह और समोसों से लटके स्तनों समेत इधर-उधर डोलती कुतिया विष्णुप्रिया को अपने पीछे छूट चुके शहर की भरी-भरी बसों जैसी लगती थी। कुत्तों ने उसे बड़े प्यार से अपना लिया।

कुत्तों और विष्णुप्रिया के अलावा घर में बाहरिया कहने को बस एक जवान नौकरानी थी, जो बांग्लादेश से आयी थी। वह हर वक्त पान खाती रहती थी और उसका बदन फूला-फूला और गठा-गठा था।

नौकरानी के आने से पहले विष्णुप्रिया की दुनिया सपाट और राख की रंगत की थी। दिन में वहाँ अकेलेपन के बीच भूख बिजली-सी कौंधती थी और रात को डर पत्ता-सा थरथराता था। विष्णुप्रिया के कपड़े फारम के परिवार के बड़े हो चुके बच्चों की उतरनें होते थे, जिनसे उसके छोटे से जिस्म की पतली नुकीली हड्डियाँ चाकू-सी चमकतीं। फारम के मर्द उसे देखकर भी नहीं देखते, औरतें देखतीं और फिर उसाँस लेकर भीतर पलट जातीं। बच्चे फारम पर थे नहीं, जो रुक-कर उसे घूरते। होते-होते विष्णुप्रिया को घूरे या न घूरे जाने की परवाह ही नहीं रही। उसका चेहरा सपाट हो गया। उसकी आँखें मृत। अब वह कुत्तों की जोड़ी के साथ फारम पर डोलता एक तीसरा प्राणी बन गयी थी। खाना लग जाता, तो कोई बुलाकर खिला देता। कोई न आता, तो वह नहीं खाती और उसे अचरज भी नहीं होता। वह कभी किसी से खुद माँगती नहीं थी, सिर्फ अपने कमरे में बैठकर चुपचाप किसी बुलाने वाले का इंतजार करती। कभी बुलाने वाला आता, कभी उसे भूल जाता, या आता तो वह सो चुकी होती। अब लोग कभी उससे कुछ कहते या कभी उसके आगे आपस में उसके बारे में कुछ कहते, तो वे आवाजें विष्णुप्रिया के कानों में नहीं पड़तीं। क्योंकि वहाँ की बजाय, उस दम वह भीतर की किसी दुनिया में उकड़ूँ छुपी बैठी होती थी। न वह हँसती, न चिल्लाती। बहुत बोलने वाले खुशदिल लोग भी उसके आगे पड़कर कुछ हतप्रभ, कुछ-कुछ विचलित-से हो जाते। वह हँसती, या चिल्लाती, तो शायद फारम पर लोग स्वस्ति की साँस

लेते, पर, खैर।

कुत्तों की दुनिया में बिष्णुप्रिया के लिए पूरी ठौर थी। खाल, रोम और मांस की बास वाली इस गर्म दुनिया में आशा-हताशा, इच्छा या अनिच्छा, कुछ नहीं था, सिर्फ हुंफनी लेता एक गीला सौहार्द्र था, जो भोजन सामने आने पर कुछ देर को दोनों तरफ से स्थगित हो जाता। वे साथ ही हल्की नींद सोते, खेलते, इंतजार करते, सोते। उनके इंतजार की किसी घड़ी के दौरान ही फारम पर वह बांग्ला देशी नौकरानी आन पहुँची थी; झक्क सफेद साड़ी, स्याह रंगत वाली। हँसती, तो उसके दाँतों के बीच जर्दे की भूरी लकीरें खिड़की से जंगलों-सी चमकतीं। उससे सरसों के तेल, पान और पसीने की गंध आती। वह बोलती बहुत कम थी, हँसती ज्यादा। उसने काठ की कंघी से विष्णुप्रिया की जुएँ साफ कीं और फिर खूब सारा सरसों का तेल ठोंककर उसके झंखाड़ से बालों की चोटियाँ बनानी शुरू कर दीं। अब विष्णुप्रिया से कुत्तों और बांग्लादेशी औरत की मिली-जुली गंध आती।

एक रात जब अपने लार चुआते दुःस्वप्न से चिल्लाकर विष्णुप्रिया की पतली देह असहाय झटकों में रामपुरी चाकू की तरह खुल-बंद हो रही थी, तो उसने अपने बगल में दो विराट स्तनों के गुदगुदेपन को मखमली ओट की तरह, भय और अपनी नुकीली हड्डियों के बीच पसरा पाया। फिर एक खुरदुरा हाथ उसे थपकने लगा, उसके पत्थर हुए बदन को नर्माई से गूँथकर मक्खन बनाते हुए। फिर एक हाथ ने उसके बालों की गँधाती लट उसके कान के पीछे खोंस दी।

लट का खोंसना था कि विष्णुप्रिया की आँखें कुछ देर को एक तरह ऐसी उलट-सी गयीं कि सिर्फ सफेद कोये ही दीखते रहे। फिर अचानक उसके भीतर बर्फ की सिल्ली-सी जमी हुई दसियों बरस पुरानी एक चीज पिघलकर बाढ़ के मटमैले पानी की तरह भलभला पड़ी। उसके हिचकोले-भरे रुदन में एक बच्चे की जीवन के खालीपन से पहली पहचान थी।

इसके बाद हर रात विष्णुप्रिया नौकरानी से चिपककर सोती। वे विराट गुदगुदे स्तनद्वय उसकी रूखी चटियल सपाट दुनिया का पहला और इकलौता गुदगुदा उभार थे।

नौकरानी और विष्णुप्रिया को लगता था कि कुतिया के कम-से-कम सात पिल्ले तो होंगे ही। नौ भी हो सकते थे। कुतिया इतनों को दूध कैसे पिला सकेगी? उन्हें बड़ी चिंता-सी लग गई। फारम पर छः-सातेक जर्सी गायें थीं, उनमें से एक का दूध पिल्लों के लिए रखना स्वीकृत हुआ।

यह बात तै कराने में काफी वक्त लगा, क्योंकि यद्यपि फारम पर कई गायों

का होना कतई अजीब बात नहीं, पर उनमें से एक को गोशाला से लाकर इधर रखना, और एक गाय का पूरे का पूरा दूध जर्मन कुतिया के पिल्लों के लिए रखवा पाना तनिक कठिन तो था ही। पर पहली बार विष्णुप्रिया तक ने चिंता दिखायी थी, सो सबको चिंता लग गयी।

गाय पास के थान पर बाँध दी गयी। वह बड़ी सीधी थी और दुहने में बड़ी आसान। सो धीरे-धीरे कुत्ते ही नहीं, घर के सभी लोग उससे प्रेम करने लगे, और कहने लगे कि ऐसी व्यवस्था तो बहुत पहले ही उन्हें कर लेनी चाहिए थी। ऐसा अक्सर होता देखा गया है।

गाय के बदन में पिस्सू, खटमल तनिक थे ही। सो घोड़ा डॉक्टर से पूछकर एक घातक कीड़ामार दवा का टिन खरीदा गया, जिस पर मुर्दे की खोपड़ी और हड्डी बनी थीं, और नीचे लिखा था, 'जहर'। दवा का पतला घोल गाय पे लगाना था। जिसके बाद दवा ऊँचे आले पे रख दी गयी, जहाँ नौकरानी अपना खाना लाकर रखती थी और जहाँ से उठाकर अक्सर वह सुबह के वक्त ताजी मुँह बची बासी रोटी खाती थी।

अब पृष्ठभूमि हत्या और अपराध के लिए एकदम तैयार थी, हालाँकि, जैसा कि हमेशा होता है, किसी को भी इसका पूर्वाभास न का। क्योंकि घर में सिर्फ कुत्ते जर्मन थे और वह औरत बांग्लादेशी, शेष सब लोग हिंदुस्तानी थे। इसके अलावा विष्णुप्रिया, जो कि अभी एक बच्ची थी, और उस बांग्लादेशी औरत को छोड़कर उस घर की अन्य सभी औरतें ब्याहता और एतदर्थ एकदम सीधी-सादी गायों-जैसी थीं।

स्मरणीय है कि हिंदुस्तान में भी कई प्रांतों में कुछ (मात्र कुछ), वयस्क स्त्रियाँ ब्याहता नहीं भी होतीं। वैसे ही, जैसे कि हिंदुस्तान के कई प्रांतों में कुछ, (मात्र कुछ) शहरों में, (मात्र कुछ) घरों में लोग ताले नहीं लगाते। ताला न लगाने के उनके कारण प्रांतीय तौर पर अलग-अलग हो सकते हैं। पर ताला न लगाने से चोरी कभी न होती हो, या हमेशा हो जाती हो, ऐसा भी नहीं। बहरहाल ताला लगाने का काम अधिकतर प्रांतों के अधिकतर घरों में औरतें ही करती देखी गई हैं। यद्यपि यह एक रोचक बात है, कि अधिकतर वे घर जिनको वे तालाबंद करती हैं कानूनन उनके नहीं होते, और न ही लोहे-पीतल या अन्यान्य धातुओं के वे ताले, जिनसे वे इन घरों के कपाट इतनी मेहनत से बंद करती हैं। इस बात का आपराधिक महत्त्व पाठकों पर आगे जाकर प्रकाशित होगा, या शायद न भी हो।

बहरहाल हम उन आधुनिक कथा समालोचकों से, जो पच्छिमी तर्ज की सपाटबयानी के प्रबल समर्थक हैं, इस पूर्वी तर्ज के विषयांतर के लिए माफी माँगकर आगे बताते हैं, कि इसी बीच बांग्लादेशी औरत एक महीने की छुट्टी पर कलकत्ता

चली गयी, जहाँ उसके अनुसार उसके 'अपने' लोग रहते थे। जाते वक्त वह अपना पता भी लिखवा गयी और दरवाजा भी खुला छोड़ गयी। कुतिया के पिल्ले अभी नहीं हुए थे, और कीड़ामार दवा का घातक टीन टाँड पर वहीं रखा था। टाँड पर ही पीतल का ताला भी था जिससे मालिक जब चाहें, तब कमरा बंद कर सकते थे।

पीछे विष्णुप्रिया ने कुत्तों को अपने कमरे में एक कंबल डलवाकर सुलाना शुरू कर दिया। डर की वजह से नहीं, सुभीते के लिए। वह इस उम्र में भी जान गयी थी कि सचमुच का डर उस जगह से कभी शुरू नहीं होता, जिस जगह से हम उसकी बाट जोहते हैं। वह तो कभी भी, कहीं भी, टेढ़ी गर्दन किये गौरैया की तरह आकर बैठ जायेगा और चुपचाप ताकता रहेगा टुक-टुक। कुछ देर बाद हमें भी लगने लगेगा कि भला इसके अलावा डर और हो ही कैसा, या कहाँ हो सकता था भला ?

महीना बीतते न बीतते बांग्लादेशी औरत खुश-खुश लौट आयी थी। विष्णुप्रिया के लिए वह कलकतिया आमपापड़ लायी थी। कुतिया के मोटे-मोटे पिल्लों से वह देर तक खेलती रही। पिल्ले उसकी गोलमटोल देह पर फुदकते-से चढ़ते, तो मारे हँसी के वह लोटन कबूतर बन जाती। पर कुतिया अपने को निर्लिप्त चाटती रहती, जैसे वह रानी हो और बांग्लादेशी औरत उसके पिल्लों की धाय।

विष्णुप्रिया शुरू में कुछ देर नौकरानी से बोली-चाली नहीं, सिर्फ गर्दन तनिक तिरछी कर उसे ताकती रही, ज्यों वह उसे पहली बार देख रही हो। नौकरानी से अब उसे लगातार एक खास तरह की खुशी की महक आये जा रही थी, जो सिर्फ कुत्तों और बच्चों को सुँघाई देती है। अब वह चली जायेगी, हो न हो, यह उस बच्ची और कुत्तों ने बिना बोले जान लिया था। फिर जैसे मानुस गंध, मानुस गंध चिल्लाने वाला राक्षस अकुलाया हुआ महल के गलियारे-गलियारे छान डालता है, वे सब (पिल्लों समेत वे पूरे एक दर्जन थे) रात देर गये तक नौकरानी के चारों ओर घूमते-टहलते रहे। आखिरकार रात बारह बजे बांग्लादेशी औरत ने उन्हें किसी हबीब अहमद की वह कनकटी फोटू दिखा ही दी, जो उसने फारस की खाड़ी से शादी तै कराने के वास्ते अपने रिश्तेदारों को कलकत्ते भेजी थी और जिसके लिए बात पक्की कराने को वह बुलायी गयी थी। वह तो यहाँ अपनी तीन महीने की तनख्वाह और पीछे छूट गया अपना बक्सा-भर लेने आयी थी। थोड़े दिन को बस। हाँ, विष्णुप्रिया और कुत्तों की पीछे खूब याद आयेगी। भीतर से साथ लाया खाना खाये बगैर वह सो गयी।

रात देर गये तक गाल पर हाथ धरे बच्ची और कुत्ते सोती नौकरानी को देखते रहे, गहरी नींद में वह बिल्कुल ऐसी लगती थी, ज्यों मर गयी हो ।

फिर वे सब जाकर बाहर खड़े हुए, बाहर तराशा हुआ लॉन मखमली गलीचे-सा फैला था और चारों ओर खिले फूलों के पौधे इतने सुन्न खड़े थे कि लगता था वे भी अपनी पंखुड़ियाँ टपकाकर साफ-सुथरे लॉन को गंदा करने से डरते थे। रात की काली व्यवस्था के प्रति आदर-भाव से पिल्ले भी एकदम चुप रहे।

विष्णुप्रिया के मन में डर नहीं था, सिर्फ एक काला, सपाट और कठोर खालीपन था, वहाँ, जहाँ कभी सरसों के तेल की गुदगुदी-नटखट गंध फूटती थी।

गैया के थान पर बांग्लादेशी औरत की लाश पहले पहल कुतिया ने चीन्ही, और सुबह-सुबह करुण स्वर में हूकना शुरू कर दिया। एक-एक करके पूरा घर जमा हो गया। लाश नीली पड़ गयी थी, और औरत के मुँह से फिचकुर निकल आया था। किसी दयावती ने उसकी ऐंठन से अधनंगी हो आयी देह पर पुरानी चादर डाल दी। फिर पुलिस आयी। देर तक तहकीकात चली। फिर चाय-वाय।

डॉक्टर का कहना था, कि जिस जहर से वह मरी, वह साँप का नहीं था। हो ही नहीं सकता था, क्योंकि डसने का कोई निशान उस पे नहीं था। पर पुलिस के अफसर ने इसका खंडन किया। उसने कहा कि वह आसाम के जंगलों में ऐसे ही कई वाकये देख चुका था साहब, जहाँ साँप का काटा बीसियों लोग-मानुस दिन-रात मरता है। इस तरफ साँप का जोर नहीं न है उतना, तभी न आप लोग नहीं जानते, वह मोटी जाँघों पर डंडा बजाते बोला। डॉक्टर सर खुजाने लगा। वह बेचारा तो खुद अपना प्रांत छोड़कर कभी बाहर नहीं गया था और अभी तो यहाँ उसका घर भी आधा ही बन पाया था।

सो बांग्लादेश की औरत के घर के पते पर चिट्ठी भेज दी गयी, और उसका दाह-संस्कार करा दिया गया। वहाँ शायद कोई था नहीं जो आता। फारम पर अपनी तरफ की एक नौकरानी रख ली गयी।

साल पर साल बीतते गये और विष्णुप्रिया नवयौवना हुई। उसकी शादी पास के फारम पर रह रहे एक हकले फौजी अफसर से हो गयी, जो रिटायरमेंट के बाद मुर्गियाँ पालता था। घर वालों ने स्वस्ति की साँस ली, एक लंबी जिम्मेवारी पूरी कर-करा के।

विदा के दिन अलस्सुबह, सबकी नजर बचाकर विष्णुप्रिया ने कुत्तों-गायों और मुर्गियों की चमड़ी के परजीवी मारने वाले पाउडर का एक जंग खाया टिन एक कनकटी फोटू के साथ अपनी अटैची के एक उपेक्षित कोने में रख लिया, और फिर जाकर ऐसे पहुँड़ रही, जैसे मर गयी हो।

कर्कशा

हवा के छोटे-छोटे टुकड़े चादरों में सल डालते हुए ताजगी का भ्रम तो पैदा करते थे, पर सुबह धूल से खूब किरकिराती थी। तिस पर सड़क से लगातार एक असह्य मिठास-भरी सिरके वाली गंध हवा में चढ़कर आ रही थी। भग्गो ने लोटे से पानी हाथों में गेरा और आँखें छपछपाने लगी। चिड़चिड़ापन उसके अंगूठे और तर्जनी के बीच तार खेंच रहा था। भग्गो ने छिटका, तो हाथ जंगले से टकराकर झन्ना गया। हाथ पर फूः फूः करती भग्गो के भीतर नोन-मिर्च और भटकटैया के काँटे उग आये। सुभे हो गयी। पड़े-पड़े सो रहे हैं। घर में पानी का नाम नहीं। गर्मी ऐसी नामुराद। खुद उठके चाय बनानी हो, तो पता चले। अभी तो वही लगी है सबके बाप की लौंडी।

चीकट बिचौने पर रामनरेश उधड़े टाँकों वाले गुड्डे-सा लुढ़का पड़ा था। सुबह-सुबह इसी मंगलाचार के बीच उसकी आँखें खुलीं। गनीमत थी, वह छत पर था और भग्गो नीचे रसोई में। थोड़ी देर वह पीले पथराये नेत्रों से मटियाले उजास से भरे सन्निपाती आसमान को ताकता रहा, जहाँ एक चील बस गोता खाये जा रही थी। चाय की तलब ने जोर मारा। तनिक बदन चुराता वह धीमे-धीमे नीचे उतरकर रसोई की दहलीज पे जाके बैठ गया। गंदे हाथों ने एक धब्बेदार चाय का गिलास उसके आगे ऐसे दे पटका, कि ऊपर की तीन-चार घूंट चाय नीचे आ गिरी। मक्खियाँ तो ताक में ही थीं। राँडें जत्था बाँधकर तुरत आ गयीं। फूः फूः करते रामनरेश चाय की कुनकुनी घूंटें पेट को रवाना करने लगा। अभी तो कमजात से कुछ कहने का धरम ही नहीं हुआ। सुभे-सुभे रामायण खोल के बैठ जाती है हरामजादी। त्थूः ! उसने चाय की एक कसैली पत्ती मुँह टेढ़ा कर थूकी, और गिलास खिसकाकर संडास में जा घुसा। नल आ गया था।

विषण्ण कलहकामी नेत्रों से भग्गो उस भिनकती जगह को, जहाँ मिनटों पहले

उसका पति उकड़ूँ बैठा चाय पी रहा था, बैरी की तरह घूरती रही, फिर एक लंबी उसाँस छोड़कर वह बर्तन धोने लगी। राख और मिट्टी से सने उसके पोर जनावरों के खुर से लगते थे। हथेली की दरारों में, नाखूनों में, मैल की कई सिवइयाँ जगह-जगह लेटी थीं। क्या करना साफ करके? करे ही क्यों? यहाँ किसके बीच उसे उठना-बैठना है जाके? लाख दुक्ख हों, ऐसी गईगुजरी तो है ना वो, कि टाँगों की खुड्डी बना के बाहर नाली में बच्चे हगानेवालियों कने जा पसरे। अपने तक रक्खें राँडें अपना बहनापा। शुरू-शुरू में जब रामनरेश यहाँ भी उस पे हाथ छोड़ बैठता, तो बड़ा आई थीं दीदे फैला-फैला के हाय, हाय, हैं, हैं, कर उसे बचाने। भग्गो ने पट्ट देनी किवाड़ें फेर दिये थे मूँ पे उनके। अरे तुम्हारे जैसी मेरे मायकेवालों कने झाड़ू-पोंछे को आवैं हैं। तुम्हारी हमारी कैसी लटरम-पटरम? हैं?

भग्गो की बहनें अच्छे दूध-पूत भरे घरों में ब्याही थीं। इस शहर में जो थी, उसका पति दुहेजू था, पर मान बड़ा था। पहली शादी के बड़े बच्चे भी अम्मा-अम्मा करते सौतेली माँ के ही आगे-पीछे डोलते। पहले दुबली देहवाली उसकी यह चुप्पी बहन अब भारी बदन और अधिकारसंपन्न प्रकार वाली हो चली थी। अपने गृहस्थ के पारावार में भारी मस्तूल वाले जहाज-सी वह पान चुभलाती मजे में दिन-रात उमचूम होती रहती। भग्गो आये दिन सुबह-सुबह अपनी गिरिस्ती पे ताला मार, उसके आगे रोने चली आती।

बहन के निहोरे भग्गो को वे सुहाते थे, पे उसकी बहुओं को फूटी आँखों न देख पाती—ये भी क्या कि सिर उघाड़े खी-खी करती सास से ठिठोली कर जायें? हैं? उनकी भाभियों की मजाल थी, कि क्या नाम उनकी अम्मा के आगे मज़ाक का म भी बोल सकें? बेटियों पर अलबत्ता वह बलिहारी जाती—उनके लिए वह कभी रूमाल खरीद ले जाती, कभी अपने हाथ के चूड़े-चूड़ियाँ उतारके उन्हें पिन्हा देती। लड़कियाँ निरी हुदहुद बछेरियाँ भले ही हों, उनके लिए भग्गो के दिल में सौ खून माफी थे। अरे यही दिन हैं खा-खेल लें, है कि नहीं, बाद को तो···। घर आकर वह देर तक पति के आगे बहन के घर की संपदा के बखान करती रहती—"चार-चार प्रेशरकुकर हैंगे जिज्जी के, तीन सेट स्टेनलेस की थाली-कटोरों के—चार मेल की। सब्जियाँ पकती हैं हर खाने में, और हर कमरे में नये पर्दे सिलवा लायी है बड़ी बहू···"

भागो उदारमना बहन के घर से अक्सर चीज-बत्त लेके आती। कुछ देर कमर में फेंटा बाँधकर वह भी अपने घर की धजा बदलने में जुट जाती। इत्ता बड़ा परवार था बहन का कि उनकी उतरनों से ही कई गृहस्थियाँ चमक जातीं। फिर देखते-देखते एक उदासी-सी उसके मन पर छाने लगती—क्या होगा इस डेढ़ कुठरिया के फ्लैट को धो-माँज के? वही लोहे के भौंडे जंगलों वाली खिड़कियाँ—

वही बेढंगे दरवाजे, जिनकी चिटखनी लगाने को पूरे बदन का बोझ पल्ले के ऊपर गेरना पड़ता। उद्वाह से बहन के घर से माँगे उन तमाम धुले पर्दों-कलेंडरों, तस्वीरों पर उसे रुलाई आने लगती—उसी के नसीबों हैगा ना ये दूसरे की उतरन ओढ़ने का संजोग ! अरे रंग दबा था तो क्या ? पड़ोस की नीमा-छमा की माँ को अधरंग नहीं था, पर क्या उन्हें पी० डब्ल्यू० के ओवरसियर नहीं मिल गये ? बहन की छोटी बहू की रिश्तेदारी है उस तरफ की बता रही थी कि, आज मायके आती हैं, तो बक्से की तली में नोटों की गड्डियों की तही ले के।

पति को निर्विकार कागज की कतरनें काटते-अगोरते, या रेडियो सुनते देख भग्गो का आक्रोश शतधा हो फट पड़ता। तुम्हें दफ्तर में बहुत करके कोई दे भी जाये, तो मरी सिगरेट की डिब्बी या कैंटीन के चाय-समोसे। बस्स इसके ऊपर नहीं। डेस्क-डेस्क की क्या बात है जी, उसे क्या बनाना ? वह नहीं जानती क्या, कि ये रसूख की बात होती है। अगले का मिजाज भाँपने की होती है। अजी लोग-बाग भी समझते हैं कि कौन गाँठ का पूरा है, और कौन निपट उल्लू का—

"तो तूने भी मुक्ख से गाली नहीं निकालनी थी न"—बहन ने उसकी पीठ की नील सहलाते हुए कहा था। "कुत्ते जित्ती इज्जत नईं मेरी बहाँ, कुत्ते जित्ती।" परम तृप्ति से हिलग-हिलगकर भग्गो रोती रही। बहन की बहू चाय लाकर रख गयी थी, उसने चुस्की लेकर बुरा-सा मुँह बनाया—"इतने बरस तुम्हारे संग रह-कर भी इसे चाय भिगोनी नईं आयी जिज्जी !"

भग्गो के जाने के बाद समझदार बहन बहुओं को समझाती रहती—"अभागन है यही बेचारी, इसी से कभी कड़वा बोल जाती है···कोई सुख नहीं किया इसने भी—घर छूंछा-मरद भी; गोद में बाल-बच्चा ही होता तो चलो छाती ठंडा लेती, कि लड़के-बेटों के राज में सुख पा लूंगी···पे वो मर्दुआ तो जाँच के नाम से बिद-कता है। सब बहनें राज करती हैं, यही बिचारी, क्याऽ ? नसीब का फेर है जी। धरणीधर जी की दुल्हन को देखो, पति के राज में तो जनम चक्की पीसी, पर अब बेटों के राज में मूंग की पकौड़ी के लिए भी उसकी दाल विलायती मिक्सी में पिसती है—यह बिचारी तो हर जगै मार खा गयी—बुरा न मानना इसके कहे का बेटी, वैसे दिल की बड़ी साफ है हमारी भग्गो···" "अरे नहीं अम्माजी," समझदार बहुएं इधर-उधर हो जातीं। उन्हें भग्गो मासी भले ही काटने को दौड़ें, उनके बच्चों का तो खूब दुलार करती थीं।

"हाँ जी," भग्गो बहन के बड़े पोते को कौतुक से बता रही थी—"तुम्हारे मौसाजी जो हैं ना, बताओ तो भला कैसे दिखते हैं ?"

"झल्लू के बापू जैसे ?" भोला बच्चा पट्ट से कहता—झल्लू का बाप उनके घर का जमादार था। भग्गो कई बार उससे यह बात दुहरवाती—"हाय कोई सुने इस मसखरे की बात। जानती है," फिर वह बहन से कहती—"पहली बार

जब ये आये थे हमारे घर, तब तुम तो ससुराल में थीं—हाय राम, हाथ में टीन का बुकचा उठाये—गाल में पान भरे मुझसे पूछें—'घड़ में कोई है ?' मैंने जाके अम्मा से कह दिया कि शायद नाई आया है हजामत को किसी की।"

जब तक भग्गो की माँ जिंदा थीं, ये किस्सा सुनकर झूठमूठ क्रोध का नाट्य करतीं—"चल मरी, बातें बनाती है।"

"बातें नईं अम्मा, कसम ले लो। सच्ची बताओ, क्या हमारे घर के दामादों जैसा रूपरंग हैगा इनका ? लगते नईं जैसे जल्दी में घर वाले रिफ्यूजी मार्केट से सैकिंड हैंड माल उठा लाये हों ! नईं ? मैं एक बात कह रही हूँ"—एक विषाक्त हँसी हँसकर भग्गो अम्मा का ग्लानि से फटा जाता हृदय कुरेदती।

आखिरी दिनों में उसके कुरदने पर अम्मा प्रायः रो पड़ती थी—"बड़ा अन्याय हुआ हमसे तेरे साथ बिटिया, ऐसी मैदे की डली जैसी मेरी बेटी, दूसरों की परतीत करके इन लोगों कने दे डाली···हमें क्या पता था कि माँ-बाप ही नहीं···शराब में नसीबों को भी जला चुका है अभागा।" वृद्धा माँ को चुपाती भग्गो परमतृप्ति से माँ के अशक्त सीने पर सर टिकाकर रोने लगती—"तू चली जायेगी तो मेरा क्या होगा अम्मा ?"

अम्मा की ग्लानि का यह घाव भग्गो ने कभी भरने नहीं दिया। जब कभी माँ को बेटियों-बहुओं, नाती-पोतों के बीच तृप्त हो हँसता देखती, तो चट अपने दुःख की पूनी लेकर दौड़ी आती, और जिव्हा की ताँत से टंकार-टंकारकर तब तक उसका रेशा-रेशा फैलाती रहती, जब तक कमरा गुम्म न हो जाता, और अम्मा रो न पड़तीं। मरते बखत भी तो अम्मा कित्ता रोयी थी उसे देख के। जभी सब कहते थे उनके परान तो बस भग्गो में ही अटके थे।

माँ के मरने के बाद भग्गो के भीतर एक कोना डाँय-डाँय करता रहता। उस खाली जगह वह डर-डरकर पैर रखती। मन के चारों ओर तब भी हरदम सन्नाटा-सा छाया रहता।

जिज्जी के घर से जब भग्गो लौटी तो फिर वही भाँय-भाँयपना उसको अपने घर के भीतर चौतरफा पसरा दीखा। पीले, धूसर, मलाई से बादलों ने आसमान घेरकर दिन को बुझा-बुझा-सा कर दिया था। जूठे बरतनों, अनधुले कपड़ों और भदरंग दीवारों से घिरी भग्गो को अपना जीवन एक बार फिर नितांत अलोना-अलोना-सा लगने लगा और उसका हृदय एक जाने कैसे अनजाने से बोझ से भर उठा। मन किया कि जाकर सो जाये बस। पर दिन-भर की थकान देह को लुगड़े-सा निचोड़ देती थी। सोने को आँखें मूँदती तो वह सारा गुट्ठिलपना दर्द देने लगता। कहाँ जाये वह कहाँ ? रामनरेश की तेलिहा खोपड़ी तो तकिये

पर पड़ी नहीं, कि उसकी नाक बजने लगती थी। चिंता की छिपकली अचानक उसके भीतर चिकचिकचकाने लगी, जने कितने की पीके लौटेगा आज ? एक तो लड़झगड़ के गया है, तिस पर पहली तारीख भी है।

वह आकर बारजे पर खड़ी हो गयी। घर के भीतर दम घुटता था।

बारजे पर भी देखने को था ही क्या ? उसके मैंके के घर में बारजे पे आ जाओ तो रामझरोखे से पूरा मुजरा देख लो। शहर-भर की खबर रखती थी वो, धिरधिर धिर अम्मा के पास दौड़ी जाती—अरीं अम्मा मद्रासी मास्टर की बंगाली बीबी पैर से है···पर यहाँ तो रात में बस यहाँ से वहाँ सीमेंट और कोलतार की दुरंगी सियाही ऊँघती रहती थी, या फिर पीली बत्तियों की परछाइयाँ। कभी मोटर वाले गुजरते तो परछाइयों का एक रेला सीधे उनके कमरे की दीवारों तक चला आता। दिन-भर बुझे-बुझे असमय बुढ़ाये लोग सामने की पुरानी मस्जिद के खँडहरों के बीच आते-जाते दीखते थे, या फिर दूर सीढ़ियों पर कभी झुकी बैठी किसी अभागे की परछाईं। भग्गो का मन होता कि वह भी जाकर उसके पास बैठ जाये और खूब दिल खोलकर बातें करे। अपने मायके की, अपने बचपन की। इस हाय-हाय किल-किल, इस निस्संग बंजरपने को वह कहीं गठरी बाँधकर दूर फेंक दे। पर कहाँ ?···

छत पर पुरानी बातें याद करते-करते साँझ गहरा चली थी। रामनरेश अब तक नहीं लौटा था। घर के सामने, सड़क के उस पार लोहे की ऊँची बाड़ के परे नामहीन पेड़ों की मूर्ख वृहदाकार आकृतियाँ अडोल खड़ी थीं। भग्गो कुहनी के बल उठंग देखती रही। भगवान करे कभी न आये ! मरे निपूता कहीं नाली-गटर में जाके, उसे क्या ? खाना उसने उठाकर रख दिया और भूखी ही सोने चली आयी। विशाल, गहरे काले आसमान के नीचे निस्तब्ध शांति का आँचल फैला था। नीचे पडोसन के बच्चे गुड़ी-मुड़ी भ्रूण सरीखे झिलंगी चारपाई पे पड़े थे। दुबली साँवली रक्तहीन कलाइयाँ आँखों पर रखे हुए। उनकी फीकी, कुछ-कुछ पीली हथेलियाँ ऐसे फैली हुई थीं, ज्यों झिझकती हताशा से भीख माँग रहे हों।

जने कहाँ पड़ा होगा अभागा पी-पिलाके ? लौटेगा भी, तो इस डाँय-डाँय करते घर में क्या था उसके लिए ? हैं ? उसकी भी जुबान जने क्यूँ छटपटा जाती है कुछ उल्टा-सुल्टा कहने को ? भग्गो को महसूस हुआ कि पति की अव्यक्त आहत भावनाओं के घंन तले उसका कलेजा एक नग्न, ठंडे पत्थर-सा विदीर्ण हो आया है। उसे लगा, ज्यों वह दोनों एक विराट् सदियों पुरानी जीर्ण तिलिस्म में आन फंसे हों। यहाँ वे घूम-फिर सकते थे। नोना झिराती ताखों को मुक्के मार-मारकर धूल और लखौरिया ईंटें नीचे झड़ा सकते थे, कभी कहीं किसी कोने में उगी घास के टुकड़े पर छिन-भर को सुस्ता भी सकते थे, पर उस तिलिस्म की हद से

उन्हें बाहर निकलना नहीं था। कभी नहीं।

नीचे एक निःश्वास के साथ पड़ोसी के एक बच्चे ने करवट बदली। हल्के से वह गुनगुनाया भी, ज्यों कहीं कुछ दुखता हो। लार का एक रेला उसके होंठों के कोनों तक उतरा आया था, और कभी-कभी उसके मोटे बेडौल होंठ तनिक कँप-कँपा उठते थे।

अपने निचाट अकेलेपन का दुःख मूँज की चारपाई-सा भग्गो की पीठ में फिर गड़ने लगा। क्षण-भर पहले पति के प्रति साझीदार संवेदना की एक चिलक-सी जो चमकी थी, वह पुनः जहरीली हो गयी और उसकी कचैंधी बास को वह मुँह उठाये धीरे-धीरे सूँघती रही। न बाल, न बच्चे ! क्या पाया उसने इत्ते बरस ऐसे मुहल्लों में ऐसे शख्स के साथ घिसटते हुए, हँ ?···और क्यों? सात बेटियाँ थीं अम्मा की···कर्ज की जिम्मेदारी थी, तिस पर सब रिश्तेदार बस हाय-हाय हैं-हैं ही करते थे। मदद कौन करता था ? अम्मा सब समझती थी, पर अपना शरीर भी तो साथ नहीं देता था। कराहती, कलछती घुटनों पर हाथ टेककर ही उठ पाती थी अम्मा उसकी शादी तक। सब कहते ये वाली निबट जाये तो···पर ऐसा भी क्या निबटाना कि एक सिरे से कुएँ में ही ऐसी कमी थी तो नहीं। पर कौन था वो लड़का जो मुँड़ेर से गेंद के फूल फेंकता था उसपे ? उस वक्त लंगड़ाती अम्मा ने उसके साथ पुश्त तार दिये थे···कि छोटे रिश्तों वाला घर हैगा मर के ब्याहेंगी बेटी उसे ?···पे सोचो तो क्या इत्ता बुरा था वो ?···क्या पता उससे जुड़ती तो गोद में एकाध···खराबी उसमें तो निकली ना थी···

मन-दिमाग बस चलता रहता है, जाने कैसे ? कोई धुरी नहीं, कतार भी नहीं···सोच-सोच के भी बाहर कुछ ऐसा थोड़ेई आ पाता है, जो बता दे कि उसकी छाती के भीतर कितना कुछ छिपा हुआ है टेढ़ा-मेढ़ा, जो बाहर आता है वह जने क्यूँ इतना कड़वा, कि बस···मन भटकता रहा है। टपाटप···बाऊजी का टाइपराइटर था ना पुराना। छोटी थी, तो उसकी चाबियों पर उँगलियाँ मारती जाती और अपने जी में गढ़ती जाती थी, कि जने बेलन पे क्या कुछ छपा जा रिया है···छपता क्या, अंडा ? न उसे अक्षर आते थे, न पुरानी-धुरानी मशीन में कागज फीता होता था। पर हर बार अम्मा की मार खाकर वह वहीं दुबकती थी···टप्प···टप्प···कुछ चाबियाँ अड़ियल घोड़ों-सी खड़ी हो रहतीं, तो वह उन्हें हौले से फिर बिठाकर तेज़ी से फिर चाबियों पे दे दनादन उँगलियाँ मारने लगती···हे भगवान अम्मा की हथेली पे मांस चढ़ा दो···चाँटा बहुत चुभता है··· 'मुहोब्बत', वाला वो गाना भी, मुहोब्बत में ऐसे कदम डगिमगाए, जो गेंदे का फूल फेंकने वाला लड़का उसे सुना के गाता था, और फिर उसे दिखा के कैसे हिचकी लेता था बदमाश, हिक्क···अम्मा चाँटा का चाँटा उसके गाल पे छप-सा गया था···टप्प, टप्पाक्क, टप्प टप्प। वो बेलन खिसकाती थी तो बोलता था, पिंग।

बाऊजी के मरने के बाद भी भला कुठरिया क्यूँ कहलाती थी टाइप की कोठरी ? टाइप होना ही क्या था ? अंडा ! फिर भी न मालूम कितनी खटकनें और बिना मात्रा के, बिना हिज्जों के बेतरतीब खयाल वह टपटपाती बैठी रहती थी।··· टप···टप···टाइप की अँधेरी कोठरी में मकड़ी के जालों की तरह उसके अदीख अक्षर टँकते चले जाते थे···अभी भी वे उसके मन की किसी अँधेरी कुठरिया में डले तो पड़े हैं।···तक़लीफ से वह नहीं डरती थी···मेहनत से भी नहीं···सात बेटियों के दरिद्र बिना बाप के घर का जाँगर था, खटने की पक्की कूवत वाला। पर अम्मा को जल्दी थी। उनकी ताकत जैसे-जैसे छीजी जाती थी निसदिन, त्यों-त्यों बुदबुदाना बढ़ता जाता—'सात-सात बेटियाँ, हाय सात-सात बेटियाँ !' उठते-बैठते, सोते-जागते कानों में यही जाप, कि ये टलें, तो गंगा नहा लूँ···टपा··· टप···

होना क्या था ? अंडा ! किसी ने यूँई जिकर कर दिया रामनरेश का, कि बे माँ-बाप का होनहार लड़का है सुनते हैं—पे बस लग गयी मोहर उसे नसीबों पे !···शादी हुई, असलियत खुली तो सर पीटने के अलावा क्या बचा था ? पे अजीब बात जे देखो, कि जिस घर से रब्बड़ की गेंद की तरह लड़की को लात जैसी मार के बाहर फेंका जाता है, टप्पा खाके फिर वह अभागी उधरै को जाती है···अम्मा अम्मा करती हुई। आज कुछ दिन यहाँ, कल उधर, फेर वापस इधरें। बास्स···जनम बीत गया जी ऐ से ही ! उसका भी, अभागे रामनरेश का भी। नहीं आया न ? आ जाएगा ! जाने को और ठौर ही कहाँ है ?

रात ठंडाने लगी थी। मीठी हवा के नन्हें झकोरे चौकड़ियाँ भरते तकियों पर कूदने लगे थे। एक सघन आत्मीय सन्नाटा-भरा एकांत उस दरिद्र अभाव जर्जर मोहल्ले की छतों पर धीमे-धीमे फैल गया। कुछ देर पहले दूर लगते तारे ज्यों पास आके टिमटिमाते थे। तकिये पर माथा टिकाते हुए जाने क्यों भग्गो की उनींदी उँगलियाँ तकिये के गिलाफ पे जाने किसके लिए अक्षर टपटपा चलीं··· स्वीट ड्रीम्स···गुडनाइट।

एक क्षण को, सिर्फ एक क्षण को, अनगिन तारों ने तितलियों के कोमल पंखों की तरह उसके तपते शरीर को पूरमपूर छवा दिया। फिर भग्गो की आँखें लग गयीं।

●●●